交通强国战略下民航业高质量发展研究

李国政 著

四川大学出版社

图书在版编目（CIP）数据

交通强国战略下民航业高质量发展研究 / 李国政著. — 成都：四川大学出版社，2023.11
ISBN 978-7-5690-6376-9

Ⅰ. ①交… Ⅱ. ①李… Ⅲ. ①民用航空－交通运输业－经济发展－研究－中国 Ⅳ. ①F562.3

中国国家版本馆 CIP 数据核字 (2023) 第 188427 号

书　　名：	交通强国战略下民航业高质量发展研究
	Jiaotong Qiangguo Zhanlüe xia Minhangye Gaozhiliang Fazhan Yanjiu
著　　者：	李国政
选题策划：	王　静　徐丹红
责任编辑：	王　静
责任校对：	刘柳序
装帧设计：	墨创文化
责任印制：	王　炜
出版发行：	四川大学出版社有限责任公司
地　　址：	成都市一环路南一段 24 号（610065）
电　　话：	（028）85408311（发行部）、85400276（总编室）
电子邮箱：	scupress@vip.163.com
网　　址：	https://press.scu.edu.cn
印前制作：	四川胜翔数码印务设计有限公司
印刷装订：	四川盛图彩色印刷有限公司
成品尺寸：	170 mm×240 mm
印　　张：	15.75
字　　数：	300 千字
版　　次：	2023 年 11 月 第 1 版
印　　次：	2023 年 11 月 第 1 次印刷
定　　价：	78.00 元

本社图书如有印装质量问题，请联系发行部调换

版权所有 ◆ 侵权必究

扫码获取数字资源

四川大学出版社
微信公众号

序 言

2019年和2021年，中共中央、国务院分别出台的《交通强国建设纲要》和《国家综合立体交通网规划纲要》，成为交通强国建设的根本遵循，体现了国家对交通运输行业以及综合交通运输体系的重视。建设交通强国是党中央做出的重大战略部署，交通强国建设离不开铁路、公路、民航、水运、管道及邮政等多种交通运输方式的融合发展和高质量发展，这是一个系统性非常强的战略工程。综合交通运输体系的打造和完善是交通强国建设的重要标志。民航业是国家重要的战略产业，在实现中国现代化的过程中充当了开路先锋的作用。由于高效便捷和极强的国际开放性，民航业在综合交通运输体系中具有重要的先导性和独特的比较优势。在建设交通强国的征程中，民航业具有很大的发展空间。

近些年，民航业的发展得到了国家层面的高度重视，2012年国务院通过了《国务院关于促进民航业发展的若干意见》，2016年国务院办公厅通过了《国务院办公厅关于促进通用航空业发展的指导意见》，成为新时代民航业发展的重要遵循。同时，国家发展和改革委员会、中国民用航空局等相关部委和职能机构出台了一系列民航业发展的相关规划，提供了较为具体的行业发展指导。各地政府根据本地区实际情况，纷纷制定了地区民航业发展规划或意见，将民航业发展作为区域经济发展的重要支撑和推力。由此可以看出，民航业在国家和地方发展中的重要功能和鲜明属性得到了社会普遍认同。

面对交通强国建设和新时代民航业高质量发展的实践进程，学术界亟须持续关注相应的理论研究。本书将我国民航业高质量发展置于交通强国建设的视野中，搭建二者之间的一种可视化分析框架和内在关联，探究交通强国背景下民航业高质量发展的重要机遇和若干挑战，分析民航业高质量发展的内外部驱动因素，对我国民航业高质量发展的经济效应、经济发展形态和国内各地区民航业发展的实践道路进行了阐述，建立我国民航业高质量发展的评价体系和评价指标，定量测度民航业高质量发展的整体水平，并对民航业高质量发展的对策保障进行总结。本书内容分为8章，具体内容如下。

第 1 章是绪论，介绍了研究背景、研究现状、研究方法、研究框架和重点难点等，为后续研究提供了一个总体架构和思路。

第 2 章是交通强国战略与我国综合交通运输体系建设，论述了交通强国战略的形成逻辑、内涵特征、价值效能及重要成就，探讨了世界主要交通大国的发展实践及经验，指出了交通强国战略是一个复杂的系统工程，综合交通运输体系是其重要成果，这为我国民航业高质量发展提供了重要的分析框架。

第 3 章是交通强国战略与民航业高质量发展的双向互动。实施交通强国战略就是要将不同交通运输方式统筹融合发展、一体化发展。交通强国战略为民航业高质量发展带来了新的机遇和挑战，促使民航业直面高质量发展中存在的问题，并进一步明晰民航业在交通强国战略中的功能和角色定位。阐释了民航业高质量发展的总体逻辑和基本取向，梳理了我国民航业发展的主要历史进程。

第 4 章是交通强国战略下民航业高质量发展的基本动力。交通强国战略下民航业高质量发展既有外部动力推动，也有内部动力需求。综合交通运输体系的推动、新发展理念的引领、中国式现代化道路的规制、区域经济发展的支撑及民航广阔的市场需求等因素构成了新时代民航业高质量发展的基本动力。面向"第二个百年目标"的伟大进程，民航业必须充分动员一切积极因素，克服面临的发展困难，在实现国家战略中贡献民航力量。

第 5 章是交通强国战略下民航业高质量发展的经济检视。从发展方式转变、航班时刻资源配置、航空枢纽经济发展以及通用航空产业政策制定等方面探讨了民航业高质量发展的经济影响因素和效应。在新形势下，民航业发展方式转变和高质量发展的内在要求是一致的，也就是说，要实现民航业高质量发展，其发展方式转变是必然的。需要以竞争优势的构建助推民航业发展方式转变。作为一种重要的稀缺资源，航班时刻资源配置历来是航空公司重点关注的对象，其不仅对航空运输市场产生宏观和微观等多维度的冲击和影响，也是我国治理体系和治理能力现代化的重要体现。不同于单纯的临空经济，航空经济是一种枢纽经济，在区域经济社会发展中的作用更加凸显，并引起了城市形态的跃迁。通用航空是民航业的两翼之一，作为战略性新兴产业，其产业政策的制定实施具有重要的价值功能。

第 6 章是交通强国战略下民航业高质量发展的评价体系。民航业高质量发展既需要定性分析，也需要定量分析。我国民航业高质量发展需要有一套完整的评价体系，包括评价理论、评价指标和评价模型。通过指标确立、数据搜集和模型观察对国内民航业高质量发展程度进行测度，有助于我们更加清晰的理解民航业的发展现状和阶段，从而对其优势和不足有一个较为直观的认识。

第7章是交通强国战略下民航业高质量发展的区域实践。人类社会正逐步迈入航空时代，在这一大背景下，国内各个省区都非常重视民航业的发展。东部、中部、西部和东北等地区的民航业发展都是建立在自身要素禀赋、资源结构及比较优势的基础上，其实践道路既具有很多共同性，也带有不少差异性，发展程度也不尽相同。通过考察不同地区民航业发展道路，可以更为深刻的理解政府以规划为引领、市场运营为关键、社会关注为支撑的民航业发展环境。各个地区富有特色的民航业高质量发展道路共同构筑并夯实了国家民航业高质量发展的基础。

第8章是交通强国战略下民航业高质量发展的路径保障。面向交通强国战略的民航业高质量发展需要有系统完善的路径和保障。从综合交通运输体制机制、民航基础设施建设、航空物流高质量发展、运营主体的协同运行以及民航与区域经济融合发展等方面予以探讨。

2017年10月，党的十九大首次提出"高质量发展"的观点，十九届六中全会通过的《中共中央关于党的百年奋斗重大成就和历史经验的决议》，强调必须实现创新成为第一动力、协调成为内生特点、绿色成为普遍形态、开放成为必由之路、共享成为根本目的的高质量发展，推动经济发展质量变革、效率变革、动力变革。高质量发展成为新时代国家发展的主要形态，也势必贯穿交通运输业和民航业发展过程。作为国家重要的战略产业，民航业高质量发展得到了行业内广泛认同，政策界、实践界和理论界对此已有一定研究和关注，但整体上看，相关成果还很欠缺，亦未将民航业高质量发展放置于交通强国战略框架内进行阐释，这是目前研究的不足。本书基于交通强国国家战略，聚焦民航业国家重要战略产业的导向和定位，在现有理论和实践基础上，对新形势下民航业高质量发展进行较为全面的探讨，力图进一步诠释新时代我国民航业发展现状、特征、动力和趋势。

李国政
2023年7月

目 录

第1章 绪 论 …………………………………………………… (1)
  1.1 研究背景及意义 ………………………………………… (1)
  1.2 研究现状 ………………………………………………… (3)
  1.3 研究目标与结构 ………………………………………… (5)
  1.4 研究重难点及创新之处 ………………………………… (5)
  1.5 研究方法 ………………………………………………… (7)

第2章 交通强国战略与我国综合交通运输体系建设 …………… (8)
  2.1 交通强国战略的形成逻辑 ……………………………… (8)
  2.2 交通强国战略的价值效能 ……………………………… (15)
  2.3 交通强国战略下我国综合交通运输发展现状与趋势 … (17)
  2.4 国外综合交通运输发展特征与借鉴 …………………… (26)
  2.5 本章小结 ………………………………………………… (32)

第3章 交通强国战略与民航业高质量发展的双向互动 ………… (33)
  3.1 民航业高质量发展的框架指向和主要特征 …………… (33)
  3.2 交通强国战略对民航业高质量发展带来的机遇和挑战 … (35)
  3.3 民航业高质量发展在交通强国战略中的角色和功能分析 … (41)
  3.4 我国民航业发展的历史进程及体制变迁 ……………… (43)
  3.5 国外民航业发展的主要进程及经验借鉴 ……………… (48)
  3.6 本章小结 ………………………………………………… (55)

第4章 交通强国战略下民航业高质量发展的基本动力 ………… (57)
  4.1 综合交通运输体系对民航业高质量发展的外部规制 … (57)
  4.2 新形势下民航业高质量发展的内部需求 ……………… (62)
  4.3 区域经济发展与民航业的深度融合 …………………… (73)
  4.4 现代化的基础设施是对民航业高质量发展的有力助推 … (75)

4.5 本章小结 …………………………………………………………（77）

第5章 交通强国战略下民航业高质量发展的经济检视……………（78）
5.1 基于竞争优势的民航业发展方式转变 ……………………（78）
5.2 航班时刻资源配置与民航业高质量发展 …………………（85）
5.3 航空枢纽经济与民航业高质量发展 ………………………（99）
5.4 通用航空产业政策与民航业高质量发展 …………………（117）
5.5 本章小结 ……………………………………………………（126）

第6章 交通强国战略下民航业高质量发展的评价体系……………（128）
6.1 基于交通强国的民航业高质量发展的评价理论建构 ……（128）
6.2 基于交通强国的民航业高质量发展的评价指标建构 ……（130）
6.3 基于交通强国的民航业高质量发展的评价模型建构 ……（137）
6.4 基于交通强国的民航业高质量发展的评价结果分析 ……（140）
6.5 本章小结 ……………………………………………………（144）

第7章 交通强国战略下民航业高质量发展的区域实践……………（145）
7.1 东部地区民航业高质量发展的实践探索 …………………（145）
7.2 中部地区民航业高质量发展的实践探索 …………………（158）
7.3 西部地区民航业高质量发展的实践探索 …………………（170）
7.4 东北地区民航业高质量发展的实践探索 …………………（178）
7.5 边疆地区民航业高质量发展实践探索 ……………………（181）
7.6 本章小结 ……………………………………………………（189）

第8章 交通强国战略下民航业高质量发展的路径保障……………（190）
8.1 完善综合交通运输体制机制，为民航业高质量发展提供制度保障
　　………………………………………………………………（190）
8.2 强化民航基础设施建设，为民航业高质量发展提供物质保障
　　………………………………………………………………（191）
8.3 提升航空物流"三能力"建设，深化航空经济产业链供应链融合
　　………………………………………………………………（196）
8.4 增强民航业运营主体的协同运行，打造高质量发展的效能合力
　　………………………………………………………………（200）
8.5 推动民航业与区域经济协同发展，形成临空与腹地相互支撑格局
　　………………………………………………………………（202）
8.6 本章小结 ……………………………………………………（204）

参考文献 ……………………………………………………… (206)
附录1:《交通强国建设纲要》 ……………………………… (213)
附录2:《国务院关于促进民航业发展的若干意见》 ……… (221)
附录3:《新时代民航强国建设行动纲要》 ………………… (227)
后　记 ………………………………………………………… (239)

第1章 绪 论

1.1 研究背景及意义

1.1.1 研究背景

2019年9月、2021年2月，中共中央、国务院先后印发《交通强国建设纲要》《国家综合立体交通网规划纲要》，这两个文件是加快建设交通强国的纲领性文件，提到要分两步走，实现交通强国建设目标，以构筑多层级、一体化的综合交通枢纽体系。依托京津冀、长三角、粤港澳大湾区等世界级城市群，打造具有全球竞争力的国际海港枢纽、航空枢纽和邮政快递核心枢纽，建设一批全国性、区域性交通枢纽，推进综合交通枢纽一体化规划建设，提高换乘换装水平，完善集疏运体系，大力发展枢纽经济。①

在综合交通体系之前，各种运输方式互不关联、各自为战，融合度不高，不能充分发挥比较优势和组合效率，不利于交通一体化发展。改革开放后，民航业经过几轮改革，虽然发展态势迅猛，但仍处于单打独斗的状态，从行业发展角度来说并无不妥，但从国家交通运输总盘子角度来说，是一种资源浪费。

---

① 到2035年，基本建成交通强国。现代化综合交通体系基本形成，人民满意度明显提高，支撑国家现代化建设能力显著增强；拥有发达的快速网、完善的干线网、广泛的基础网，城乡区域交通协调发展达到新高度；基本形成"全国123出行交通圈"（都市区1小时通勤、城市群2小时通达、全国主要城市3小时覆盖）和"全球123快货物流圈"（国内1天送达、周边国家2天送达、全球主要城市3天送达），旅客联程运输便捷顺畅，货物多式联运高效经济；智能、平安、绿色、共享交通发展水平明显提高，城市交通拥堵基本缓解，无障碍出行服务体系基本完善；交通科技创新体系基本建成，交通关键装备先进安全，人才队伍精良，市场环境优良；基本实现交通治理体系和治理能力现代化；交通国际竞争力和影响力显著提升……全面建成人民满意、保障有力、世界前列的交通强国。基础设施规模质量、技术装备、科技创新能力、智能化与绿色化水平位居世界前列，交通安全水平、治理能力、文明程度、国际竞争力及影响力达到国际先进水平，全面服务和保障社会主义现代化强国建设，人民享有美好交通服务。中央中共 国务院印发《交通强国建设纲要》[EB/OL].（2019-09-19）[2023-06-01]. https://www.gov.cn/zhengce/2019-09/19/content_5431432.htm.

2008年，国家实施"大部门制"改革，中国民用航空总局、国家邮政局和交通运输部合并，组建交通运输部。2013年，铁道部实行政企分开，成立中国铁路总公司和国家铁路局，国家铁路局纳入交通运输部，交通"大部门制"架构初步形成，为综合交通发展提供了体制保障。在这一制度安排下，民航与其他运输方式从竞争不断走向竞合，更加注重统筹衔接。在综合交通运输体系和交通强国建设中，各种运输方式都获得了发展良机，在国家战略叠加中，如何促进民航业高质量发展，这是一个值得思量的学术话题。

民航强国是交通强国的重要组成部分。早在2010年全国民航工作会议上，时任民航局局长的李家祥首次提出"民航强国"的概念（李家祥，2010）。随后，民航局印发《建设民航强国的战略构想》，从六个方面对民航强国建设进行阐述（中国民用航空局，2010）。进入新时代后，高质量发展是民航强国建设的有力支撑和必然选择。没有高质量发展，民航强国就无从实现，最终要体现在其高质量发展上。在"大交通"时代，民航业迎来了新的发展环境，并成为其中一员，交通强国战略必然会对民航业的高质量发展产生全方位的影响。将民航业高质量发展纳入交通强国的视野中，搭建二者内在的有机联系，分析交通强国战略框架下，民航业高质量发展的内涵特征、基本动力、评价体系、路径保障等，具有重要的学术意义和实践价值。

1.1.2 研究意义

1.1.2.1 学术价值

第一，就民航业高质量发展和交通强国的关系角度看。目前学术界鲜见将交通强国和民航业高质量发展结合考量的文献，尤其缺乏新时代面向交通强国建设的观察视角，以此考察我国民航业高质量发展的主要动力、内在机制及模式和发展成效评价等问题。将民航业发展纳入交通强国战略视野内予以审视，探讨民航业在交通强国战略中的重要功能。从交通强国建设的角度定性定量探析我国民航业的高质量发展，从学理上揭示交通强国对民航业高质量发展的影响，搭建二者的关系框架，既证实了高质量发展的必要性，又为其提供了目标价值指引，既能拓宽学术视角，又能打开新的学术视野。同时，以民航业高质量发展为微观目标，探赜交通强国建设的中观特征和中国式现代化的宏观运行，形成新的学术增长点。

第二，就民航业高质量发展的角度看。民航业高质量发展是中国经济高质量发展的有机构成，通过阐述民航业高质量发展的特征、影响因素和发展趋势，可以为国家经济社会高质量发展提供微观视角，既丰富了交通强国建设的内涵意蕴，扩充综合交通运输的发展理念，也拓展了高质量发展的研究边界。分析民航业高质量发展的内在指向和形成条件，建立民航业高质量发展的评价体系，并对其进行一定测度，为客观评价我国民航业高质量发展所处阶段和特征提供依据。

1.1.2.2 应用价值

第一，为新时代交通强国建设提供经验借鉴。交通强国建设和国家综合立体交通网建设是未来一段时期我国交通运输、物流发展和区域经济发展的重要战略基础，交通强国建设需要具体抓手和试验场域。民航强国是交通强国的重要内容，民航业高质量发展是交通运输业高质量发展的应有之义和重要体现，与交通强国建设有显著的互动关系。依托于交通基础设施的互联互通，我国民航业高质量发展既能有序推进，又能为交通强国建设提供经验。本书既可以为民航强国建设提供理论支持和实践参考，也可以拓宽交通强国建设的视野和路径。

第二，为新时代区域经济的高质量发展提供方向。民航业作为重要战略产业的国家定位已成为国家和地方的普遍共识，甚至是一个地区的"头号工程"。民航业发展要服务于国家战略和地方经济发展。作为区域经济的有机组成，民航业高质量发展能够成为区域经济发展的增长极。同时，包括民航业在内的交通运输业是中国式现代化道路的"开路先锋"，民航业的高质量发展可以为中国现代化添砖加瓦。

1.2 研究现状

本研究分为交通强国战略和民航业高质量发展两个相互关联的议题。

1.2.1 交通强国研究

党的十九大正式提出建设交通强国的目标，党的二十大明确指出要加快建设交通强国，党的重要文献为学术界研究交通强国建设提供了方向和遵循。交通强国是"强国系列"的组成部分，也是世界强国的重要表征。徐飞（2018）探讨了交通强国建设的综合基础、战略内涵、战略目标和重大意义；邱铁鑫（2019）阐述了交通强国战略的思想来源和内涵，同时指出交通强国建设应关注中国交通建设的主要矛盾变化、"中国速度"和"中国深度"如何兼顾、如何实现交通治理体系和治理能力现代化等问题；李连成（2020）指出，运输服务供给能力和运输服务质量是评价交通强国两个基本指标，基于此建立交通强国评价指标体系；孙百亮、宋琳（2020）分析了交通强国建设的历史、理论和实践逻辑；曹文瀚、张雪永（2021）阐释了交通强国战略的历史演进和理论意蕴，并探讨了其实践要点；卢春房、张航、陈明玉（2021）从基本条件、根本追求、重要表现、价值体现以及平衡点等五个维度，解析了交通高质量发展的内涵和时代要求，提出了促进交通高质量发展的对策建议；卢春房、卢炜（2022）探讨了综合立体交通运输体系的内涵、挑战和发展策略；张维烈、翟斌庆（2022）从空间正义的价值、缺失和重塑三个角度考察了交通发展的战略选择；耿彦斌、刘长俭、孙相军（2022）从发展定位、功能作用、主要矛盾、发展重点、供给能力、服务水平、技术条件、制度体系等维度对我国交通业发展水平研判，描述了交通运输业迈向高质量发展的宏观特征和优化路径；陈璟、刘晨、孙鹏（2022）提出了数字化、绿色化、一体化、全球化四化驱动和经济社会活动、生态、空间、时间四维协同的交通强国建设理论框架，阐述了以跨领域、跨区域、全要素、全流程为特征的交通强国建设制度设计；交通运输部加快建设交通强国领导小组办公室（2022）指出了深刻把握加快建设交通强国的重要意义，描绘了交通强国建设取得的历史性成就，指出要统筹推进加快建设交通强国各项工作。

1.2.2 民航业高质量发展研究

民航业是交通运输业中的一个门类，涉及面众多，包括技术、经济、管理、法律、文化等。围绕这些方面的文献能够从不同方面映射民航业高质量发展面貌，但直接以民航业高质量发展的文献并不多见。田利军、于剑（2018）分析了绿色民航发展的影响因素，认为统筹机场规划建设、推动空域体制改革、APU替代、机场车辆"油改电"等措施成效显著；田利军、王丹阳、王杏文等（2022）对航空公司高质量发展进行测度，并分析了其驱动因素；连文浩、褚衍昌、严子淳（2022）分析了航空物流高质量发展效率的影响因素和路径；李晓津、徐畅（2022）基于新发展理念，采用熵权法、TOPSIS方法测算了2008—2018年的民航高质量发展水平，分析了五大维度之间的关系；冯正霖（2018，2019）从发展方向、阶段特征、战略进程、政治保证等方面探讨了民航业高质量发展，指出要以新发展理念统领民航业高质量发展，并指出"十四五"时期民航业发展的主要思路和取向。

现有文献分别对交通强国战略和民航业高质量发展两个话题进行了有益探

讨，其中不乏一些有见地的分析。不过，现有文献也存在较为明显的不足，"十四五"时期是我国由单一航空运输强国向多领域民航强国"转段进阶"的关键时期，与快速推进的民航业高质量发展实践相比，对其理论分析尚显不够，没有深入阐释民航业高质量发展和交通强国战略以及综合交通运输体系的内在联系，缺乏对民航高质量发展的形成条件和基本动力的解析，从经济学角度对其阐释不足，对其发展水平的全面评价亦较缺乏。本书的研究着眼于交通强国建设与民航业高质量发展的内在关系，在交通强国战略架构内探析我国民航业高质量发展，其相关概念和领域均突破了既有文献的范畴，并逐渐形成新的研究领域，从"面"上和"度"上都深化了民航业发展的研究场景，为民航强国和交通强国建设提供一个理论意义上的借鉴。

1.3 研究目标与结构

本书研究旨在以交通强国战略检视民航业高质量发展，将民航业置于综合交通运输体系中给予考量，分析交通强国战略对民航业的总体影响和内在逻辑关系，在交通强国战略框架内，探讨民航业高质量发展的动力、评价、实践经验以及路径保障。

1.4 研究重难点及创新之处

1.4.1 重点

第一，交通强国是交通运输业高质量发展的根本导向，也是民航业高质量发展的重要遵循。阐述交通强国的战略价值和目标逻辑，指出其对民航业高质量发展的多重影响，是本书研究的重点之一。

第二，民航业高质量发展是本书研究的主题，民航业高质量发展的内涵、特征和具体体现、基本动力、评价体系及与交通强国的内在联系是本书的研究重点。

第三，经济效应是民航业高质量发展的底色。从航空经济、发展方式转变、航班时刻资源配置、产业政策等方面刻画民航业高质量发展的若干经济维度，旨在呈现高质量发展在民航业中的多面性也是书的重点之一。

1.4.2 难点

第一，民航业高质量发展涉及面较广，能够反映其高质量发展的指标较多，在交通强国视阈下，对其进行指标构建和量化评价是一个难点。

第二，民航业高质量发展需要放置于综合交通运输体系当中，加强与其他交通运输方式的融合衔接，进一步理顺综合交通运输的体制机制。探讨新时代民航业与交通强国战略的互动与契合，进而充分阐述其在综合交通运输体系中的功能和价值，是本书研究的难点之一。

第三，民航业高质量发展涉及领域较多，几乎在国内各个省份都有实践。资料虽多但也较为分散，调研、找寻存在一定困难，全面反映民航业高质量发展有一定难度。

1.4.3 创新点

第一，研究理念创新。本书的研究以新发展理念贯穿研究全过程，从创新、协调、绿色、开放、共享五大理念分析交通强国建设特征及中国民航业高质量发展的本质逻辑。同时，以系统集成理念探讨中国式现代化、交通强国和民航业高质量发展的多重关联，以中国式现代化的宏观视角管窥交通强国建设这一中观现象和民航业高质量发展这一微观现象，并从中观和微观局部现象中透视中国式现代化的宏观进程。

第二，研究视角创新。将民航业高质量发展内嵌于交通强国战略中，系统阐述了民航业高质量发展与交通强国建设的内在联系，以交通强国建设要求检视我国民航业高质量发展程度、机制模式及基本动力。同时，以民航业高质量发展为切入点评估交通强国建设成效及着力点，搭建二者双向互动的分析框架。从历史制度比较分析的视角探析我国民航业高质量发展的演化逻辑。

第三，研究观点创新。本书经研究后认为我国民航业高质量发展是交通强国战略的应有之义，二者又是中国式现代化的中观和微观体现。在梳理民航业高质量发展历史及现状基础上，深挖我国民航业发展中的经济特征，分析了我国航空经济高质量发展的基本运行机制，即沿着临空经济—航空经济—航空枢纽经济演化的一般路径。总结了临空牵引、枢纽网络、物流基础、混合驱动四种基本运行模式。

1.5 研究方法

第一，将文献梳理和实地调研相结合。2017年，党的十九大首次提出要建设交通强国，学术界对此进行了一定程度的研究，中国工程院启动了重大咨询项目，编纂了《交通强国战略研究》，为我们研究交通强国战略提供了一定资料。自《交通强国建设纲要》发行后，学术界和实践界的关注度持续攀升，交通运输部开展了交通强国建设试点工作，产生了大量实践经验。笔者在文献搜集整理的基础上，对航空公司、机场等民航运行主体进行了广泛调研，尽力掌握一手资料，是本书研究的一种重要方式。

第二，将历史分析与比较分析相结合。笔者从历史发展的角度对我国民航业历史进程进行了总体归纳，探视其演进特征，并与世界其他交通大国和民航大国进行比较，找准我国民航业发展的阶段与方位。历史分析和比较分析是本书研究的基本方法。

第三，将规范分析与实证分析相结合。一般而言，规范分析是指以一定的价值判断为基础，提出某些分析处理问题的标准，并以其作为制定政策的依据，是对行为或政策的后果加以优劣好坏评判的研究方法。实证分析是指排除了主观价值的判断，只对现象、行为及其发展趋势做客观分析，只考虑事物间相互联系的规律，并根据这些规律分析预测行为的效果。本书的研究以规范分析范式阐释我国民航业高质量发展的意蕴特征、动力因素、经济支撑、内在逻辑等方面，并构建评价体系，对我国民航业高质量发展的阶段水平和发展程度进行了实证分析。

第四，将一般分析与个案分析相结合。本书的研究既着眼于全国民航业高质量发展的一般特征，又将若干不同地区民航业发展特点纳入研究范畴。在总结其具有的一般规律性和特征的同时，又分析民航业高质量发展的区域特色，做到了"点""面"的结合。

第 2 章 交通强国战略与我国综合交通运输体系建设

交通强国建设是新时代中国特色社会主义的重要组成，同时也是中国式现代化的"开路先锋"。自党的十八大以来，习近平总书记多次对加快建设交通强国作出重要指示，强调了交通强国建设的重要性。2017 年 10 月，习近平总书记在党的十九大报告中提出"建设交通强国"[①]；2021 年 10 月，习近平总书记出席第二届联合国全球可持续交通大会开幕式并发表主旨讲话，强调"几代人逢山开路、遇水架桥，建成了交通大国，正在加快建设交通强国"[②]；2022 年 10 月，习近平总书记在党的二十大报告中再次强调加快建设交通强国。[③] 同时，交通强国建设以国家层面的文本形式正式印发。2019 年 9 月、2021 年 2 月，中共中央、国务院先后印发《交通强国建设纲要》和《国家综合立体交通网规划纲要》，"两个纲要"共同构成了指导加快交通强国建设的纲领性文件。

2.1 交通强国战略的形成逻辑

2.1.1 交通强国的内涵与目标

交通强国的内涵可以概括为"人民满意、保障有力、世界前列"（傅志寰，孙永福，2019）。"人民满意"是交通强国建设的根本宗旨，强调坚持以人民为中心的发展思想，建设让人民满意的交通，为人民的出行提供高品质、多样化的交通产品和服务，满足人民群众不断增长的美好生活需求。"保障有力"是

---

① 习近平：决胜全面建成小康社会 夺取新时代中国特色社会主义伟大胜利——在中国共产党第十九次全国代表大会上的报告[EB/OL]．(2017－10－27)[2023－10－12]．https://www.gov.cn/zhuanti/2017－10/27/content_5234876.htm.

② 习近平在第二届联合国全球可持续交通大会开幕式上的主旨讲话（全文）[EB/OL]．(2021－10－14)[2023－10－12]．https://www.gov.cn/xinwen/2021－10/14/content_5642639.htm.

③ 习近平．高举中国特色社会主义伟大旗帜 为全面建设社会主义现代化国家而团结奋斗[EB/OL]．(2022－10－17)[2022－11－04]．https://m.gmw.cn/baijia/2022－10/17/36091560.html.

交通强国建设的基本定位，强调为国家重大战略实施、现代化经济体系构建和社会主义现代化强国建设提供有力支撑，成为经济高质量发展的新动能。"世界前列"是交通强国建设的必然要求，强调全面实现交通现代化，交通基础设施规模和质量、交通服务、智能化绿色化水平、可持续发展能力世界领先，交通综合实力和国际竞争力位于前列。

基于交通强国的内蕴，其总体目标是建成"安全、便捷、高效、绿色、经济"的现代化综合交通运输体系。其中，安全是交通行业发展的基本前提，是人民群众对交通运输系统的基本要求；便捷高效是实现世界一流交通服务的重要体现，是人民群众出行的基本诉求；绿色是交通发展的根本原则，是高质量发展的应有之义；经济是交通发展的重要考量和提高交通综合竞争力的题中之义（见表2-1）。

表2-1 交通强国建设的特征谱系

总体特征	主要目标
发展目标	由强自身转向强国家，更加注重综合交通运输对国土开发、区域协调、产业布局、科技创新和对外开放的先行引导作用，强化综合交通运输体系对国家重大战略实施和现代化经济体系构建的支撑
发展动力	由传统要素驱动转向科技创新驱动，更加注重积极吸纳和集聚创新要素资源，提升既有设施智能化水平，促进全出行链、产业链、供应链、价值链技术创新和模式创新，推动综合交通运输智能高效发展
发展模式	由规模速度型转向质量效益型，更加注重资源集约利用，提升生产要素使用效率，优化各种运输方式资源配置，提高综合交通运输可持续发展水平
发展路径	由分散独立转向一体融合，更加注重水、陆、空立体多维衔接和协同，发挥多种交通运输方式的比较优势和组合效率，建立宜公则公、宜铁则铁、宜水则水、宜空则空的综合交通运输系统
发展空间	由国内发展转向全球拓展，更加注重综合交通基础设施与周边国家的互联互通和国际运输便利化水平提升，深度参与国际客货运输服务，不断提升我国在国际运输通道中的战略枢纽地位

资料来源：笔者根据相关资料整理。中共中央 国务院印发《交通强国建设纲要》[EB/OL]. (2019-09-19)[2023-06-01]. https://www.gov.cn/zhengce/2019-09/19/content_5431432.htm.

根据《加快建设交通强国五年行动计划（2023—2027年）》可知，到2027年，要在设施、技术、管理、服务等方面取得新突破。在设施方面，综合交通基础设施布局、结构、功能持续优化，系统集成水平有效提升。在技术方面，交通科技创新水平明显提升，智慧交通建设成效显著，绿色低碳转型取得重大进展。国家综合交通运输信息平台建成运行，行业重点基础数据汇聚程度进一步提升。在管理方面，交通运输改革全面深化，安全生产、开放合作、人才队伍建设持续强化。统一开放、竞争有序、制度完备、治理完善的交通运输高标准市场体系初步建成。在服务方面，运输服务优质高效，人民满意交通建设成效显著，城乡区域交通运输协调发展水平明显提升，京津冀、长三角、粤港澳大湾区、成渝、长江中下游等重点城市群内主要城市间实现两小时通达（交通运输部、国家铁路局、中国民用航空局、国家邮政局、中国国家铁路集团有限公司，2023）。

到 2035 年，基本建成便捷顺畅、经济高效、绿色集约、智能先进、安全可靠的现代化高质量国家综合立体交通网，实现国际国内互联互通、全国主要城市立体畅达、县级节点有效覆盖，有力支撑"全国 123 出行交通圈"（都市区 1 小时通勤、城市群 2 小时通达、全国主要城市 3 小时覆盖）和"全球 123 快货物流圈"（国内 1 天送达、周边国家 2 天送达、全球主要城市 3 天送达）。交通基础设施质量、智能化与绿色化水平居世界前列。交通运输应全面适应人民日益增长的美好生活需要，有力保障国家安全，支撑我国基本实现社会主义现代化。到 21 世纪中叶，全面建成现代化高质量国家综合立体交通网，拥有世界一流的交通基础设施体系，交通运输供需有效平衡、服务优质均等、安全有力保障。新技术广泛应用，实现数字化、网络化、智能化、绿色化。出行安全便捷舒适，物流高效经济可靠，实现"人享其行、物优其流"，全面建成交通强国，为全面建成社会主义现代化强国当好先行。

2.1.2 交通强国建设的内在要求与主要原则

2.1.2.1 交通强国建设的内在要求

交通强国作为现代化建设的重大工程有其鲜明的内在特征和质性规定，推进交通运输现代化就要构建现代化综合交通体系，并以实现交通基础设施现代化、技术装备现代化、运输服务现代化、行业治理现代化和人才队伍现代化为重点，以推进交通运输智慧化、绿色化、一体化、人本化、共享化、全球化为重要路径，以深化改革、创新驱动、开放合作为动力，走出一条中国式交通运输现代化道路。交通强国建设要求打造四个"一流体系"，即综合交通设施网络体系、综合交通运输技术体系、综合交通运输治理体系、综合交通运输服务体系。

一是要打造一流的综合交通设施网络体系，突出国土空间规划的指导和约束作用，统筹协调铁路、公路、水运、民航、管道、邮政等基础设施规划建设，实现各种方式设施网络的立体互联，构建多中心、网络化、区域协调、平衡发展的综合立体交通网。加快推进城市群铁路轨道交通网、快速公路网建设，加强公路与城市道路的衔接，构建一体化、便捷高效的城市群快速交通网。全面推进"四好农村路"建设，推动农村公路向村组延伸、向园区延伸、向景点延伸，构建广覆盖、多功能的农村交通基础设施网。加强综合交通运输通道与国家性、区域性交通枢纽的一体化衔接，建设完善更加高效便捷的集疏运体系。打造具有全球竞争力的国际海港枢纽、航空枢纽和邮政快递核心枢纽，加强与国际运输大通道的衔接，深度参与全球供应链体系。

二是要打造一流的综合交通运输技术体系，加强交通运输新技术在旅客联程运输、货物多式联运领域的应用，积极推广"一票制""一单制"及快速换乘换装设施设备，提高客货运输中转的便捷性。构建综合交通大数据中心体系，提升多源多维数据使用范围和效果，促进各种运输方式数据互联共享。瞄准全球新一轮科技革命具前瞻性、颠覆性的前沿科技领域，研发车辆自动驾驶、超高速轨道列车、无人机、智能船舶等各领域新一代智能交通工具。

三是打造一流的综合交通运输治理体系，完善综合交通运输管理体制，进一步深化铁路运营管理体制改革、公路投融资体制改革、航道养护体制改革、民航空域管理体制改革等重点领域改革，在中央、省、市、县四个层面建立健全适应本级财政事权与支出责任的交通运输大部门管理体制。完善综合交通运输法规标准体系，加强各种运输方式法规和标准的衔接，推动重点领域法规标准制修订。深度融入全球综合交通运输治理，积极参与各种运输方式国际组织事务，参与政策规则、标准规范制定，提升我国综合交通运输国际制度性话语权。

四是打造一流的综合交通运输服务体系。加强运输结构的优化调整，大力开展港口集疏运铁路、物流园区及大型工矿企业铁路专用线建设，推进大宗货物及中长距离货物运输向铁路和水运有序转移。大力发展多式联运，推动铁路与水运、公路与铁路、公路与水运、空运与陆运等联运发展，优化组织模式，提高物流效率、降低物流成本。打造高效的旅客联程运输系统，以 Mass（出行即服务）为理念，探索共享化、一体化、人本化、低碳化的出行模式，为旅客出行提供全链条解决方案，实现一站式便捷服务，满足人民群众多样化、定制化的高品质出行需求。

2.1.2.2 交通强国建设的主要原则

一是坚持大局观原则。交通强国建设应立足全面建设社会主义现代化国家大局，坚持适度超前，推进交通与国土空间开发保护、产业发展、新型城镇化协调发展，促进军民融合发展，有效支撑国家重大战略。立足扩大内需战略基点，拓展投资空间，有效促进国民经济良性循环。坚持以人民为中心，建设人民满意交通，不断增强人民群众的获得感、幸福感、安全感。

二是坚持内外统一原则。充分发挥市场在资源配置中的决定性作用，更好发挥政府作用，深化交通运输体系改革，破除制约高质量发展的体制机制障碍，构建统一开放竞争有序的交通运输市场。加强国际互联互通，深化交通运输开放合作，提高全球运输网络和物流供应链体系安全性、开放性、可靠性。

三是坚持系统性原则。加强规划统筹，优化网络布局，创新运输组织，调整运输结构，实现供给和需求更高水平的动态平衡。推动融合发展，加强交通运输资源整合和集约利用，促进交通运输与相关产业深度融合。强化衔接联通，提升设施网络化和运输服务一体化水平，提升综合交通运输整体效率。

四是坚持创新绿色原则。推进交通基础设施数字化、网联化，提升交通运输智慧发展水平。统筹发展和安全，加强交通运输安全与应急保障能力建设。加快推进绿色低碳发展，交通领域二氧化碳排放尽早达峰，降低污染物及温室气体排放强度，注重生态环境保护修复，促进交通与自然和谐发展。

2.1.3　新发展理念与交通强国建设

交通运输作为经济社会发展和人民生产生活的联系纽带，是人口与经济区域分布、空间结构形成与改善的决定因素。高效便捷的交通网络有利于不同地区间的贸易往来和沟通交流，促进区域协调发展。党的十九届六中全会强调了贯彻新发展理念的极端重要性，必须实现创新成为第一动力、协调成为内生特点、绿色成为普遍形态、开放成为必由之路、共享成为根本目的的高质量发展，推动经济发展质量变革、效率变革、动力变革。《交通强国建设纲要》明确提出"建设交通强国是建设现代化经济体系的先行领域""坚持新发展理念，坚持推动高质量发展"，指明了交通运输未来三十年的发展方向和着力点，推进交通运输高质量发展，必须以新发展理念贯穿交通运输业发展全过程。

2.1.3.1　以实现动力转换为目的推动创新发展

创新发展注重解决发展动力问题。创新是一项复杂的社会系统工程，涉及交通运输行业各个层面和多个领域。交通强国建设是推进经济高质量发展的有效支撑，也是把握新一轮科技革命带给交通运输业变革机遇的重要途径。一是把增强自主创新能力作为战略基点，着力提升原始创新能力，大力增强集成创新和引进消化吸收再创新能力，更加重视决策支持、智能交通、交通安全、环境保护等方面的技术研发。二是加强交通科技创新体系建设，健全社会主义市场经济条件下交通新型举国体制，遵循"基础研究、重大共性关键技术、典型应用示范"全链条创新设计、一体化组织实施原则，增强交通科技创新主体活力。三是强化科技成果转化推广与应用，通过开展交通示范工程、纳入标准规范、发布技术指南等手段，促进科研成果的产业化发展。四是深化交通运输制度创新，进一步完善综合交通运输管理体制和运行机制，优化交通投融资政策，推动交通文化塑造，构建中国特色综合交通运输体系。

2.1.3.2 以应对好主要矛盾变化为基准推动协调发展

协调发展注重解决发展不平衡不充分问题。交通发展不平衡集中体现在运输结构、空间结构、产业结构、市场结构、治理结构等方面的不平衡，制约着行业整体水平提升；交通发展不充分集中体现在基础设施结构性短板、运输服务高品质多样化供给、运输与相关产业深度融合、安全绿色发展、市场主体活力等方面，阻碍了行业高效、优质、包容、可持续发展。交通运输协调发展，要针对人民群众多层次、多样化、个性化需求，提供能力充分的设施供给和运行高效的运输服务。通过规划引领和政策指引，统筹推进区域交通、城乡交通、军民交通协同发展。要构建与国民经济和人民出行相适应的交通运输系统，加快推动交通运输与制造、物流、旅游、数字等产业深度融合，构建全要素、多领域、高效益的融合发展格局。

2.1.3.3 以促进低碳协同为导向推动绿色发展

绿色发展注重解决人与自然和谐共生问题。在我国资源约束趋紧、环境污染严重、生态系统退化的复杂生态背景下，必须加快转变交通运输发展方式，把绿色发展理念贯穿全过程，在国家实现"碳达峰碳中和"的目标中做出交通方面的贡献。第一，统筹各种运输方式低碳协同发展，提高铁路、水运在综合运输体系中的承运比重，打通各种运输方式相互衔接的"堵点"，提高枢纽换乘和多式联运的便利化水平。第二，统筹基础设施、运输装备、运输组织低碳协同发展，开展交通基础设施绿色化提升改造，统筹利用综合运输通道、线位、岸线、锚地、空域等资源，推动运输装备低碳转型，大力发展以铁路、水运为骨干的多式联运系统，完善小汽车租赁系统构建。第三，统筹规划、建设、运营、养护、管理等环节的低碳协同发展，降低全生命周期能耗和碳排放，合理确定达峰路线图和时间表。

2.1.3.4 以全方位提升全球资源配置能力为愿景推动开放发展

开放发展注重解决发展内外联动问题，关键在于如何提高对外开放的质量和发展的内外联动性。交通运输业必须坚定实施走出去战略，加强交通基础设施的互联互通，进一步融入全球运输系统，提高全球交通运输治理中的影响力和话语权，全方位提升全球资源配置能力。第一，强化交通基础设施互联互通。加强与周边国家交通基础设施互联互通，推进口岸公路、口岸铁路、界河航道建设，强化国内运输通道与境外骨干通道的有机衔接，提高重要海运通道的保障能力。打造世界一流的大型网络型航空公司，全力构建通达全球的航线网络。第二，推进跨境运输服务的便利化。优化促进"点对点"向"枢纽对枢纽"的转变，拓展与周边国家间的道路客货运输线路。优化海上航线航班布局，完善全球海运服务网络。打造全球重点航空市场的民航空中快线，加大对发展中国家和地区的辐射广度和深度。第三，深化交通运输开放合作机制。拓展交通国际合作多边机制，积极参与国际规则、标准制修订。

2.1.3.5 以建设人民满意交通为使命推动共享发展

共享理念实质就是坚持以人民为中心的发展思想，体现的是逐步实现共同富裕的要求。"以人民为中心"是交通强国战略的根本价值取向。《交通强国建设纲要》把坚持"以人民为中心"的发展思想定位为总体要求。实施交通强国战略的目标是建成现代化综合交通运输体系，满足人民对便捷交通、高效交通的要求，包含建成满足人民生产生活需要的交通运输体系和支撑国家重大发展战略的运输体系两层含义。交通运输高质量发展道路要坚持"以人民为中心"的发展思想，推进交通运输基本公共服务均等化，推动城乡、区域交通运输协调发展，使交通发展成果全民共享、全面共享、共建共享、渐进共享。

一是推动农村公路更多向进村入户倾斜，因地制宜推进较大人口规模自然村（组）通硬化路，有序实施农村公路联网路建设、窄路基路面加宽改造、乡镇通三级公路建设等。扎实推进农村公路管理养护体制改革试点，深化"四好农村路"建设。推进农村客货邮融合发展，引导乡镇客运站拓展商贸、物流、邮政快递等业务。二是提升交通运输服务品质，增加更多出行选择，改善群众出行体验。加快推动城市交通拥堵综合治理，深化国家公交都市建设，优化完善城市公共交通服务网络，促进交通产业智能化变革，优化交通运行和管理控制，健全智能决策支持与监管，加快实现交通基础设施和运载工具数字化、网络化及运营运行智能化。三是推进区域交通协调发展。加快形成纵贯南北、横贯东西、高效互联的综合运输大通道，形成以运输通道为支撑的经济廊道，推动产业梯度转移和优化升级，促进城镇空间开发和布局优化，加强东中西区域经济联系，有力支撑国家区域战略深入实施。

2.2 交通强国战略的价值效能

党的二十大报告提出以中国式现代化全面推进中华民族伟大复兴，指出了中国式现代化的本质要求，强调中国式现代化是人口规模巨大的现代化，是全体人民共同富裕的现代化，是物质文明和精神文明相协调的现代化，是人与自然和谐共生的现代化，是走和平发展道路的现代化。[①]

一般而言，交通运输是国民经济的基础性、先导性、战略性产业和重要的服务性行业。交通聚焦中国式现代化的"先行官"定位，其不仅提供了一种运输服务，还是一种社会生产力和公共资源。我国幅员辽阔、人口众多，资源、产业分布不均衡，这一特殊国情必然需要强有力的交通运输体系支撑高质量发展。加快建设交通强国是建设现代化经济体系的先行领域。在经济发展中，"交通＋城市""交通＋产业""交通＋旅游"等新经济业态纷纷出现，正在重塑着我国区域经济板块和格局。通过交通强国建设，构建富有中国特色的高质量综合交通运输系统，使我国交通运输实现质的跨越，成为中国式现代化过程中的"压舱石"。

具体来看，第一，建设交通强国是满足人民日益增长的美好生活需要的必然要求。进入中国特色社会主义新时代，人民的生活水平不断提高，对美好出行的需求也更高。加快建设交通强国，显著提升交通供给体系的能力、质量和效率，不断满足人民群众对美好生活的向往，有利于增强人民群众的获得感、幸福感和安全感。第二，建设交通强国是建设社会主义现代化强国的内在要求。交通现代化是衡量一个国家现代化水平的重要标志。构建现代化的基础设施体系、交通装备体系、运输服务体系、交通治理体系，推动交通运输安全、智慧、绿色、开放发展，走出一条中国特色新型交通运输现代化道路，可以为落实国家重大战略、建设美丽中国、促进社会进步提供坚强保障。第三，建设交通强国是顺应世界交通发展大势的客观需要。新一轮科技革命和产业变革孕

---

① 习近平：高举中国特色社会主义伟大旗帜　为全面建设社会主义现代化国家而团结奋斗——在中国共产党第二十次全国代表大会上的报告［EB/OL］.（2022－10－25）［2023－10－25］. https://www.gov.cn/xinwen/2022－10/25/content_5721685.htm.

育兴起,现代信息技术、新能源新材料技术等与交通产业深度融合,已成为世界各国培育交通发展新优势的重要发力点。加快建设交通强国,推动交通领域技术变革,改变部分关键核心技术受制于人的局面,突破"卡脖子"技术难题,将显著提升我国交通综合实力和国际竞争力。第四,建设交通强国是推动交通行业高质量发展的内在需要。我国基础设施规模总量大但网络化水平不够、运输结构不合理、多种运输方式统筹协调不够、关键技术装备创新能力不足、综合运输效率效益不高、安全生产形势依然严峻等。建设交通强国,既是推进交通运输供给侧结构性改革的过程,也是推动行业转型升级、高质量发展的过程,同时还是我国交通运输业弯道超车的难得机遇(见表2-2)。

表2-2 综合立体交通网的基本面向

主要任务	基本面向
构建完善的国家综合立体交通网	国家综合立体交通网连接全国所有县级及以上行政区、边境口岸、国防设施、主要景区等。以统筹融合为导向,着力补短板、重衔接、优网络、提效能,更加注重存量资源优化利用和增量供给质量提升。完善铁路、公路、水运、民航、邮政快递等基础设施网络,构建以铁路为主干,以公路为基础,水运、民航比较优势充分发挥的国家综合立体交通网
加快建设高效率国家综合立体交通网主骨架	国家综合立体交通网主骨架由国家综合立体交通网中最为关键的线网构成,是我国区域间、城市群、省际及连通国际运输的主动脉,是支撑国土空间开发保护的主轴线,也是各种运输方式资源配置效率最高、运输强度最大的骨干网络。依据国家区域发展战略和国土空间开发保护格局,结合未来交通运输发展和空间分布特点,将重点区域按照交通运输需求量级划分为三类。京津冀、长三角、粤港澳大湾区和成渝地区双城经济圈四个地区作为极,长江中游、山东半岛、海峡西岸、中原地区、哈长、辽中南、北部湾和关中平原八个地区作为组群,呼包鄂榆、黔中、滇中、山西中部、天山北坡、兰西、宁夏沿黄、拉萨和喀什九个地区作为组团。按照极、组群、组团之间交通联系强度,打造由主轴、走廊、通道组成的国家综合立体交通网主骨架
建设多层级一体化国家综合交通枢纽系统	建设综合交通枢纽集群、枢纽城市及枢纽港站"三位一体"的国家综合交通枢纽系统。建设面向世界的京津冀、长三角、粤港澳大湾区、成渝地区双城经济圈四大国际性综合交通枢纽集群。加快建设二十个左右国际性综合交通枢纽城市以及八十个左右全国性综合交通枢纽城市。推进一批国际性枢纽港站、全国性枢纽港站建设

续表2-2

主要任务	基本面向
完善面向全球的运输网络	围绕陆海内外联动、东西双向互济的开放格局,着力形成功能完备、立体互联、陆海空统筹的运输网络。发展多元化国际运输通道,重点打造新亚欧大陆桥、中蒙俄、中国—中亚—西亚、中国—中南半岛、中巴、中尼印和孟中印缅等七条陆路国际运输通道。发展以中欧班列为重点的国际货运班列,促进国际道路运输便利化。强化国际航运中心辐射能力,完善经日韩跨太平洋至美洲,经东南亚至大洋洲,经东南亚、南亚跨印度洋至欧洲和非洲,跨北冰洋的冰上丝绸之路等四条海上国际运输通道,保障原油、铁矿石、粮食、液化天然气等国家重点物资国际运输,拓展国际海运物流网络,加快发展邮轮经济。依托国际航空枢纽,构建四通八达、覆盖全球的空中客货运输网络。建设覆盖五洲、连通全球、互利共赢、协同高效的国际干线邮路网

资料来源:笔者根据相关资料整理。中共中央 国务院印发《国家综合立体交通网规划纲要》[EB/OL]. (2021-02-24)[2023-01-23]. http://www.gov.cn/zhengce/2021-02/24/content_5588654.htm.

2.3 交通强国战略下我国综合交通运输发展现状与趋势

2.3.1 交通强国战略下我国综合交通运输建设的一般分析

进入中国特色社会主义新时代,我国加快统筹推进综合立体交通网建设,分别建成了全球最大的高速铁路网、高速公路网和世界级港口群,机场建设也取得重大成就。中国高铁、中国路、中国桥、中国港、中国机场、中国快递成为系列性标志。数据显示,2018—2022年,我国交通运输行业共完成固定资产投资超过17万亿元。以2021年和2022年为例,2021年平均每天约有6.9万艘次船舶进出港,飞机起降2.68万架次,快件处理接近3亿件。高峰时,平均每天铁路开行旅客列车超过1万列,高速公路车流量超过6000万辆次。[①] 2022年,全国营业性客运量达55.9亿人次,全国营业性货运量达506亿吨,港口吞吐量达156.8亿吨,集装箱吞吐量超过3亿标准集装箱。高速公路9座以下小客车出行量超171亿人次,网约车、共享单车日均订单量分别达2000

---

① 国务院新闻办就"奋力加快建设交通强国 努力当好中国现代化的开路先锋"举行发布会[EB/OL]. (2023-02-24)[2023-06-13]. https://www.gov.cn/xinwen/2023-02/24/content_5743133.htm.

余万单、3300余万单。① 快递业务量达1100余亿件,日均快递量超3亿件。截至2022年年底,全国公路通车里程535万公里,其中高速公路通车里程17.7万公里。全国农村公路完成固定资产投资4733亿元,同比增长15.6%,新建改建农村公路18余万公里,改造农村危桥10589座,完成农村公路安全生命防护工程13.5万公里。实施农村公路以工代赈项目3859个,吸纳农村劳动力7.8万人。② 截至2022年年底,有农村公路管理任务的县(市、区)农村公路"路长制"覆盖率达98.7%,累计开通客货邮融合线路8000余条,有力推动"四好农村路"高质量发展。③

这些成就提升了我国综合运输服务能力,有力支撑了物资运转和人员流动,保障了国内国际双循环新发展格局的运行。在交通硬件设施取得重大进展的同时,交通软环境也在不断改善。例如,交通治理现代化稳步推进,积极推动综合交通运输体制机制改革。经过2008年和2013年两次"大部门制"改革,在国家层面形成了"一部三局"(交通运输部、国家铁路局、中国民用航空局、国家邮政局)综合交通运输管理体制架构,省级综合交通运输管理体制改革也在持续推进,综合交通运输法律法规体系和标准规范体系不断完善。

随着我国立体化、全方位、多层次的交通互联互通网络加快形成,截至2022年年底,全国综合交通网络总里程超过600万公里。中欧班列通达欧洲24个国家约200个城市,国际道路运输合作范围拓展至19个国家;国内航空公司经营国际定期航班通航62个国家的153个城市,水路国际运输航线覆盖100多个国家,邮政网络覆盖220多个国家和地区。中老铁路、中巴经济走廊两大公路、中俄黑河公路桥等建成通车。④

2.3.1.1 铁路建设

2012年到2022年全国铁路营业里程从9.8万公里增长到15.5万公里,

---

① 刘志强. 截至2022年底 综合交通运输网络总里程超600万公里[N]. 人民日报,2023-02-27(1).

② 国务院新闻办就"奋力加快建设交通强国 努力当好中国现代化的开路先锋"举行发布会[EB/OL].(2023-02-24)[2023-06-13]. https://www.gov.cn/xinwen/2023-02/24/content_5743133.htm.

③ 国务院新闻办就"奋力加快建设交通强国 努力当好中国现代化的开路先锋"举行发布会[EB/OL].(2023-02-24)[2023-06-13]. https://www.gov.cn/xinwen/2023-02/24/content_5743133.htm.

④ 刘志强. 截至2022年底 综合交通运输网络总里程超600万公里[N]. 人民日报,2023-02-27(1).

其中高铁营业里程4.2万公里,高铁已覆盖全国94.9%的50万人口以上城市;全国铁路网密度从101.7公里/万平方公里增长到156.7公里/万平方公里;复线率和电气化率分别从44.8%和52.3%增长至59.3%和73.3%。预计到2025年,国内铁路营业里程达16.5万公里,其中高铁约5万公里。铁路网覆盖99.5%的20万人口以上城市,高铁网覆盖98%的50万人口以上城市(乔雪峰,2023)。在路网和服务水平不断完善和提高的同时,铁路装备技术水平和安全运营保障能力不断提升。我国已成功研制了拥有完全自主知识产权的复兴号中国标准动车组,形成了涵盖时速160公里、250公里、350公里速度等级的动车组产品谱系。时速600公里的高速磁浮交通系统、时速400公里的可变轨距高速动车组及时速350公里高铁货运动车组已成功下线。同时,全面掌握了复杂路网条件下高速列车高密度跨线运输调度技术,运输密度和列车正点率世界领先,为铁路高质量安全发展提供了有力支撑。[①]

2.3.1.2 公路建设

党的十八大以来,习近平总书记多次就农村公路发展做出重要指示,要求农村公路建设要因地制宜、以人为本,与优化村镇布局、农村经济发展和广大农民安全便捷出行相适应,要进一步把农村公路建好、管好、护好、运营好,逐步消除制约农村发展的交通瓶颈,为广大农民脱贫致富奔小康提供更好的保障。2012—2021年,我国农村公路建设取得明显进展,为乡村振兴和高质量发展夯实了重要基础。一是农村公路网络基本形成。2012—2021年,中央在农村公路领域累计投入车购税资金7433亿元,累计新建改建农村公路约253万公里,解决了1040个乡镇、10.5万个建制村通硬化路的难题。农村公路的总里程从2011年年底的356.4万公里增加到2021年年底的446.6万公里。二是农村公路的路况水平不断提高。建立了覆盖县乡村三级的"路长制",2021年年底,我国农村公路路面的铺装率、列养率、优良中等路率分别增加到89.8%、99.5%和87.4%。三是运输服务水平大幅提升。新增5万多个建制村通客车,具备条件的建制村通客车率达100%。四是脱贫致富带动效应显著。"交通+电商"融合发展,城乡间人流、物流、资金流加速循环。全国设

---

① 中共中央宣传部举行新时代加快建设交通强国的进展与成效发布会[EB/OL]. (2022-06-10)[2023-11-18]. http://www.scio.gov.cn/xwfb/gwyxwbgsxwfbh/wqfbh_2284/2022n_2285/48346/.

置农村公路就业岗位77.4万个,吸收脱贫户38.1万人。①

2.3.1.3　水运建设

近十年来,我国水运基础设施体系加速完善,运力规模和结构不断优化提升,总体规模保持世界第一。截至2021年年底,我国拥有运输船舶12.6万艘,净载重量2.84亿吨,集装箱箱位288.4万标箱,载客量85.8万个客位。中国控制的海运船队的运力规模是3.5亿载重吨,居世界第二位,拥有注册船员180余万人,年均外派船员近14万人次,位居世界前列。截至2022年年底,我国港口拥有生产性码头泊位共2.1万个,其中万吨级以上的泊位2751个,全国内河航道通航里程为12.8万公里,其中高等级航道超过1.6万公里,拥有生产用码头泊位20867个,基本形成了覆盖长三角、津冀、粤港澳等世界级港口群。②

2.3.1.4　民航建设

在民航运输规模方面。2012—2021年,民航新建、迁建运输机场共82个,截至2022年年底,民用颁证机场达254个。新增航线3000余条,航线总数达5581条。2022年民航运输的总周转量、旅客运输量都超过了2012年的两倍,货邮运输量为2012年的1.3倍,航空服务网络覆盖全国92%的地级行政单元、88%的人口、93%的经济总量。在民航服务水平方面。2021年航班正常率较2012年提升13%,连续四年超过80%。推行"干支通、全网联"服务模式,推广通程航班服务,中西部机场旅客吞吐量占全行业的比例从2012年的36.5%增长到2021年的45.2%。在脱贫地区新建运输机场47个,航空服务对脱贫地区的人口覆盖率达到83.6%,比2012年增长13%。在民航战略支撑方面,2021年民航旅客周转量在综合交通运输体系中的占比超过33%。推动京津冀地区、长三角地区、粤港澳大湾区和成渝地区世界级机场群建设,基本建成北京、上海、广州、成都、西安等10大国际航空枢纽,29个区域枢纽组成的现代化机场体系。同时,我国已与128个国家和地区签署双边航空运

---

① 笔者根据相关资料整理。中共中央宣传部就新时代加快建设交通强国的进展与成效举行发布会[EB/OL].(2022-06-10)[2023-06-01].http://www.scio.gov.cn/xwfbh/xwbfbh/wqfbh/47673/48346/wz48348/Document/1725264/1725264.htm.

② 笔者根据相关资料整理。中共中央宣传部就新时代加快建设交通强国的进展与成效举行发布会[EB/OL].(2022-06-10)[2023-06-01].http://www.scio.gov.cn/xwfbh/xwbfbh/wqfbh/47673/48346/wz48348/Document/1725264/1725264.htm.

输协定，开通国际航线895条，与100个"一带一路"共建国家签署了双边航空运输协定，与64个国家保持定期客货运通航，航班总量占我国国际航班总量的60%以上。在民航新业态发展领域。国内规划建设了近80个临空经济区，其中17个国家级临空经济示范区，有力促进了地区产业结构转型升级。通用航空年均飞行小时增速为12.5%，通航机场达到339个，通用航空器3045架，逐渐成为经济发展新的增长点。[①]

2.3.1.5 邮政建设

近年来，我国邮政快递业发展态势强劲，在经济高质量发展中起到了打通"毛细血管"、畅通"微循环"的作用。高铁快递、航空快递运能不断增强，无人仓、无人车、无人机等智能装备加快应用。邮政普遍服务均等化水平持续提升，全国建制村全部直接通邮，快递网点基本实现乡镇全覆盖，建制村快递服务覆盖率超过80%。截至2021年年底，我国邮路总长度（单程）超过1000万公里，快递服务网络总长度（单程）超过4000万公里，拥有邮政快递营业网点41.3万处。2012—2021年，我国邮政业业务收入从1980.9亿元增长到12642.3亿元，年均增幅达22.9%，占GDP比例从0.37%提升到1.11%。快递业务量从57亿件增长到1083亿件，快件最高日处理能力近7亿件。[②]

2.3.2 交通强国战略下我国综合交通运输建设的区域分析

在国家层面提出"交通强国"战略后，国内各个省区因地制宜，纷纷推出"交通强省"战略计划，作为本省区综合交通运输体系建设的总抓手，积极探索符合本地实际的交通强省发展道路，其中一些省区还被纳入交通强国建设的试点地区，产生了一定的示范效应（见表2-3）。

[①] 笔者根据相关资料整理。中共中央宣传部就新时代加快建设交通强国的进展与成效举行发布会[EB/OL]. (2022-06-10)[2023-06-01]. http://www.scio.gov.cn/xwfbh/xwbfbh/wqfbh/47673/48346/wz48348/Document/1725264/1725264.htm.

[②] 笔者根据相关资料整理。中共中央宣传部就新时代加快建设交通强国的进展与成效举行发布会[EB/OL]. (2022-06-10)[2023-06-01]. http://www.scio.gov.cn/xwfbh/xwbfbh/wqfbh/47673/48346/wz48348/Document/1725264/1725264.htm.

表2-3　国内部份地区交通强省建设方案

地区	规划文本	主要内容	时间（年）
河南省	《河南省加快交通强省建设的实施意见》	到2025年，现代化高质量综合立体交通网基本建成，"米+井+人"综合运输通道格局全面形成，基本实现县县通双高速、乡镇通二级路、村村通4.5米宽硬化路、高铁出行市市全覆盖、民航服务市市全覆盖、综合枢纽场站市市全覆盖，实现交通体系、物流枢纽与区域、城市、产业融合发展，初步建成枢纽经济先行区和交通强国示范区。到2035年，安全、便捷、高效、绿色、经济的现代化综合交通体系全面形成，交通基础设施网络便捷化程度全国领先。建成高品质出行交通圈，实现郑州都市圈1小时通勤、中原城市群2小时通达、全国主要城市3小时覆盖，建成高效率快货物流圈，实现国内1天送达、周边国家2天送达、全球主要城市3天送达。智能、平安、绿色、共享交通发展水平全面提高，交通治理体系和治理能力现代化全面实现，人民满意、保障有力、国内领先的交通强省全面建成。到21世纪中叶，建成更高水平、更高质量的交通强省，综合交通运输发展整体水平全国领先，成为具有国际影响力的枢纽经济先行区和世界先进水平的交通强国示范区	2022
江苏省	《江苏印发〈交通强国江苏方案〉》	到2035年，基本建成交通强省，形成安全、便捷、高效、绿色、经济的现代化综合交通体系，交通运输总体发展水平进入世界先进行列。交通运输安全达到国际先进水平，无障碍出行服务体系基本建成。交通基础设施网络便捷化程度居世界前列，高快速铁路基本覆盖所有县级以上节点。交通客货运输高效连接全国和全球，构建"高品质出行圈"，基本实现一日联通全球，半日通达全国，2小时畅行江苏省，各设区市1.5小时抵达南京；构建"高效快货物流圈"，基本实现国内1天送达、周边国家2天送达、全球主要城市3天送达，货物经由江苏口岸直运主要发达国家和"一带一路"沿线主要国家。交通运输绿色发展水平达到世界先进水平，交通网络结构显著优化，铁路、水运等集约运输方式在客货运输中的占比显著提升。到21世纪中叶，全面高质量建成人民满意、保障有力、世界前列的交通强省，全面服务和保障社会主义现代化强省建设，人民享有美好交通服务	2020

续表2-3

地区	规划文本	主要内容	时间（年）
四川省	《中共四川省委四川省人民政府关于贯彻落实〈交通强国建设纲要〉加快建设交通强省的实施意见》	到2025年，初步形成陆海互济、东西畅达、南北贯通的"四向八廊"战略性综合运输通道格局，出川大通道达55条，交通开放合作和城乡区域交通协调发展达到新高度。到2035年，基本建成交通强省，全面建成现代化交通基础设施体系、国际性综合交通枢纽集群，出川大通道达94条，形成便捷顺畅、高效经济的客货交通圈和万亿级交通产业集群，基本实现交通治理体系和治理能力现代化。到21世纪中叶，全面建成交通强省。基础设施规模质量、运输服务品质、开放合作水平、安全保障能力、生态环境质量等全国领先，科技创新、治理能力等达到全国先进水平	2020
广西壮族自治区	《广西壮族自治区推进交通强国建设试点实施方案（2021—2025年）》	以西部陆海新通道为载体，通过政府引导、多方参与，形成通道便捷畅通、枢纽集约高效、国际运输便利、信息互联互通、运行安全有序的高水平对外交通运输体系。到2025年，基本建成贯通南北、海陆双向开放的西部陆海新通道；北部湾国际门户枢纽港地位基本确立，南宁区域性国际综合交通枢纽竞争力大幅增强；开放有序、现代高效的国际运输体系初步建成，国际运输便利化水平有效提升；建成综合交通运输大数据应用平台。推进高水平对外开放通道建设，打造高水平开放西部陆海新通道，加强西部陆海新通道与东盟经济圈、粤港澳大湾区及长江经济带衔接，加强对外开放能力建设。打造多层次国际枢纽，通过建设北部湾国际门户枢纽港、南宁区域性国际综合交通枢纽、全国性及区域性综合交通枢纽城市、面向东盟的边境口岸枢纽以及"联内接外"的集疏运体系等，形成综合交通枢纽发展新格局。推动国际运输便利化。完善便利化运输协作机制，强化软环境建设，提升口岸运输服务水平，创新国际多式联运模式，提升跨境运输服务能力。推进智慧交通发展，建设综合交通运输大数据应用平台，并在智慧公路、智慧港口等领域推进应用示范。提升科技兴安水平，开展国省干线公路工程建设安全技术研究与应用等项目，加强安全生产事故防范能力	2021

续表2-3

地区	规划文本	主要内容	时间（年）
陕西省	《关于贯彻落实〈交通强国建设纲要〉的实施方案》	到2035年，基本建成交通强省。高质量综合立体交通网基本形成。建成西安国际性综合交通枢纽城市和宝鸡、榆林、安康等全国性综合交通枢纽城市，构筑起"一带一路"交通商贸物流中心、中欧班列（西安）集结中心。交通经济走廊全面建成。交通基础设施通达程度与东部大体相当，综合交通运输大通道基本建成，形成面向中亚、南亚、西亚国家的通道。高速公路县县高效连通，国省干线基本畅达城镇，"四好农村路"普惠乡村；高速铁路通达全国，机场群规模效应充分释放，航空网络辐射全球；汉江国家高等级航道通江达海。"123"交通出行圈全面构筑。面向陕西省基本实现西安都市圈1小时通勤，关中城市群2小时互通，所有地市和主要县城3小时到达；面向全国基本实现周边省会城市1~2小时到达，京津冀、长三角、粤港澳、成渝等经济区2~3小时直达，国内主要城市3小时直达；面向全球快货物流国内1天送达，周边国家2天送达，全球主要城市3天送达。发展质量效益全面提高。交通运输发展方式更加绿色高效，创新能力、可持续发展、安全生产和现代化治理水平大幅提升。到21世纪中叶，全面建成人民满意、保障有力、全国前列的交通强省	2021
江西省	《关于推进交通强省建设的意见》	到2035年，基本建成交通强省，交通综合实力位居全国前列。基本形成"江西123出行交通圈"；融入"全球123快货物流圈"（国内1天送达、周边国家2天送达、全球主要城市3天送达）。基本实现综合枢纽10分钟换乘、建制村15分钟到候车站点、乡镇15分钟上国省道、县城20分钟上高速公路、设区市中心城区30分钟进机场和高铁站。城市交通拥堵基本缓解，无障碍出行服务体系基本完善，人民满意度明显提高。基本形成安全、便捷、高效、绿色、经济的现代化综合交通体系，拥有发达的快速网、完善的干线网、广泛的基础网，城乡区域交通一体化水平大幅提高。综合交通线网规模达到24万公里以上，高速公路覆盖10万人以上城镇，高铁、机场、高等级航道覆盖所有设区市，铁路覆盖90%以上县（市、区），长输管道天然气覆盖所有县（市、区），邮件快递网点覆盖建制村	2021

资料来源：中共河南省委 河南省人民政府印发《河南省加快交通强省建设的实施意见》《河南省综合立体交通网规划（2021—2035年）》[EB/OL].(2022-07-25)[2023-03-16]. https://www.henan.gov.cn/2022/07-25/2492826.html；江苏印发《交通强国江苏方案》[EB/OL].(2020-05-15)[2023-03-16]. http://jtysj.nantong.gov.cn/ntjy/bmwj/content/07b74ede-a37e-43f7-91c5-849fd42c2301.html；中共四川省委 四川省人民政府关于贯彻落实《交通强国建设纲要》加快建设交通强省的实施意见[EB/OL].(2020-08

—31）[2023—03—16]. https://www.sc.gov.cn/10462/10464/10797/2020/8/31/1f58743cc3a144c3a9f1df3d876f3ab6.shtml；广西壮族自治区推进交通强国建设试点实施方案（2021—2025年）[EB/OL].（2021—10—08）[2023—03—16]. http://jtt.gxzf.gov.cn/xwdt/tpxw/t10347844.shtml；关于贯彻落实《交通强国建设纲要》的实施方案[EB/OL].（2021—12—29）[2023—03—16]. http://www.shaanxi.gov.cn/xw/sxyw/202112/t20211229_2205836_wap.html；关于推进交通强省建设的意见[EB/OL].（2021—01—06）[2023—03—16]. http://www.jiangxi.gov.cn/art/2021/1/6/art_396_3042757.html。

2.3.3 交通强国战略下我国综合交通运输建设的趋势分析

统筹融合发展是我国综合交通运输体系的重点指向和基本特征，也是交通强国建设的内在逻辑。融合既包括各种交通方式之间的融合发展，也包括区域间交通融合发展，还包括交通与物流业的融合发展。

2.3.3.1 推进多种运输方式融合发展

推进综合交通枢纽一体化规划建设。对综合交通枢纽及邮政快递枢纽统一规划、设计、建设和管理十分必要。推动新建综合客运枢纽各种运输方式集中布局，实现空间共享、立体或同台换乘。加快综合货运枢纽多式联运换装设施与集疏运体系建设，统筹转运、口岸、保税、邮政快递等功能，提升多式联运效率与物流综合服务水平。促进干线铁路、城际铁路、市域（郊）铁路融合建设，与城市轨道交通衔接协调。加强城市周边区域公路与城市道路高效对接，减少对城市的分割和干扰。完善城市物流配送系统，加强城际干线运输与城市末端配送有机衔接。加强铁路、公路客运枢纽及机场与城市公交网络系统有机整合，引导城市沿大容量公共交通廊道合理、有序发展。

2.3.3.2 推进重点区域交通运输协调发展

加快推进京津冀地区、长三角地区、粤港澳大湾区、成渝地区、长江经济带、黄河流域等国家区域战略重点承载地区的交通一体化建设和互联互通水平，构建现代综合交通运输体系。坚持一盘棋思想，推动东部、中部、西部和东北地区交通运输协调发展，推进城市群内部交通运输一体化发展，构建便捷高效的城际交通网，加快城市群轨道交通网络化，完善城市群快速公路网络，加强城市交界地区道路和轨道顺畅连通，缩短通行时间。加强城市群内部重要港口、站场、机场的路网连通性，促进城市群内港口群、机场群统筹资源利用、信息共享、分工协作、互利共赢，提高城市群交通枢纽体系整体效率和国际竞争力。推进都市圈交通运输一体化发展。建设中心城区连接卫星城、新城的大容量、快速化轨道交通网络，推进公交化运营，加强道路交通衔接。

2.3.3.3 推进交通与邮政物流融合发展

在铁路、机场、城市轨道等交通场站建设邮政快递专用处理场所、运输通道和装卸设施，促成不同运输方式之间邮件快件装卸标准、跟踪数据等的有效衔接，实现信息共享。发展航空快递、高铁快递，推动邮件快件多式联运，实现跨领域、跨区域和跨运输方式顺畅衔接。此外，加强现代物流体系建设，优化国家物流大通道和枢纽布局。加强国际航空货运能力建设，依托综合交通枢纽城市建设全球供应链服务中心，打造开放、安全、稳定的全球物流供应链体系。

2.4 国外综合交通运输发展特征与借鉴

2.4.1 国外综合交通运输发展的特征分析

美国、日本和欧洲一些国家等经过上百年的探索和实践，已建立了强大的交通运输体系，其共通特点是拥有完善的基础设施网络，形成了高效率一体化的运输体系，提供高水平的运输服务。同时，拥有强大的交通科技创新能力和安全能力，较强的国际话语权和影响力。世界主要国家和地区的交通发展道路有以下特征。

2.4.1.1 设施规模与需求基本匹配

发达国家的交通运输经过多年发展，规模已经成型。从综合交通运输网总规模来看，美国为701万公里，日本为124万公里，德国为27万公里。发达国家交通基础设施规模已基本稳定，未来发展重点是高效维护现有基础设施，提升基础设施科技水平和承载能力。

2.4.1.2 运输结构基本适应可持续发展

当前，发达国家和地区构建了较为完善的短中长途高效环保的综合运输体系。例如，在长途运输方面，欧盟大力促进民航使用低碳燃油，打造国际绿色航空枢纽，联通沿海港口与内陆港口，大力发展铁水联运，提高欧洲和世界各地物流中心的连接程度，打造国际物流枢纽。中途运输方面，加强高速铁路网建设，加大铁路投资，提高铁路运力，促进中长途客运向大型客车和铁路运输转移，同时，建设高效的绿色货运通道，公路货运逐步转移到铁路和水路运输。短途运输方面，通过提高货运汽车能效，重点发展小型、轻量化乘用车，整合公共交通资源进一步实现绿色发展。

2.4.1.3 交通枢纽衔接度较高

这一问题可以从客运和货运两个方面进行探讨。在客运方面，发达国家和地区均十分重视综合交通枢纽的便捷性和联程运输水平，方便各种运输方式的衔接换乘。例如，欧盟在《迈向统一欧洲的交通发展路线图——构建竞争力强、高效节能交通系统》中提到了"至2050年所有机场与铁路网络特别是高速铁路网络连接，所有重要海港与铁路网和内河水运系统连接的目标"（傅志寰，孙永福，2019）。在货运方面，发达国家的多式联运功能极其强大，例如，在《陆地联运运输效率法案》《21世纪运输公平法案》等法律保障和标准化体系指导下，美国大力发展多式联运，其中集装箱海铁联运比例达40%，公铁联运占多式联运货运量比例达53%。铁水联运尤其发达，到港货物中有75%以上由铁路分拨，极大提高了综合运输效率。同时，具有公路、铁路、水运联运功能的综合货运枢纽相对充足（见表2-4）。

表2-4 不同国家综合客运枢纽特征

国家	客运枢纽联运特征
美国	枢纽设计时充分考虑各种交通运输工具的换乘，不同运输方式之间的换乘时间在十分钟以内。外部交通运输方面，地面公交、轨道交通、出租汽车及社会车辆等均有各自的接驳通道和上下客区域，互相连接又互不干扰；内部功能和布局方面，客运枢纽内的引导标识十分清晰，旅客能够方便快捷地抵达目标区域，极大缩短了换乘时间，多式联运比例高
日本	重视交通枢纽的一体化开发，采取立体模式地上地下综合利用，旅客不用出站即可快速完成铁路与各种交通运输工具的"零换乘"。注重车站周边规划与车站空间规划的协调，充分整合各种交通运输方式，紧凑安排各种接驳方式。日本铁路与轨道交通的换乘距离一般控制在100m以内，最短可达50m，对公交车的换乘距离一般控制在200m以内，对出租汽车的换乘距离控制在300m以内
德国	重视绿色发展理念和乘数效应。法兰克福机场空铁联运是世界上最成功的联运案例之一，高速铁路极大拓展了机场的辐射范围。铁路直接将其铁路班次做成与航空公司一样的航班号，放在航空公司的售票系统中对外销售，实现了票务系统的对接。旅客在铁路或者航站楼可以实现一次安检、异地通关

资料来源：笔者根据相关资料整理。傅志寰，孙永福. 交通强国战略研究（第一卷）[M]. 北京：人民交通出版社，2019：354-355.

2.4.1.4 重视综合运输通道建设

美国交通运输分别经历了运河、铁路、高速公路、航空等阶段，分别形成了不同类型的运输通道。美国综合交通网中的港口、铁路、联运设施等大部分由私人部门开发经营，而公路系统主要由各级政府和公共部门进行规划建设并运营管理。2012年后，美国货运网络及货运通道开始从以公路为主转向公路、铁路、水运、航空综合运输通道的协同发展转变，形成了以公路民航网络为主、铁路为补充的综合客运通道体系和以铁路公路水路网络为主、民航为补充的综合货运通道体系。在枢纽规划建设方面，无论国家层面还是地方层面均将重要人口集聚区、港口、机场、联运枢纽等作为重要联通节点。欧洲最早提出跨欧洲运输网络的概念是在1957年的《建立欧洲经济共同体条约》（《罗马条约》）。其中提出要建立连接欧洲国家和地区的高效现代化基础设施网络，由交通运输、通信和能源三个组成部分，并制定了综合交通发展规划时间表（见表2-5）。同时，欧盟第一次提出了"综合网络+核心网络"的概念，在核心通道上优化跨境客货运输组织。

表2-5　不同阶段欧盟综合交通运输规划

时间段（年）	规划特征
1990—2004	起初主要针对道路和铁路运输，21世纪后增加了海港、内河港口和多式联运枢纽，基本形成跨欧洲运输网络
2004—2013	引入"海上高速通道"的概念，通过海运与铁路联运结合的方式，提高海上通道运输效率
2013—2030	不同于之前只是各个项目分别由一种或两种运输方式组成的规划思路，第一次真正意义上将公路、铁路、航空和内河等多种运输方式融合在一起，结合成一张统一的网络进行规划

资料来源：笔者根据相关资料整理。傅志寰，孙永福. 交通强国战略研究（第一卷）[M]. 北京：人民交通出版社，2019：356.

2.4.1.5 基础设施投入－产出高效

世界发达国家普遍重视提高交通基础设施投入产出效率，注重交通行业的高质量发展。以高速公路为例，从产出角度看，美国每公里高速公路服务的交通运输量高于中国，服务效率更高；从成本角度看，美国高速公路由于没有财务成本，比我国高速公路运营成本更低，也更有竞争力（见表2-6）。

表 2-6　中国与美国高速公路效益对比

指标	产出			成本		
	GDP（亿元/km）	汽车（辆/km）	人口（万人/km）	建设维护及财务成本（元/日·km）	日交通量（标准车当量数/km）	每车每日平摊成本（元/车·km）
中国	5.48	1620	1.11	29863	22000	1.35
美国	10.18	2430	0.31	18357	40000	0.46

资料来源：笔者根据相关资料整理。傅志寰，孙永福. 交通强国战略研究（第一卷）[M]. 北京：人民交通出版社，2019：357.

2.4.1.6　重视交通领域科技创新

科技创新是推动生产力发展最重要的因素之一，交通运输业的发展变革离不开科技进步。在科技驱动下，美国水路、铁路、公路、航空等运输工具和运输方式依次崛起。进入 21 世纪后，美国逐渐将重点转向交通与先进技术融合发展，在交通领域广泛应用大数据、云存储、云计算、人工智能、管道高铁、各类基建传感探测器等。日本极为重视交通科技创新能力，在铁路建设方面注重超导磁悬浮系统的研究开发。在公路运营方面，早在 21 世纪初，日本就开始普及电子不停车收费系统（ETC），有效缓解了交通拥堵，提高了交通运行效率。欧盟通过改良交通运输管理和信息系统，逐步建成欧洲共同航空区，部署欧洲卫星导航系统。加拿大将技术创新视为保持交通系统竞争力、保护环境与提升生活质量的核心手段，鼓励政府与企业在交通科技领域合作攻关。

2.4.2　国外综合交通运输发展的经验启示

2.4.2.1　健全法律法规，由政府主导推进综合交通运输体系发展

回顾美国、日本和欧洲等现代交通业的发展历程，可以发现完善的法制建设和法规供给始终贯穿于交通运输业全过程。美国政府于 1991 年颁布了《多式地面运输效率法案》（《冰茶法案》），将交通运输业发展纳入高度完善的法律法规体系。美国交通领域拥有法律法规 80 余项，涵盖公路、铁路、水运、航空、管道运输等诸方面。其中公路方面法规共约 40 项，涵盖交通工具、交通安全、道路设计、资格认证等方面，从立法角度全方位设定美国公路交通框架。早在 1982 年，法国就颁布了国内交通基本法，规定了交通管理部门与交通运营方的关系。2010 年，法国政府在梳理历年与交通相关的法律法规基础

上制定了《交通法典》，该法典包括总则、铁路、公路、内河航运、海运、民航等六大部分共2200余项法条。《交通法典》与《民法典》《商法典》等处于同等地位，为交通一体化管理奠定了法律基础。此外，日本也明确了以交通运输领域中相关基本法作为其他交通运输部门法上位法的立法制度，保障了综合交通运输的发展。

2.4.2.2 将交通发展深入融合到国家战略规划之中

美国、日本和欧洲的交通发展规划与国家战略紧密联系。美国交通运输部于2015年3月发布了《超越交通——趋势和选择2045》的战略规划，对未来三十年交通发展特征、趋势进行了分析，提出了美国交通发展的战略目标，即建设一个强大、顺畅、智能、环保的交通系统，支持经济繁荣发展。[①] 日本国土交通省于2014年7月出台了《国土大设计2050——形成促进对流的国土形态》，作为其国土交通远景发展规划，支持"集约化＋网络化"国土空间布局，形成可持续发展的"大都市圈＋地方中小城市"集聚模式，加强交通基础设施网络化发展。[②] 自1992年起，欧盟定期发布系列交通白皮书（见表2-7），提出构建面向统一欧洲、竞争力强、便捷高效、节能减排、可持续发展的交通运输体系（傅志寰，孙永福，2019）。

表2-7 欧盟版系列交通白皮书

版次	时间（年）	关注重点
第一版	1992	欧洲交通运输市场的整合与开放
第二版	2001	交通方式公平、突破瓶颈、用户中心的交通政策及全球化
第三版	2006	欧盟扩大范围、对安全反恐的关注、全球化、能源价格和气候变化等
第四版	2011	欧洲统一、真正的可持续发展的交通运输体系

资料来源：傅志寰，孙永福. 交通强国战略研究（第一卷）[M]. 北京：人民交通出版社，2019：359.

2.4.2.3 重视交通基础设施区域一体化发展

美国、日本和欧洲的国家和地区的交通发展战略均体现了支持交通区域一

---

① 国外交通跟踪研究课题组. 美国2045年交通发展趋势与政策选择[M]. 北京：人民交通出版社，2017.

② 翟国方，何仲禹，顾福妹. 日本国土空间规划及其启示[J]. 土地科学动态，2019（3）：48-53.

体化发展的理念。这些国家和地区城镇化发展有一个显著特征，即巨型城市群形态，交通发展要加强巨型城市群的内在联系，为其发展提供保障。例如，美国提出围绕巨型城市群建设高速铁路、城际铁路的战略，通过人员和货物的快速运输推进巨型城市群的聚合力，同时也确定了超过88个公路通道项目。日本提出高速磁浮一小时交通圈的发展战略，将东京都市圈、大阪都市圈、名古屋都市圈紧密连接在一起。欧盟提出欧洲交通一体化发展的战略理念，并针对铁路、航空、水运、公路、多式联运、运输市场及服务分别提出一体化战略，意在加强成员之间的联系。

2.4.2.4 推动交通投融资体制机制改革创新

美国、日本和欧洲等国家和地区都重视交通基础设施投融资政策和体制机制创新。例如，美国政府在《超越交通——趋势和选择2045》中提出要推动联邦和各州之间的交通投融资关系转变，对交通建设实施前瞻性投资。一方面，在确保既有资金来源的基础上，开辟新的交通投资来源，建立促进民营资本投资公共设施的激励机制；另一方面，按照绩效标准进行投资决策，联邦资金优先用于成本效益高、绩效好、能显著支持国家发展的项目，重点支持地方交通拥堵收费、智能交通系统创新、交通技术推广等项目（国外交通跟踪研究课题组，2017）。日本政府积极创新和完善收费公路管理模式。政府主导框架下的特许专业公司建设运营模式，理顺了政府、市场、社会三者之间的关系，降低了收费公路融资、建设与维护成本，提高了收费公路的运营效率与透明度，还确保了公路网管理的完整统一和公益属性（翟国方，何仲禹，顾福妹，2019）。

近年来，欧盟积极创新交通收费、定价和投融资制度。一方面，按照"谁使用谁付费，谁污染谁付费"的原则，将外部成本内部化。建立联合发展基金，为欧洲核心交通网建设注入巨资，同时引导民间资本对交通基础设施投融资，拓展资金来源渠道。另一方面，改革交通税费制度，包括征收与排量关联的车辆购置税、车辆消费税、环境污染费等，鼓励以公共交通代替私人汽车出行。

2.4.2.5 强调科技应用推进基础设施智能化

美国、英国、德国、韩国都极其重视先进技术在交通基础设施领域的应用。美国较早重视推进智能交通发展，修建辅助无人驾驶智能公路。例如，俄亥俄州等地在公路上安装光纤电缆网络和传感器系统，向汽车发送前方危险警告等信号；犹他州和弗吉尼亚州等地为交通信号灯和桥梁安装了传感器和专用短程通信设备，及时向无人驾驶汽车反馈路况信息。此外，在民航方面推广应用新一代航空导航系统。英国开发了可对高速公路上行驶的电动汽车进行不停车充电系统，并对其进行验证试验。德国政府选取国内若干段高速公路，规划专供无人驾驶汽车测试路段。韩国修建了世界上第一条无线充电公交车道，实现了电动公交车边行驶边充电的过程（傅志寰，孙永福，2019）。

2.4.2.6 重视交通绿色可持续发展

美国、日本和欧洲等国家和地区明确提出建立资源节约型和环境友好型的交通运输系统。在环境承载力和资源约束趋紧条件下，降低交通系统的环境资源成本和负面社会影响。例如，欧盟将低碳交通作为交通发展的核心战略之一。美国强调要转变交通发展方式，既要扩展运输网络能力，服务人口和经济增长，也要降低交通发展对环境的负面影响，实现绿色可持续发展。日本坚持防灾减灾思想指向，以此参与到国土交通布局战略调整中（傅志寰，孙永福，2019）。

2.5 本章小结

交通是国民经济发展的大动脉，具有基础性、服务性、引领性、战略性的属性，是兴国之器、强国之基，在社会进步和文明绵延中起着重要的推动作用。新中国成立后尤其是自改革开放以来，我国交通运输业取得了巨大进步和历史性跨越，交通规模和客货运输量居于世界前列，科技创新、治理能力和安全水平不断提升，成为名副其实的交通大国，并为迈入交通强国奠定了坚实基础。总体上看，自新中国成立以来，我国交通运输业经历了从"瓶颈制约"到"初步缓解"，再到"基本适应"的发展历程。交通强国战略的提出，为交通运输业带来了战略规划和阶段展望，为现代化经济体系的打造和运行提供了物质基础和架构支撑。

第3章 交通强国战略与民航业高质量发展的双向互动

民航业是交通运输业不可分割的一部分,在综合交通运输体系中占据特殊地位。交通强国战略的实施离不开民航业的高质量发展,前者为后者提供了整体发展架构和基本方向,后者为前者提供了行业基础和有力支撑。从民航业高质量发展的价值取向和主要特征出发,探讨其与交通强国战略的互动关系,并从历史的角度探查我国民航业的发展进程,结合其他国家民航业的发展经验,可以更好地理解民航业在交通强国建设中的重要地位。

3.1 民航业高质量发展的框架指向和主要特征

3.1.1 民航业高质量发展的框架指向

3.1.1.1 民航业高质量发展的一般性

高质量发展应坚持质量第一和效益优先,以供给侧结构性改革为主线,推动质量变革、效率变革、动力变革。高质量发展既是新时代我国经济发展的基本特征,也是新时代民航强国建设的本质要求。事实上,民航业不仅仅是一种重要的交通运输方式,作为国家重要的战略产业,服务国家战略和社会经济发展同样是民航高质量发展的重要功能。民航业高质量发展具有我国经济社会高质量发展的普遍性框架指向,即在新发展理念下的发展取向。具体而言,创新是民航业高质量发展的第一动力,协调是民航业高质量发展的内生特点,绿色是民航业高质量发展的普遍形态,开放是民航业高质量发展的必由之路,共享是民航业高质量发展的根本目的。民航业高质量发展必须全过程贯彻新发展理念,通过深化改革推动行业的质量变革、效率变革和动力变革,从重规模向重质量转变,重效益向重效率转变,为民航业高质量发展赋能。

3.1.1.2 民航业高质量发展的特殊性

民航业高质量发展除了经济社会高质量发展的一般性之外,还有其独特的行业特征。安全是民航业发展的"生命线",是民航一切工作的基础,也是民航业高质量发展的前提。实现民航业高质量发展,根本基础是坚持安全第一,坚守安全底线。为此,需要处理好安全与发展、安全与效益、安全与正常、安全与服务的关系。一要做到运行总量和安全保障能力相协调。控制运行总量增长过快的势头,在空域资源、基础设施保障能力尚不能满足需求的情况下,在航线航班增加、运力引进等方面坚持严格的标准,处理好安全与发展、安全与效益的关系。二要做到安全运行标准和安全裕度相均衡。在确保安全的前提下,梳理运行标准中过严过紧的规定,为航空公司、机场、空中交通管理(简称空管)安全运行、优化流程、提升效率提供空间,处理好安全与正常的关系。三要做到安全管理目标和管理手段相匹配。坚持以人民为中心,践行"发展为了人民"的理念,聚焦人民群众的出行需求和关切,处理好安全与服务的关系。当然,民航业高质量发展既要坚守安全底线,也要拓展绿色上限,还要强化智慧主线。安全底线是根本,是民航发展的生命线。绿色发展是底色,绿色低碳能力决定了民航发展的规模和质量,智慧主线是民航发展的重要驱动和支撑。

3.1.2 民航业高质量发展的特征刻画

我国民航业"十四五"时期形成了"一二三三四"总体工作思路,即践行一个理念、推动两翼齐飞、坚守三条底线、构建完善三个体系、开拓四个新局面。[①] 践行一个理念就是践行"发展为了人民"的理念,这是民航工作的根本出发点;推动两翼齐飞就是推动公共运输航空和通用航空"两翼齐飞",这是民航协调发展、均衡发展的必然要求;坚守三条底线就是坚守飞行安全、坚守廉政安全、坚守真情服务,这是民航工作的基本要求。构建完善三个体系,就是构建完善功能健全的现代化国家机场体系,构建完善系统布局效率运行的航空运输网络体系,构建完善安全高效的生产运行保障体系,推动民航发展形态从解决"有没有"的问题向"好不好""强不强"转变。开拓四个新局面,就是民航产业协同发展有新格局,智慧民航建设有新突破,资源保障能力有新提

---

① "十四五"时期民航总体工作思路[EB/OL]. (2021-07-12)[2023-06-18]. http://www.caac.gov.cn/ZTZL/RDZT/2021BNWY/KYFZ/202107/t20210712_208387.html.

升，行业治理体系和治理能力有新成效，推动民航在融入国家新发展格局中进一步发挥战略产业作用。这一总体思路明确了民航业深化改革的方向和路径，旨在着力提升行业核心竞争力，着力优化行业功能布局，着力增强行业创新能力，着力提高行业国际话语权。五是发展效益好。民航业充分发挥通达性强、效率高和品质优的比较优势，增强创新发展，加快提升容量规模和质量效率，全方位推进高质量发展。民航业高质量发展的效益综合表现在安全底线牢、运行效率高、服务品质好、经济效益佳、发展后劲足等方面。除了五大层面外，民航业高质量发展体现为八大特征：一是具有国际化、大众化的航空市场空间；二是具有国际竞争力较强的大型网络型航空公司；三是具有布局功能合理的国际航空枢纽，以及国内机场网络；四是具有安全高效的空中交通管理体系；五是具有先进、可靠、经济的安全安保和技术保障服务体系；六是具有功能完善的通用航空体系；七是具有制定国际民航标准规则的主导权和话语权；八是具有引领国际民航业发展的创新能力（冯正霖，2018）。

3.2 交通强国战略对民航业高质量发展带来的机遇和挑战

3.2.1 民航业高质量发展面临的有利条件

民航业是国家重要的战略产业，也是构建现代综合交通运输体系的重要组成部分。作为一项运输方式，与其他交通方式相比，民航具有运输效率高和服务国际化的重要特征。根据《"十四五"民用航空发展规划》，预计到2025年我国通航国家数量将超过70个，其中通航共建"一带一路"国家数量超过50个（中国民用航空局 国家发展和改革委员会 交通运输部，2021）。新发展阶段下，我国民航业高质量发展具有若干有利因素：

第一，国家极其重视民航业发展。

现阶段我国民航业仍处于重要的战略机遇期，民航业作为重要的战略产业受到中央和各级地方政府的高度重视和青睐。从国家层面看，2012年，国务院印发了《国务院关于促进民航业发展的若干意见》，2016年，印发了《国务院办公厅关于促进通用航空业发展的指导意见》，这两个文件成为新时代指导我国民航业发展的重要文件。从行业职能部门层面看，中国民用航空局作为国家民用航空事业的主管部门，近些年发布了大量的政策文件和行业规划，为民航业的高质量发展提供了行业指导。从地方政府层面看，各地对发展民航业投入了巨大热情，基本上每个省份都将其看作本地经济社会发展和产业结构调整的重要引擎,"要想富,先修路"变成了"要想强,上民航"。多领域民航强国建设,解决好人民群众多样化航空需求和民航发展不平衡不充分的主要矛盾,成为新时代民航业高质量发展的重要价值取向(见表3-1)。

表3-1 近年来民航业发展相关政策文件

年份	政策文件	颁布机构
2017	《全国民用运输机场布局规划》	国家发展改革委、中国民用航空局
2018	《新时代民航强国建设行动纲要》	中国民用航空局
2020	《中国民航四型机场建设行动纲要(2020—2035年)》	中国民用航空局
2020	《推动新型基础设施建设促进民航高质量发展实施意见》	中国民用航空局
2021	《"十四五"民用航空发展规划》	中国民用航空局、国家发展改革委、交通运输部
2022	《"十四五"通用航空发展专项规划》	中国民用航空局
2022	《"十四五"航空物流发展专项规划》	中国民用航空局
2022	《"十四五"民航绿色发展专项规划》	中国民用航空局
2022	《"十四五"航空运输旅客服务专项规划》	中国民用航空局
2022	《关于民航大数据建设发展的指导意见》	中国民用航空局

第二,民航业市场需求潜力巨大。

2020—2022年,民航业受新冠疫情影响的深度和持续性远超预期,行业运行发展面临着诸多困难。企业持续亏损,资金流动性问题突出,基础设施建设出现资金缺口,安全运行风险加大,成为纾困扶持的重点行业之一。但"十四五"时期支撑我国民航业持续快速增长的基本面没有改变,民航业发展的基本盘没有动摇,航空公司、机场、空管等行业主体表现出了强大韧性,航空运输市场增长潜力巨大。后疫情时期,民航业面临着强势反弹。从国内市场看,2023年第一季度,民航全行业共完成运输总周转量239.9亿吨公里,同比增长39.7%,总体运输规模相当于2019年同期的77.6%。2023年第一季度,民航全行业共完成旅客运输量1.29亿人次,同比增长68.9%。其中,国内航线完成1.26亿人次,规模相当于2019年同期的88.6%。国际市场看,2023年1月8日起,国际客运航班取消"五个一"和"一国一策"等调控措施,中外航空公司按照双边运输协定安排运营定期客运航班。自2023年2月6日起,全国旅行社及在线旅游企业经营出境团队旅游和"机票＋酒店"业务试点恢复。自2023年3月31日起，恢复全国旅行社及在线旅游企业经营外国人入境团队旅游和"机票＋酒店"业务。这些数据表明，我国民航业开始稳步恢复。2023年，民航业将充分利用中国巨大市场的吸引力，扩大国际合作范围。完善合作机制，夯实合作内容，加强与各国民航主管部门各层级沟通交流，加强与共建"一带一路"国家民航各领域合作。

第三，综合交通运输带来的机遇。

民航是综合交通运输体系中的重要组成部分，综合交通发展必然给民航业带来巨大机遇。抓住交通基础设施建设的关键"窗口期"，提升综合交通网络整体效能，实现交通基础设施综合协调、集约高效、绿色经济。在综合交通运输格局中，必须发挥每种运输方式的比较优势，提升组合效率。铁路、水运应承担更多的中长途货物运输，同时调整公路在客货运输上的绝对主力地位。合理配置和有效利用交通运输资源，建设设施结构合理、运能配置协调的综合交通基础设施网络，实现交通运输体系可持续发展。例如，铁路运输具有运距长、运力大、成本低、速度快、能耗低等优点，适合"胡焕庸线"以东地区。应大力推动在"胡焕庸线"[①]以东地区的京津冀城市群、长三角城市群、粤港澳城市群、长江中游城市群、成渝地区城市群、中原城市群建设"轨道上的城市群"，充分发挥铁路、水路、公路和航空的比较优势。"胡焕庸线"以西区域地广人稀、经济总量有限、运输需求量相对较小，比较适合支线航空和通用航空发展。除重要国际通道、国土开发与资源能源运输干线需要建设铁路外，"胡焕庸线"以西地区应更多发挥公路和民航的优势。

第四，科技进步带来的重大驱动。

数字化、智能化、绿色化是交通运输业和民航业发展的重要导向，三者之间又有着极强的共性。数字化、智能化的实施结果必然会带来民航业绿色化发展，民航业绿色化路径离不开数字化和智能化的推广应用。数字化、智能化在交通强国民航新篇章建设中前景较广阔。基于此，一方面，需要加快节能低碳型航空运输工具推广应用。优化民航运输装备用能结构，推广应用新能源和清洁能源，提高生产效率和整体能效水平。推进低碳民航基础设施建设运营。将节能低碳理念贯穿民航基础设施规划、建设、运营和维护的全过程，使民航基础设施与生态保护红线相协调，与资源环境承载力相适应。强化科技创新对绿

[①] 中国地理学家胡焕庸在1935年提出的划分我国人口密度的对比线，最初称"瑷珲—腾冲一线"，后因地名变迁，先后改称"爱辉—腾冲一线""黑河—腾冲一线"。

色低碳民航发展的支撑。加快构建市场导向的绿色民航技术创新体系，开展绿色基础设施建设、新能源运输工具装备、交通污染综合防治等应用研究，强化节能环保关键技术在民航运输领域推广应用。将"双碳"目标全面融入民航业，加强各类规划的衔接协调。另一方面，以智慧民航为主线，重点围绕智慧出行、智慧空管、智慧机场和智慧监管，推动数字化转型，加快提升民航业发展的质量效益和发展动能。充分发挥民航海量数据规模和丰富应用场景优势，全面推进业务数字化和数字业务化，降低全流程运营成本，提升市场主体核心竞争力，构筑民航竞争新优势。激活数据要素潜能，顺应数字产业化、产业数字化发展趋势，持续完善智慧民航建设数据治理制度、标准，优化数据要素市场化配置机制，扩大数据要素市场化配置范围和按价值贡献参与分配渠道，推动民航数据资源应用便利化和价值最大化。

例如，智慧行李运输是我国智慧民航的一个缩影。我国已有超过30余家机场与行李公共信息平台建立了数据交换对接，对6.4万个航班上的155万余件行李实现了从出港到进港的全流程跟踪，已完成机场端建设的机场行李差错率得到有效降低。航空公司、机场等通过及时获取行李位置与状态信息，提高行李运输准确率和准点率，减少因行李运输问题造成的航班延误。据统计，深圳宝安国际机场2021年旅客行李查找效率较2019年提高50%，中国东方航空集团有限公司2021年上半年全公司行李迟运率较2019年同期减少6.349个万分点（崔国强，2022）。再如，智慧机场建设实现了多种要素的智能融合应用，将空域动态管理、四维航迹运行、作业服务无人化、保障调度一体化、态势自动分析、安全风险预警等纳入一个系统，极大提升了机场运行效率（如图3-1所示）。

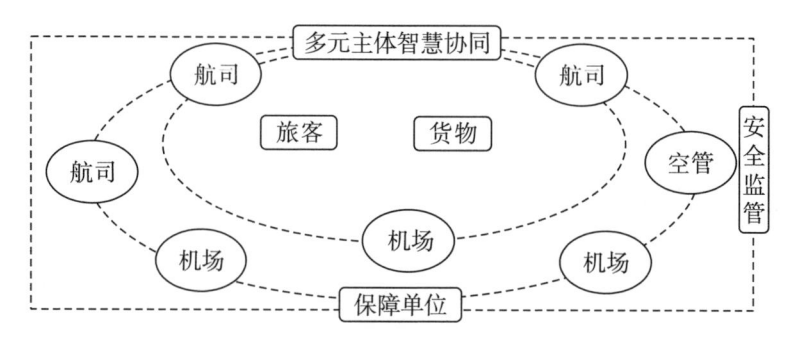

图3-1 机场内超级人工智能场景

3.2.2 民航业高质量发展面临的制约因素

3.2.2.1 综合交通运输体系建设对民航业的新要求

交通强国战略和综合交通运输体系建设给民航业带来了全新的发展环境，也带来了一些挑战。现阶段，民航业深度融入综合交通运输的"一盘棋"中，是大势所趋，也非常必要。但在融合过程中，民航业尚面临着一些困境和惯性问题，例如思想观念没有及时转变，快速发展需求和基础保障能力不足的矛盾凸显，资源环境约束增大、发展不平衡不充分等现象十分突出。关键资源不足、效率不高、科技自主创新能力有待提升等问题也较为明显。

第一，民航业仍处于发展瓶颈攻坚期。

民航基础设施保障能力仍有待加强。全国年旅客吞吐量排名前50位的机场有32个处于饱和运行状态，中西部偏远地区支线机场覆盖不足，机场与综合交通的衔接效率仍有待提升，运输规模增长、发展质量改善的要求与资源保障能力不足的矛盾依然是制约民航业发展的主要瓶颈，也成为影响安全水平和服务品质的关键因素。加快构建覆盖广泛、功能完善的民航基础设施网络，着力提升基础设施保障能力、促进机场与综合交通便捷高效衔接、改善服务效率和品质，实现保障能力与发展需求相匹配，是推动民航业可持续发展、满足人民群众航空出行要求的必由之路。

民航业运输规模有待提升。2018年是中国改革开放40周年，当年的统计数据显示，中国的民航运输规模相当于美国的68%，运输机场数量相当于美国的42%，人均年航空出行次数相当于美国的16%。作为第二航空运输大国的中国，与美国之间的差距较为显著。当然，民航运输规模和需求的提升与基础设施供给紧密相关，民航供需基础设施不平衡是现阶段我国民航业发展痛点之一。

第二，民航业正处于高质量发展转型期。

当前，民航发展规模持续扩大、安全风险不断加大、旅客对服务体验的要求更加丰富多元，同时，土地、空域等要素资源约束日益趋紧，机场运行效率、空域使用效率、中转换乘效率等仍有较大提升空间。在新形势下，单纯以增建跑道、扩大航站楼规模等规模目标的惯性发展思维难以为继，民航基础设施发展亟待向技术贡献更高、资源利用更集约、综合交通衔接更顺畅、环境更友好的方向转变，走高质量发展道路。坚持系统观念，融入国家综合立体交通网，建设以机场为核心的现代综合交通枢纽，实现多种运输方式便捷中转；坚持创新驱动，以"智慧民航"为主线，加强民航传统基础设施与新基建融合，通过大数据、人工智能、第五代移动通信技术等手段对传统基础设施升级赋能，以智慧民航建设补齐基础设施效率和服务质量短板，有利于资源集约利用和提升运行效率，是推进民航高质量发展的重要抓手和实现民航强国战略的核心竞争优势。

第三，民航业正处于民航强国建设转段期。

2021—2035年是《新时代民航强国建设行动纲要》提出的民航强国建设的第二阶段，我国民航将实现从单一航空运输强国向多领域民航强国的跨越，民航基础设施保障能力更加充分，国际航空枢纽的网络辐射能力更强，建成京津冀、长三角、粤港澳大湾区、成渝等世界级机场群和一批以机场为核心的现代综合交通枢纽，建成安全、高效、智慧、协同的现代化空中交通管理体系，有力支撑民航强国建设。实现民航强国建设新阶段的目标要求，需要加快完善基础设施布局，扩大机场覆盖范围，提升枢纽功能，促进民航与区域经济协调发展。值得一提的是，全球竞争性是民航业的重要特征，建成在世界范围内具有一定竞争力的国际航空枢纽是民航强国的重要特征，当前国外大型枢纽机场正加快新一轮建设[①]，面对来自周边乃至全球的国际航空枢纽竞争，我国民航业迫切需要提升大型国际枢纽机场的保障能力和综合竞争能力，支撑新阶段民航强国建设。

第四，发展理念仍有待转变。

思想是行动的先导，民航行业的从业人员包括职能部门的一些人员，思想上没有将综合交通运输和"大部制"改革放在一个重要位置上，仍旧抱着传统民航"小圈子"思维，缺乏将民航业的发展置于"大交通"视野下考察的思维。这种既往惯性思维制约了发展视野的拓展和综合交通建设的推进。

3.2.2.2 "双碳"目标下民航高质量发展面临的挑战

第一，全球减碳竞争日益加剧。随着碳交易市场和碳边境逐步成型，全球大力推进节能减排行动和"碳交易市场"走上正轨，相关限制政策纷纷出台，民航作为国际化产业和碳排放大户必将面对国际市场的激烈竞争。就国内航空公司而言，其单位客货成本、碳排放水平、技术研发等方面相对国际大型航空

---

① 例如，英国伦敦希斯罗机场计划新建第三跑道，以具备1.3亿人次的运输能力；美国亚特兰大国际机场正在规划新增第六跑道，将机场容量提升到1.2亿人次；迪拜新机场拟规划建设5条跑道，机场容量为2.4亿人次。

公司仍处于不利地位，需要提升碳排放控制能力，以应对碳关税等减排机制。第二，民航能源结构有待突破。可持续航空燃料（SAF）是近年来民航业践行"双碳目标的主要成果①，可持续航空燃料虽然减排优势显著，但仍存在一些困难：一是原料供应困难。当前可持续燃料主要依靠地沟油、植物油等生物原料，存在原料来源分散、收集运输不便等问题，建立完整的生产和销售供应链较为困难，难以满足庞大的航空燃料需求。二是生产成本高昂。由于技术、制造工艺和原料供应限制，可持续燃料的成本约为化石燃料的3～5倍，降至与化石燃料相当的成本需要较长时间。成本问题导致国内航空公司缺少大范围应用可持续燃料的动力，研发投入意愿较低。鉴于民航仍处于中高速增长阶段，机队规模和航班数量均呈增长态势，行业碳排放总量和可预见的增量仍较高，短期内以化石燃料为主的民航能源结构难以转变。第三，政策规划对民航节能减排引领作用亟须加强。在2020—2022年期间民航业大部分机场和航空公司出现了大面积亏损，行业恢复的不确定性和难度较大。在"双碳"目标压力下，民航亟须专项政策扶持，以减轻资金和研发压力。现有各项政策对节能减排提出了具体要求和定量化指标，但航空公司在落实规划和行动的过程中能够获得的激励较少，存在机械性完成任务的情况，灵活应对和积极主动的思维较为欠缺。由于民航业具有技术关联性强、知识产权壁垒高等特点，和国际大型飞机制造商和航空公司比较而言，中国民航在节能减排技术竞争力方面积累匮乏，亟须通过政策推动和支持民航研发绿色领域新技术，形成节能减排技术产业链，提高国际民航市场竞争力。

3.3 民航业高质量发展在交通强国战略中的角色和功能分析

3.3.1 民航业高质量发展在交通强国建设中的功能定位

民航业是交通运输业的重要组成部分，在综合交通运输体系中颇具国际比较性，在互联互通中最能发挥先导性作用。自新中国成立以来，我国民航业在安全水平、运行规模、服务能力等方面取得了巨大成就，成为名副其实的民航大国。早在2010年，中国民用航空局就正式提出了建设"民航强国"的战略

---

① 虽然可持续航空燃料燃烧的碳排放量与传统航空燃料基本相当，但其生产过程中可吸收大量二氧化碳，从而可以实现全生命周期降低70%以上碳排放量的目标。

构想，是最早提出建设强国战略目标的交通行业。进入新时代，民航业加快实现从单一运输大国向多领域和全方位民航强国迈进，为交通强国建设提供有力支撑。作为交通运输业不可或缺的一部分，民航业在交通强国战略中具有突出的地位和独特的作用。民航强国也是交通强国的重要组成部分。应深入贯彻新发展理念，发挥民航业的比较优势，加快供给侧结构性改革，推动民航高质量发展，这是建设民航强国的必由之路，也是交通强国建设的内在要求。

从阶段特征看，民航业在交通运输业改革中起步较早。自1980年民航与军队分离以来，国内民航体制改革一直走在交通运输行业的前列，例如优质服务、安全管理、旅客订票等领域具有一定示范效应。发展到现阶段，民航在综合交通运输体系中发挥着举足轻重的作用。从"平衡各种运输方式"和"各种运输方式融合发展"的要求看，民航业不仅要在中长途客运、国际客运和高端货物、快递运输方面发挥比较优势，还要成为以航空运输为主体的旅客多式联运的主力军。高铁与民航之间的空铁联运使大型机场成为民航运输与其他运输方式的换乘平台。将各种交通方式引入大中型机场，促进机场地区成为城市郊区的综合交通枢纽，是综合交通运输体系的一个趋势和特征。

从主要功能看，第一，民航是国际运输市场的核心力量。民航是唯一能通达全球的网络化运输方式，在跨国、跨洋运输中发挥着其他运输方式难以替代的作用，是国家全方位对外开放的重要战略支撑。民航是区际快速交通服务的主力军。民航主要承担远距离地区之间的快速运输服务，为旅客提供快捷、舒适的服务，为高附加值、高时效性产品快速运输提供重要保障。第二，作为国家安全应急的战略力量，民航不仅是国防交通的重要组成部分和军民融合发展的重点领域，也是执行军事、应急、救援、抢险、救灾等运输任务的重要力量。民航具有机动灵活、高效快捷的特征，在改善偏远地区居民交通服务水平方面发挥关键作用。第三，民航是经济社会高质量发展的动力源，具有产业链条长、资金和技术密集的特点。民航提供广泛、高效的全球运输服务，是地区扩大开放、改善投资环境和培育新兴产业的重要基础条件。机场周边临空产业的发展促进了地区产业升级和经济增长。

3.3.2 交通强国建设中民航业高质量发展的基本取向

综合交通运输体系是交通强国建设的主要体现，其要求从单独某一运输方式满足自身运输需求的独立角度考虑，转变为全运输方式共同满足社会运输需求的视角统筹设计。制定综合交通发展规划不应是将各种运输方式规划加以简单叠加，而应是基于每种运输方式各自的优势和特点，将其进行深度融合。因此，必须以系统思维推进综合交通运输体系建设，最大限度发挥整体效能。要优化综合交通运输资源配置，统筹协调各种运输方式的定位和分工，完善不同方式间的设施衔接，使规划方案做到全局最优、方式协调、层级合理、衔接顺畅、建设有序。

夯实民航业在交通强国建设中的特殊优势，必须锚定交通强国民航新篇章战略目标，提高民航业在综合交通运输体系中的分量和比重，提升民航业对国家战略的承载能力。同时，需要进一步完善民航业宏观调控机制，增强政策的科学性和有效性，切实提高航权、时刻、运力和地面保障资源配置效率，推动民航业高质量发展。通过高质量发展，打造航线网、机场网、运行信息监控网三个网络，补齐空域资源、适航审定能力、服务品质、应急处置能力四个短板。重点发展国际航空、支线航空、低成本航空、货运航空，大力促进通用航空发展。推进航空业全产业链发展，使民航业成为现代化强国的重要标志之一。

立足新发展格局，提升我国民航国际竞争力。建立更加开放高效的民航国际合作体系，拓展民航对外合作新空间，持续增强我国民航在国际民航界中的话语权和技术创新引领力。在国际民航规则制定、民航制度型开放、对接高水平经贸规则、提高规则标准"软联通"水平等方面深度融入，更好服务新发展格局建设。在经济全球化的背景下，国际航空枢纽不仅仅是一种交通基础设施，更是区域经济融入全球经济的窗口和参与国际分工和竞争的有力手段，同时也是提升城市国际的竞争力、影响力的重要载体和参与全球资源配置的一个重要平台。依托国际航空枢纽，集聚整合国际航空物流货源，完善配套服务体系，打造一体化运作的航空物流服务平台，提供高品质"一站式"国际航空物流服务。加快培育规模化、专业化、网络化的国际航空物流骨干企业，优化国际航空客运航线客机腹舱运力配置，增强全货机定班国际航线和包机组织能力，逐步形成优质高效的国际航空物流服务体系，扩大国际航空物流网络覆盖范围，建设覆盖重点产业布局的国际货运通道。

3.4 我国民航业发展的历史进程及体制变迁

新中国成立以来，我国民航业经历了从无到有、由小到大的发展历程。自改革开放后，民航业经过四轮重大改革，进一步理顺了行业发展的体制机制，释放了生产力，使民航在安全水平、行业规模、服务能力、地位作用等方面实现了历史性跨越，促进了经济社会发展和国家战略的落实。

3.4.1 新中国民航业的起步阶段（1949—1980）

1949年11月，新中国民航事业相关机构成立，受空军指导。与此同时，爆发了著名的"两航起义"①，为新中国民航事业和航空工业的创建和发展，提供了技术、人才、设备等多方面的条件。此时，新中国只有几条短航线，机场设施简陋，主要执行一些临时性的专包机任务。1950年7月1日，中苏民用航空股份公司正式成立，自当日起开辟北京至赤塔、伊尔库茨克和阿拉木图的三条国际航线。中国到苏联以及东欧国家航线开通，并可联运到美洲和西欧国家，打破了西方国家对我国航空运输的封锁（李军，林明华，2019）。1950年8月1日，新中国民航最早的两条国内航线"天津—北京—汉口—重庆"航线与"天津—北京—汉口—广州"航线开通，我国民航业进入了一个新的发展时期。

新中国民航事业起步于1950年，当年飞机数量为30架。截至"一五"末的1957年，民航客运量只有不到7万人次，航线里程仅有2.6万公里，其中国际航线里程近5000公里。截至20世纪60年代初，我国民航已经建成北京、上海、广州、成都、乌鲁木齐五大民航基地。截至1979年，我国民航航线里程达到16万公里，其中国际航线里程超过5万公里；飞机数量达到510架，其中运输飞机和通用飞机分别为138架和372架；同年客运量和货运量分别达到298万人次和5万吨（傅志寰，孙永福，2019）。这一时期，整个民航由中央直接管理，民航业实行政企合一体制，采取军事化的管理模式。

3.4.2 民航企业化改制阶段（1981—1986年）

从1980年3月开始，国务院、中央军委决定民航业脱离军队建制，改由国务院直属管理，开始进行企业化改组，成立了航空器材、航空食品、航空工业等公司，并先后对地区管理局实行独立核算、财务包干、利润分成等一系列市场化探索。1985年开始运营的上海航空公司成为中国首家地方航空公司，开启了中国航空运输企业化的进程。市场化改革极大解放了民航业生产力，1980—1986年中国民航运输周转量增长迅速。

---

① 1949年11月，国民党政权所属的中国航空股份有限公司与中央航空运输股份有限公司共12架飞机（中航10架、央航2架）陆续从香港启德机场顺利起飞，抵达北京西郊机场和天津机场，通电起义，史称"两航起义"。

3.4.3 民航业政企分开阶段（1987—2001年）

1987年国务院决定航空运输企业实行"网运分离"，运输业务分别以北京等6个管理局为基础，组建中国国际航空公司等6家航空公司。1994年开始推动空中交通管理体制改革，组建民航空中交通管理局，并组建了7个地区空中交通管理局和33个空中交通管理中心（站），形成了三级管理体制。

体制改革促进了民航业的快速发展。截至2000年，全国航空运输企业达到36家，其中货运航空企业2家；运输飞机总量达到527架，航线里程达到150万公里，其中国际航线里程约50万公里；客运量和货运量分别达到6700万人次和150万吨，运输总周转量位列全球第9位，其中国际运输总周转量位列全球第10位。同时，通用航空开始进入快速发展阶段，通航飞机数量突破450架，达到455架，业务量为12.5万飞行小时。市场化改革导致市场机制更加完善，市场主体更具活力，运输市场规模扩大，1987－2001年中国民航运输总周转量年均增长15%（傅志寰，孙永福，2019）。

3.4.4 民航企业重组和机场属地化改革（2002—2012年）

市场化改革是这一时期我国民航管理体制改革的重要内容。为适应市场化、国际化的发展需要，2002年，国务院将中国民用航空总局直属的9家国有航空公司重组为中国航空集团有限公司（简称中航集团）、中国东方航空集团有限公司（简称东航集团）、中国南方航空集团有限公司（简称南航集团），并重组了中国民航信息集团有限公司、中国航空油料集团有限公司、中国航空器材进出口总公司（中国航空器材集团有限公司）三大航空服务保障集团公司。这些企业脱离中国民用航空总局划而归国务院国资委管理，基本上实现了政企分离。同时，推进机场属地化改革，至2004年基本完成机场的属地化管理（北京首都国际机场和西藏自治区内机场仍由中国民用航空总局管理）。2003年完成中国民用航空总局行政管理体制改革，由三级管理变为总局—地区管理局两级管理。2004年，民航业开始推动在市场化改革中处于核心位置的运价机制改革。2007年，民航空管体制改革完成，运行效率显著提升。通过系列改革举措，进一步厘清民航业主管部门和航空公司、机场等民航生产实体的关系和发展机制。

2010年，中国民用航空局发布了《建设民航强国的战略构想》，其中提出，民航强国是指民航业综合实力位居世界前列的国家，表现为民航业在国家经济社会发展中发挥战略作用，具有很强的国际竞争力、影响力和创新能力。

"十二五"以来，国家从战略高度重视民航的发展。2012年国务院发布了《国务院关于促进民航业发展的若干意见》，指出"民航业是我国经济社会发展重要的战略产业。改革开放以来，我国民航业快速发展……为我国改革开放和社会主义现代化建设作出了突出贡献"。并指出，"到2020年，中国民航服务领域明显扩大，服务质量明显提高，国际竞争力和影响力明显提升，可持续发展能力明显增强，初步形成安全、便捷、高效、绿色的现代化民用航空体系"（国务院，2012）。这一文件首次从国家层面明确了民航业在经济社会发展中的战略地位，并指明民航业的发展方向和目标。2012年后，随着中国整体进入新时代，民航业加大了深化改革力度，发展体量持续增大。同时，大部制改革不断推进，综合交通运输体系初见成效，也为民航业发展带来更多契机。

3.4.5 新时代民航业深化改革阶段（2013年至今）

党的十八大后，中国特色社会主义进入了新时代。中央作出了全面深化改革的战略部署，坚决破除各方面体制机制弊端。为解决民航业发展面临的深层次矛盾，破除束缚发展的各种瓶颈，充分释放民航发展的活力，2016年，中国民用航空局发布了《关于进一步深化民航改革工作的意见》，提出"以持续安全为前提，以实现民航强国战略构想为目标，以推进民航供给侧结构性改革为引领，以调整结构、提质增效为主线，围绕推动'两翼齐飞'（公共运输航空与通用航空）、完善'三张网络'（机场网、航线网和运行信息监控网）、补齐'四个短板'（空域资源、民航服务品质、适航审定能力和应急处置能力），梳理和解决影响行业发展质量和效益的关键问题，努力实现在行业发展动力、发展结构和发展方式等方面取得新突破"，并指出了阶段性目标，即在民航科学发展、持续安全发展重要领域和关键环节取得突破性改革成果，形成有利于提升安全保障能力、巩固民航发展安全基础的安全管理系统；形成有利于促进行业调整结构、提质增效、转型升级的政策措施；形成有利于提高政府行政效率、增强行业监管能力的体制机制；形成有利于激发市场活力、规范市场行为的法规体系，初步实现民航治理体系和治理能力现代化（中国民用航空局，2016）。2021年1月，中国民用航空局调整发布了"十四五"时期"一二三三四"民航总体工作思路；同时，中国民用航空局印发《关于"十四五"期间深化民航改革工作的意见》，对"十四五"期间"1+10+N"民航改革总体框架进行调整。"1"是《关于进一步深化民航改革工作的意见》。"10"是10个方面的专项改革任务，即《完善航空安全管理体系工作方案》《完善民航宏观调控体系工作方案》《完善民航市场管理体系工作方案》《完善民航生产运行体系工作方案》《完善民航政策法规体系工作方案》《完善民航科教创新体系工作方案》《完善民航应急管理体系改革工作方案》《完善民航国际合作体系工作方案》《完善民航行政管理体系工作方案》《完善民航文化价值体系工作方案》[①]。

通用航空管理的改革是此轮改革的重点。我国综合交通运输体系正处于由单一方式向多种方式协同发展的转型阶段，正由追求速度规模向更加注重质量效益转变，民航需要更加强化与其他运输方式的一体化建设。而通用航空正具备了多样化、灵活性等特点，可达性较好、特色性突出、融合性最强，是立体综合交通网的重要组成，也是民航与其他交通方式和相关产业融合发展的重要纽带，对构建现代化交通产业体系，建设交通现代化国家，满足人民对美好生活的向往具有特殊意义和作用。

2016年发布的《国务院办公厅关于促进通用航空业发展的指导意见》提出，到2020年，建成500个以上通用机场，通用航空器达到5000架以上，年飞行量200万小时以上，培育一批具有市场竞争力的通用航空企业（国务院办公厅，2016）。通用航空器研发制造水平和自主化率有较大提升，国产通用航空器在通用航空机队中的比例明显提高。2022年，中国民用航空局出台《"十四五"通用航空发展专项规划》，针对智慧民航发展、人工智能、5G等新业态带来的新赛道，对通用航空发展进行了再部署（中国民用航空局，2022）。

此外，为贯彻落实国家重大区域发展战略，中国民用航空局先后发布了《关于推进京津冀民航协同发展的意见》《民航推进"一带一路"建设行动计划》《民航局关于支持粤港澳大湾区民航协同发展的实施意见》《关于加快成渝世界级机场群建设的指导意见》等一系列政策文本，进一步发挥民航业在服务国家经济社会发展中的重要作用。

纵观我国民航业发展历程，一个明显的感觉是：新中国成立后尤其是改革开放后，经过多轮改革发展过程，民航业整体业务规模不断壮大、发展实力稳步提升、国际竞争力和影响力逐步增强，治理体系更加现代化，为新时代民航业高质量发展奠定坚实基础。

---

① "十四五"时期民航总体工作思路[EB/OL]. (2021-07-12)[2023-06-18]. http://www.caac.gov.cn/ZTZL/RDZT/2021BNWY/KYFZ/202107/t20210712_208387.html.

3.5 国外民航业发展的主要进程及经验借鉴

3.5.1 典型国家民航业发展历程

3.5.1.1 美国

美国是世界现代航空运输的发源地，也是全球民航运输发展程度最高的国家。根据航空发展特征及政策变革内容，美国民航业大体经历了四个阶段，即初步发展阶段（第二次世界大战及之前）、严格管制阶段（第二次世界大战后至20世纪70年代后期）、放松管制阶段（20世纪70年代后期至20世纪90年代中期）、全球化时期（20世纪末以来）。

第一，初步发展阶段。

飞机最早发明于美国。20世纪初莱特兄弟发明飞机并试驾成功，开启了人类社会现代航空业的新纪元。此后一段时期，由于尚处早期不成熟阶段，民航主要以飞行表演、飞行竞技等通用航空项目为主。第一次世界大战前后，以定期航班为特征的民航公共运输业开始在美国兴起。从20世纪20年代开始，美国政府通过了一系列法律法规和政策规划，推动民航运输业逐步走向正轨（见表3-2）。

表3-2 美国民航初步发展阶段中的重要政策文本和计划

时间	法律文本或政策规划	主要内容
1925年	《航空邮政法》	授权邮政局全面负责航空邮运合同等相关事务
1926年	《航空商务法》	建立航路及相关导航设施帮助民航业发展，并在商务部内成立航空商务局，对飞机、飞行员、航路等进行许可管理
1930年	《航空邮政法（修正）》	首次明确指出政府拨款作为机场建设资金的主要来源
1938年	《民用航空法》	设立民用航空局（CAA），开始对航空安全、航线准入、价格管制等进行管理，包括严格限制新企业进入、禁止企业合并及控制运价与收入
1944年	"国家机场计划"（NAP）	奠定了美国联邦政府资助民航机场建设和发展的基础

资料来源：笔者根据相关资料整理。傅志寰，孙永福. 交通强国战略研究（第三卷）[M]. 北京：人民交通出版社，2019：327-329.

第二,严格管制阶段。

第二次世界大战后,美国政府将大量机场由军队管理使用转交地方管理使用。从20世纪50年代到70年代,美国政府颁布实施多项法律和政策规划,对民航业实施了较为严格的管制措施(见表3-3)。

表3-3 美国民航严格管制阶段中的重要政策文本和计划

时间	法律文本或政策举措	主要内容
1946年	《联邦机场法》	为应对第二次世界大战后大量飞行员及飞机转业产生的民航发展需要,授权联邦、州及地方政府共同拨款修建机场
1955年	《联邦机场法(修订)》	提高了联邦资助机场计划资金预算额,并确保各类型机场获得公平资助
1957年	《航路现代化法》	为应对民航发展的安全问题,要求更新民航导航系统及空中交通管理设施,并成立航路现代化委员会
1958年	民用航空管理局(CAA)和航路现代化委员会重组为联邦航空署(FAA)	监管商务航空,促进商务航空发展,提高航空安全,满足国防需要;促进发展民用航空,控制可航行空域使用,满足军民航双方的安全和效率要求;研究、开发导航设施及其安装与运行
1970年	《机场与航路发展法》	将因航空扩容而产生的投资从公共财政转移至直接的受益者
1970年	"机场发展计划"(ADAP)和"规划拨款大纲"(PGP)	ADAP资金对大中规模航空枢纽投资占比为50%,对小规模航空枢纽的投资占比高达75%
1976年	《机场与航路发展法修正案》	扩大ADAP的资助范围,设立"通勤机场",确立疏缓机场的适应范围;提高联邦政府资金在ADAP和PGP资金中的比例

资料来源:笔者根据相关资料整理。傅志寰,孙永福.交通强国战略研究(第三卷)[M].北京:人民交通出版社,2019:327-329.

第三,放松管制阶段。

20世纪70年代后期,受整体经济滞胀影响,美国政府采取了更为宽松自由的政策刺激经济增长,美国民航业也进入了放松管制阶段。1977年,美国政府通过了《航空货运放松管制法》,主要包括放松进入航空货运业的限制,取消对飞机大小的限制,同时规定全货运航空企业可以在没有差别待遇的原则下自行定价,并首次允许客运业务实行折扣票价。1978年通过的《航空客运放松管制法》,其主要目标是营造一种更为宽松的航空运输竞争环境。例如,运输市场进入与退出经营的限制应予以放松。在运价规制方面,航空公司无须公布费率,美国民用航空委员会无权冻结费率,航空公司合并审批权由美国交通部负责。同时，实行基本航空服务计划，加强对支线航空运输的管制，对支线航空公司给予补贴，确保支线地区享受定期航班服务。1980年通过的《国际航空运输竞争法》，要求最大限度减少对经营业务与市场销售的限制，使美国国内国际航空运输一体化，推动了民航运输自由化进程。

第四，全球化时期。

20世纪90年代以来，美国着力推行全球航空运输的"开放天空"战略，以保持其全球领先地位。早在1992年，美国与荷兰签订了第一个"开放天空"协定，推动美国民航运输的全球化进程。1997年出台了《航空竞争促进法》，对繁忙机场的飞机起降时刻分配、拍卖等制定规则，进一步促进航空运输业的竞争。之后，相继出台了一系列政策，例如1998年的《关于航空运输领域不公平竞争和独占行为的执法政策》、2001年的《航空运输竞争恢复法》和《航空公司竞争和旅客权利法》等，逐步完善航空运输的竞争制度体系。自20世纪90年代后，美国航空运输规模迅速增长。为解决日渐频繁的机场拥堵和延误，美国政府于2000年通过了《21世纪航空投资与改革法案》，授权增加《机场改造计划》中的投资额及比例。2008年，由美国次贷危机引发的全球金融危机，导致包括美国在内的西方世界经济衰退，航空运输业亦未能幸免。为此，美国政府于2009年出台了《美国复苏与再投资法》，加大对民航基础设施的投资力度。2010年颁布的《航空公司安全和联邦航空行政扩展法》，除继续延伸"机场与航空信托基金"及AIP资助计划外，还进一步深化了包括飞行员培训在内的航空安全强化政策。

3.5.1.2 英国

作为一个海岛国家，英国能在18—19世纪称雄全球，离不开其强大的航海力量。进入20世纪后，世界逐渐步入航空时代，英国基于其独特的地理位置，大力推动航空运输业发展，力图在国际民航市场占有一席之地。英国民航业大体经历四个阶段。

第一，起步发展阶段（第二次世界大战及之前）。

英国首次动力飞行出现在1908年，1919年开辟了第一条定期国际航线，即"伦敦—巴黎"航线。1924年组建了英国皇家航空公司，与1935年成立的英国航空公司成为在欧洲地区的主要竞争对手。1939年，英国皇家航空公司与英国航空公司组建了国有化的航空公司，即英国海外航空公司。

第二，严格管制阶段（第二次世界大战后至20世纪70年代后期）。

20世纪中期后，民航运输逐渐成为英国大众化的运输方式。20世纪60年代，为提高民航运输效率和服务水平，英国成立了空运牌照局，对航空运输实行许可证经营，一些小型航空公司被英国欧洲航空公司或英国海外航空公司兼并吸收。20世纪70年代后，大型喷气式客机开始在英国航空运输中广泛使用。为了加强市场竞争，确保航空运输市场的良性循环，防止出现一家独大的垄断现象，1970年成立了英国金狮航空公司，形成了与英国海外航空公司、英国欧洲航空公司的竞争格局。1971年英国成立了民航管理局，目的在于加强民航安全监管，同时进一步扩大许可、提升服务质量。1974年，英国海外航空公司、英国欧洲航空公司等航空公司合并为新的英国航空公司。自20世纪70年代开始，英国政府将航空制造业进行了整合及国有化运作。

第三，私有化阶段（20世纪80年代至20世纪90年代末）。

20世纪80年代伊始，以《民航法》为标志，英国国内开始了航空运输业私有化进程。1985年，英国国家机场管理局进行私有化改革，转变为七家机场控股公司，其他地方机场由地方管理局所有。到20世纪90年代末，英国民航业整体实现了私有化运营。在此过程中，1987年和1992年，英国航空公司分别整合英国金狮航空公司和丹纳尔航空公司，成为英国最大的航空公司。1999年2月，由英国航空公司发起，联合美国航空公司、加拿大航空公司、国泰航空公司及澳洲航空公司，共同组建"寰宇一家"航空联盟，成为全球三大航空联盟之一（另两家分别是星空联盟和天合联盟），在航班时刻、票务、代码共享、乘客转机、飞行常客计划、机场贵宾室及降低支出等方面进行合作。

第四，全面发展阶段（20世纪末以来）。

20世纪90年代后期以来，英国航空运输业获得了快速发展。1998年，英国出台了交通白皮书——《交通新政：更好为大家》，其中涉及民航业发展的众多领域，例如，鼓励地方机场开通国际航线，改善枢纽机场的公共交通衔接，改善机场的轨道交通条件，提高服务水平等。2004年，英国进一步出台了新交通白皮书——《交通运输业的未来：2030年的运输网络》，文中提出充分利用现有机场运输能力，在运力增长的同时，将枢纽机场对周边社区和环境造成的负面影响降到最低程度。例如，释放机场运力，在适宜的机场增加跑道；促进机场经营者、地方社区、机场使用者协同配合；采取积极的经济手段降低碳排放；完善机场公共交通系统，提升服务质量，提高乘用公共交通去机场的客运比例；注重航空智能化发展，因地制宜推广电子导航系统。

3.5.1.3 德国

德国是世界民航业较为发达的国家，其航空运输业和航空制造业在全球范围内都有较大的影响力。根据其国家发展历程和民航业发展特征，德国民航业大致经历了三个阶段。

第一，起步发展阶段（第二次世界大战及之前）。

第一次世界大战后，战败的德国被严格限制军事发展。相比之下，民用事业获得了一定发展空间，例如商业航空得到了魏玛政府的积极扶持。1919年德国开辟了第一条国内商业航线——"汉堡至阿莫瑞卡"航线，同年开辟了"柏林—魏玛""柏林—汉堡""柏林—法兰克福"等航线。1926年，德国政府组建汉莎航空公司，提供资助并垄断运输权以确保其发展壮大。

得益于政府大力支持以及国际环境的逐渐缓和，20世纪20年代末，汉莎航空公司的客运量超过了欧洲其他国家航空公司客运量之和。20世纪30年代，德国率先和中国建立了航空运输联系，与国民政府交通部合作成立了国内第一家民用航空公司——欧亚航空公司。20世纪30年代，随着纳粹政权的上台，商业运输和军事运输的界限日趋模糊，至第二次世界大战结束时，包括汉莎航空公司在内的德国民航业均停止了运营服务。

第二，分裂发展阶段（第二次世界大战后至20世纪80年代后期）。

第二次世界大战后，德国被分为东德（民主德国）和西德（联邦德国），从此开始了长达四十余年的分裂期，战后十余年的德国民航业处于"空白期"。到了20世纪50年代，西德经济开始恢复，一直到20世纪70年代，出现了十多年的经济高速增长期。在此期间，民航运输业得到了西德政府的重视，重点发展国际航空客运业务。1955年东德开始恢复民航运输，1963年和1983年通过的《航空法》为其民航业的发展提供了法制保障。

第三，统一发展阶段（20世纪90年代以来）。

1990年，西德和东德实现了统一，标志着冷战结束。统一后的德国继承了西德交通运输发展的先进思路，于1993年出台了统一后的第一个"联邦交通网发展规划"，规划期为二十年。在航空运输发展的支持方面，统一后的德国可谓不遗余力，其着力点是强化信息化建设，增强航空运输能力，建立现代化的空中交通管制和导航系统。同时，统一后的德国对航空运输业进行了私有化改革。

在综合交通运输政策的指引下，2003年德国政府出台了第二次"联邦交通网发展规划"，规划期为十二年。在航空运输方面，加强机场地区建设，保持机场的既有运力和容量。在资源环境承载力许可的前提下进行合理扩建,并加强空铁、陆空多式联运体系建设。

3.5.1.4 日本

日本是亚洲地区最先迈入工业化的国家,也是世界经济最发达的国家之一。作为一个岛国,发展外向型经济是日本的天然优势,而航空运输业是支撑外向型经济战略的重要抓手。因此,日本的航空运输业在全球处于领先地位,大体经历了四个阶段。

第一,起步发展阶段(第二次世界大战之前)。

20世纪初,民航业由西方国家引入日本。1928年,日本航空运输研究所与两家航空公司组成日本航空运输株式会社,开辟定期航班业务。日本航空运输公司接受政府补贴,并为政府、军队提供无偿服务。1931年,东京羽田国际机场正式投入使用,其是日本第一座民航机场。1936年,日本整建和扩充了以东京和大阪为中心的地区航线。

整个20世纪30年代,日本航空运输业的一个显著特征是逐渐将民航为军事服务。1938年建立日本帝国航空公司,垄断了包括日本航空运输株式会社在内的所有航空运输。太平洋战争爆发后,日本取消了日本帝国航空公司所有的商业航空,由民用转入军事模式。

第二,严格管制阶段(第二次世界大战至20世纪70年代末)。

20世纪60年代后,商业喷气式飞机开始投入日本航空运输市场。日本政府制订了第一个《机场现代化建设五年计划》,加大了对民航业发展的政策和资金支持。例如,政府向国内航空公司让利,航空公司购买飞机给予低息贷款,政府担保偿还债务。对飞机准予特别折旧,对航空货邮运输多付邮资。采用"谁使用,谁负担"的机场建设费用模式,由航空公司支付降落费、导航设施使用费、航空燃料税、特别降落费、通行费税等。

20世纪70年代,日本政府出台《航空法》,限制新企业进入航空运输领域,推动企业合并,形成适度规模经营。同时,政府确定运价,划分航线经营范围,日本航空公司和全日本空输株式会社(全日空)共享国内干线航空运输,全日空和日本佳速航空公司共同承担地方支线航空运输。

第三,市场化改革阶段(20世纪80年代后期至90年代末)。

20世纪80年代,全球航空运输业放松管制已成为一种发展趋势。1985年,日本修改了《航空法》,确立了不同航空公司经营国际航线的策略。同时,要求国内航线实现竞争化和民营化,并对某一航线的航空公司经营数量做出一定要求。1987年，日本废除《日本航空公司法》，放松价格管制，到20世纪90年代，日本国内航线的运价改革取得一定成效，引入了价格浮动机制。21世纪初，日本完全放松了对航空运输价格的管制。

第四，全面发展阶段（20世纪末以来）。

21世纪以来，日本航空运输市场进入较为成熟的发展时期，但也受到快速老龄化、经济全球化、信息技术发展等外部条件的影响。2008年，日本政府制定了《国家空间战略：国家规划》，其中关于航空运输业的发展方向主要涉及建立综合国际运输系统，强化国际运输系统的竞争力。建设亚洲综合物流运输网络。建设国土干线运输系统，推进国内航空运输网络高效运转。建设区域运输系统，开发支线航线和旅游专线。

3.5.2 国外民航业发展的经验借鉴

3.5.2.1 通过国家战略引导民航业发展

世界民航业较为发达的国家均重视国家战略的规划引导。美国早在20世纪40年代就出台了《国家机场计划》，用以指导第二次世界大战后机场建设。20世纪80年代，美国制定了《综合机场体系国家规划》，重点打造国内现代化的机场体系。英国、德国、日本等国家都发布了涉及民航业发展的规划文件，从国家战略层面确立航空运输发展的主导地位及发展方向。

3.5.2.2 大力推动基础设施建设

世界航空发达国家在不同阶段均对民航基础设施建设给予大力支持。20世纪30年代后，美国政府成为机场发展资金的主要提供者，第二次世界大战后美国政府用于机场建设的资金投入占到总预算的50%。从20世纪60年代一直到现阶段，美国投入民航业的建设资金占交通运输领域总投资一直稳居30%左右，仅次于公路投资。同时，美国长期重视导航、空管、气象等空域相关设施的投资建设及维护运营。

3.5.2.3 基于不同阶段推进航空运输市场改革

世界民航发达国家均在不同阶段根据实际推进运输市场化改革。随着民航业的发展与成熟，各国在市场准入、运力投入、运价调整、时刻资源、飞机制造、空域使用等方面的开放度不断提升。美国、日本和欧洲等国家和地区于20世纪70—80年代纷纷为民航业发展"松绑"，推行航空公司、机场等放松管制计划，并进行私有化改革，激发了民航运输市场活力。同时，政府在航空运输市场化过程中全力保障基本公共服务供给，例如放松管制后，美国、英国、德国等国家为偏远地区和小社区的民航发展提供公共服务。

3.5.2.4 重视民航行业治理的规范化

治理体系和治理能力规范化是民航业可持续发展的重要因素，美国、欧盟、日本等国家和地区都非常重视法律法规及政策规划的引领作用。美国从民航业发展初期的《航空邮政法》开始，先后出台了《航空商务法》《民用航空法》等法律，对民航业发展进行规制。通过"国家机场计划"、《联邦机场法》《航路现代法》《机场与航路发展法》《机场与航路安全及扩容法》等，对机场及航路建设提供政策指导。20世纪70年代末，美国通过《航空货运放松管制法》《航空客运放松管制法》等法律文件，对民航业放松管制，同时通过《国际航空运输竞争法》《航空安全和消除噪声法》《航空安全和扩容法》等法律文件，增强对民航业的引导和管控。另外，西方国家比较重视民航业数据的整理与完善、信息管理及发布等行业发展的软性因素，美国、英国等国家建立了公开的航空专业统计资料和专业化的数据网站，为民航业发展提供研究参考（傅志寰，孙永福，2019）。

3.5.2.5 重视科技创新支撑民航业发展

民航业是一个技术含量高、资金投入大、市场影响广的产业体系，是现代科学基础理论创新及实践应用的重要场所。例如，早在第二次世界大战前，美国就通过国防工业和资金支持其航空工业发展，其后大量科技创新被运用于民航，在民航发展领域占据全球领先地位。现阶段，美国拥有全球两大民航客机制造商之一的波音公司、全球三大民用航空发动机制造商中的两家——普惠和通用。同时，美国联邦航空局（FAA）制定的民航行业标准，在全球民航业中占据主导地位（傅志寰，孙永福，2019）。

3.6 本章小结

在交通强国战略规制下，我国民航业发展蕴含着前所未有的机遇，也面临着不小的挑战，怎样将交通强国战略的目标和路径分解到民航业中，推动民航业高质量发展，实现交通强国战略，是交通强国与民航业高质量发展之间的一个基本问题。在交通强国建设过程中，民航业聚焦自身的功能定位，充分发挥其在综合交通运输体系中的比较优势，强化与其他运输方式的衔接性和统筹性，为打造综合立体交通网贡献了民航力量。从历史上看，新中国成立后尤其是改革开放后，我国民航业迎来了快速发展时期，民航管理体制机制也进行了相应的改革，基本上适应了中国特色社会主义建设的需要。进入新时代，我国民航业进入了高质量发展阶段。梳理我国民航业发展历程，借鉴国外发达国家和地区民航业发展经验，有助于更加清晰地认识我国民航业发展的方向和进路。

第4章 交通强国战略下民航业高质量发展的基本动力

交通强国战略的实施为民航业高质量发展提供了强大的动力和多元化支持,有力地将民航业纳入综合交通运输格局中。新发展理念有效引领了民航业健康有序发展。民航业高质量发展离不开与区域经济发展的深度融合,区域经济发展是民航业的重要支撑。民航业现代基础设施体系为其高质量发展提供了物质载体。

4.1 综合交通运输体系对民航业高质量发展的外部规制

4.1.1 我国综合交通运输体系的发展特征

综合交通运输体系是指各种运输方式在社会化运输范围内和统一运输过程中,按其技术经济特点组成的分工协作、有机结合、连接贯通、布局合理的交通运输综合体。同时也是交通运输系统内各组成部分之间及交通运输系统与其外部环境之间形成的一体化协调发展状态。综合交通运输体系建设坚持系统观念,旨在打破不同交通运输方式各自的藩篱,充分发挥各种运输方式比较优势和综合交通运输的组合效率和整体效能,统筹推进陆、水、空多种运输方式的相互协同、有效衔接和深度融合发展,实现规划"一张图"、建设"一盘棋"、出行"一张网",极大提高了交通运输的整体性、系统性和协同性。

1949年后,我国交通运输发展实现了由"瓶颈制约"到"总体缓解"再到"基本适应"的阶段性转变。自20世纪50年代以来,我国从苏联引入了综合交通运输相关概念并转化运用,走出了一条具有中国特色的交通发展道路,有力支撑了经济社会跨越式发展。检视新中国成立后的发展进程,我国综合交通运输发展具有一些明显特征:第一,坚持以人民为中心。强化交通运输的公益属性,以提升人民群众获得感、幸福感、安全感为出发点和落脚点,不断满足公共出行的需求。第二,强化政府对资源配置的宏观调控。加强资金、土地、科技等资源要素在各种运输方式和区域间、城乡间的统筹配置，着力加强综合交通运输体系对经济社会发展的基础支撑作用。第三，区域发展水平差异较大。东部地区、中部地区、西部地区由于自然地理条件、经济发展水平、产业结构特征及人口密度存在差异，综合交通运输体系建设差别较大。例如，东部沿海地区综合交通运输体系基本形成，中部地区综合交通基础设施网络加速构建，西部地区还留有大量空白，交通网络建设处于初级阶段。第四，基本公共服务与高端服务需求叠加。基于不同地区的发展水平，我国交通运输发展既要满足欠发达地区、边疆民族地区和贫困地区的通车、通航、通邮需求，促进交通运输公共服务均等化，还要满足发达地区高质量交通消费需求，构建个性化、定制化、差异化的多层次综合运输服务体系。第五，多元化、多层次、多部门互动。推动综合交通运输体系构建是一个复杂系统工程，涉及部门众多，利益诉求多元化鲜明。长期以来，除交通运输系统外，发展和改革、住房和城乡建设、公安、生态环境、自然资源等系统和部门都涉及综合交通运输相应管理职责。各个系统和部门相互配合、形成合力，充分调动本领域资源，共同推动综合交通运输发展格局的形成。

交通强国战略明确了我国中长期综合交通运输体系建设的任务和目标，即打造便捷、经济、绿色、安全、智能的运输架构，统筹铁路、公路、水运、民航、邮政多领域发展，建成一批高质量、一体化运营的综合交通枢纽。综合交通运输体系的不断完善也会给民航业带来更多的机会，进一步推动其深化改革和发展（见表4-1）。

表4-1 国家综合立体交通网2035年主要指标表

序号		指标	目标值
1	便捷顺畅	享受一小时内快速交通服务的人口占比	80%以上
2		中心城区至综合客运枢纽半小时可达率	90%以上
3	经济高效	多式联运换装一小时完成率	90%以上
4		国家综合立体交通网主骨架能力利用率	60%~85%
5	绿色集约	主要通道新增交通基础设施多方式国土空间综合利用率提高比例	80%
6		交通基础设施绿色化建设比例	95%
7	智能先进	交通基础设施数字化率	90%

续表4-1

序号	指标		目标值
8	安全可靠	重点区域多路径连接比率	95%以上
9		国家综合立体交通网安全设施完好率	95%以上

资料来源：中共中央 国务院印发《国家综合立体交通网规划纲要》[EB/OL].(2021－02－24)[2023－01－23].http://www.gov.cn/zhengce/2021－02－24/content_5588654.htm.

【知识扩展】

国家综合立体交通网布局

1. 铁路。国家铁路网包括高速铁路、普速铁路。其中，高速铁路7万公里（含部分城际铁路），普速铁路13万公里（含部分市域铁路），合计20万公里左右。形成由"八纵八横"高速铁路主通道为骨架、区域性高速铁路衔接的高速铁路网；由若干条纵横普速铁路主通道为骨架、区域性普速铁路衔接的普速铁路网；京津冀、长三角、粤港澳大湾区、成渝地区双城经济圈等重点城市群率先建成城际铁路网，其他城市群城际铁路逐步成网。研究推进超大城市间高速磁悬浮通道布局和试验线路建设。

2. 公路。包括国家高速公路网、普通国道网，合计46万公里左右。其中，国家高速公路网16万公里左右，由7条首都放射线、11条纵线、18条横线及若干条地区环线、都市圈环线、城市绕城环线、联络线、并行线组成；普通国道网30万公里左右，由12条首都放射线、47条纵线、60条横线及若干条联络线组成。

3. 水运。包括国家航道网和全国主要港口。国家航道网由国家高等级航道和国境国际通航河流航道组成。其中，"四纵四横两网"的国家高等级航道2.5万公里左右；国境国际通航河流主要包括黑龙江、额尔古纳河、鸭绿江、图们江、瑞丽江、澜沧江、红河等。全国主要港口合计63个，其中沿海主要港口27个、内河主要港口36个。

4. 民航。包括国家民用运输机场和国家航路网。国家民用运输机场合计400个左右，基本建成以世界级机场群、国际航空（货运）枢纽为核心，区域枢纽为骨干，非枢纽机场和通用机场为重要补充的国家综合机场体系。按照突出枢纽、辐射区域、分层衔接、立体布局，先进导航技术为主、传统导航技术为辅的要求，加快繁忙地区终端管制区建设，加快构建结构清晰、衔接顺畅的国际航路航线网络；构建基于大容量通道、平行航路、单向循环等先进运行方式的高空航路航线网络；构建基于性能导航为主、传统导航为辅的适应各类航空用户需求的中低空航路航线网络。

5. 邮政快递。包括国家邮政快递枢纽和邮路。国家邮政快递枢纽主要由北京天津雄安、上海南京杭州、武汉（鄂州）郑州长沙、广州深圳、成都重庆西安等5个全球性国际邮政快递枢纽集群、20个左右区域性国际邮政快递枢纽、45个左右全国性邮政快递枢纽组成。依托国家综合立体交通网，布局航空邮路、铁路邮路、公路邮路、水运邮路。

资料来源：中共中央　国务院印发《国家综合立体交通网规划纲要》[EB/OL].（2021－02－24）[2023－01－23]. http://www.gov.cn/zhengce/2021－02/24/content_5588654.htm.

4.1.2　综合交通运输体系对民航业发展的效应分析

民航业是国家基础性、战略性产业，在现代综合交通运输体系中，具有高效便捷、机动灵活、带动力大、国际性强等特点，在长距离运输、偏远地区和地形复杂地区的点到点运输及应急救援等方面具有比较优势，是综合交通运输体系中的重要组成部分。民航作为综合交通体系中现代化程度较高、国际性和发展潜力较大的交通运输方式，有可能在交通强国建设过程中实现率先突破。

发展综合交通运输体系，对民航业来说会产生不同的效应。从有利影响来看，综合交通运输建设将民航与公路、铁路、水运、城市轨道交通等多种交通形态纳入整体规划和布局之中，既对加快形成便捷通畅、高效安全的运输体系具有重大价值和意义，又可以更好地促进民航与其他运输方式衔接融合，发挥交通运输整体优势和组合效率的同时，促进了民航业自身发展。综合交通运输体系要求加强民航与其他运输方式的有效衔接，优化运输结构，促进大型机场建立一体化的综合交通枢纽，形成与其他交通方式分工协作、优势互补、协调发展的格局，构建网络设施配套衔接、技术装备先进适用、运输服务安全高效的综合交通运输体系。以航空货运为例，统筹民航与铁路、公路、水运等多种交通运输方式的有效衔接和一体化协同发展，可以有力提升航空货运设施专业化运营能力和服务质量，逐步构建功能完善、布局合理、衔接顺畅的航空货运设施布局和通达全球的航空货运网络体系。

发展综合交通运输体系的挑战主要来自陆路快速交通，尤其是高速铁路的竞争和冲击及综合交通运输对民航提出的新要求。以高铁和民航的竞争为例，在目标市场方面，民航与高铁的目标客户有很高的重合度。近年来，高铁旅客发送量已经超过铁路客运总量的 70%,高铁与民航的竞争十分激烈。[①] 关于高铁和民航的市场份额竞争,一般认为,800 公里以内,高铁占据绝对优势;800~1000 公里,高铁占据明显优势,主要体现为高铁列车频次显著高于航班频次;1000~1300 公里,高铁和民航频次接近,二者相当;1500 公里以上,民航航班频次接近于高铁频次的三倍多,航空运输明显占优。由此可见,在一些中短途客运市场上,高铁对民航的替代效应明显,分流了一部分客源,造成民航市场份额下降。"十四五"期间,我国干线高铁线路运行速度或将提升至时速 350 公里,高铁的时空压缩效应更加明显,一定程度上以更多增量压制了民航的发展空间,其低廉的单座成本使得民航难以用价格竞争手段实施市场隔离。

不过从另一方面看,面对高铁的激烈竞争,倒逼民航业发挥比较优势,提高自身的运营质量和服务水平,探求民航与高铁的结合点,以综合交通的角度审视和解决彼此存在的问题,由竞争走向竞合,变不利条件为发展机遇。未来航空网与高铁网或将全面打通,大型机场与高铁无缝中转。高铁路网主要服务国内中短途旅客运输,航空运输则侧重于国际运输及国内长途运输,实现资源整合及双赢格局,拓展航空运输和铁路运输各自的辐射圈。同时,高铁的快速发展放大了民航的辐射半径,能够有效吸引机场周边 300 公里以内的旅客来乘机,二者又具有很强的互补性。

综合交通运输体系对民航基础设施建设以及一些核心资源分配上提出了一些新要求。其一,在机场建设方面,城市群与交通运输网络紧密结合,将会产生乘数效应。良好的综合交通运输体系是建设世界级城市群和机场群的必要条件。综合交通运输体系对优化城镇化战略格局,促进城市群发展,不仅具有支撑作用,也具有引导作用。航空枢纽是综合交通运输体系的重要构成,是城市群对外交通联系的重要方式,中心城市的辐射带动效应很大程度上依赖于枢纽机场。加快构建以枢纽机场为核心节点的综合交通枢纽,统筹协调综合交通运输体系发展。推动各种交通方式信息系统衔接,注重机场与高铁、高速公路、城际铁路、城市轨道交通等无缝衔接,其目的是寻求多种交通运输方式的最大公约数,最大限度发挥各种交通方式的比较优势,更好发挥中心城市服务城市群的作用。其二,在空域管理及使用方面,我国的空域管理体制是在建国初期

[①] 一般而言,大型机场所在地同样也是高铁发达的地区,例如,北京、上海、广州等地,民航和高铁的发展程度相当;郑州、杭州、南京、西安等地高铁领先民航;深圳、成都、昆明等地民航领先高铁。当民航与高铁争夺同样的目标客户时,留给高铁的空间可能更大,其在价格上具有一定优势,另外高铁对居民生活的改变能力大于民航。

自然形成的，其特色之一就是空域归口空军管理。自20世纪80年代中期开始，我国空域管理相继进行了一些改革。在空军支持下，空域布局和航路配置进行了一定调整，在进行航路技术改造、大规模采用先进技术的同时，增加了垂直高度层配置，缩小了平面飞行间隔，支撑了民航业的快速发展。但是，空域管理的大格局没有改变，以往改革调整所产生的效应已经得到释放，亟须从根本上进行管理体制改革，由国家统一管制、统一分配，充分利用并进一步释放空域资源，适应民航业安全快速发展的需要。

4.2 新形势下民航业高质量发展的内部需求

4.2.1 新发展理念对民航业高质量发展的价值引领

2015年，党的十八届五中全会提出了"创新、协调、绿色、开放、共享"的新发展理念，成为新时代我国经济社会发展的根本遵循。交通运输业包括民航业的高质量发展必将新发展理念贯穿全过程、立足新阶段、贯彻新理念、构建新格局。坚持新发展理念，要求创新成为民航业高质量发展的第一动力，协调成为民航业高质量发展的内生特点，绿色成为民航业高质量发展的普遍形态，开放成为民航业高质量发展的必由之路，共享成为民航业高质量发展的根本目的。

4.2.1.1 创新与民航业高质量发展

创新是一个系统工程，包括理念创新、技术创新、组织创新、治理能力创新等层面。创新链、产业链、资金链、政策链相互交织。创新是高质量发展的基础条件，也是交通实现新旧动能转换的重要驱动力。需要建立以企业为主体、市场为导向、产学研深度融合的技术创新体系。强化企业的创新主体地位，支持企业牵头组建创新联合体，推动产业链上中下游、大中小企业融通创新。民航业是践行创新理念的重要场域，创新是其高质量发展的重要驱动力甚至是第一动力。世界正处于新一轮科技革命和产业变革的过程中，必须把创新驱动战略作为民航业应对发展环境变化、实现新旧动能转换、推动行业转型升级的重要抓手，培育民航创新文化，营造创新环境，推动创新体系建设。

为坚持民航创新发展，主要从以下四个方面加强相关建设。一是以运输服务链为导向，完善创新链、资金链，形成产学研深度融合的技术创新机制。建设科技创新示范区、"四型"院所、"五大"基地等创新平台及适航审定、安全安保技术、战略规划和大数据平台等国家级重点实验室和工程技术中心，加强应用基础研究和前沿技术创新。推动数字技术与民航运行、服务和管理深度融合，加快实现数字化转型。推动北斗导航等具有自主知识产权的新技术、新装备在民航各领域的研发和应用。二是强化产业链协同，提升民航装备国产化。着力建设世界一流的适航审定体系，聚焦国产大飞机、航空发动机、无人机、生物和煤制航油等重点产品适航审定能力建设，满足我国航空产业发展需要。三是大力推进民航与互联网、人工智能、大数据、物联网等新技术的深度融合，加快机场、空管、航空公司等单位的数字化转型，以科技创新和智慧化应对行业发展面临问题和挑战。四是以民航运输业与航空制造业深度融合发展为牵引，推动国产飞机、国产卫星定位系统和国产航油供应保障设施设备广泛应用，解决民航重大技术装备、关键生产运行系统、核心商务服务系统等长期受制于人的"卡脖子"问题，进一步提升民航自主可控能力，防范和化解影响民航业长远发展的系统性风险。

以数字化建设为例，"十四五"时期民航业发展的主线是智慧民航建设。智慧民航建设是落实构建新发展格局、助力推进中国式现代化的客观要求，是贯彻新发展理念、助力推进数字中国建设的必然要求，是推动行业高质量发展、助力构建现代化基础设施体系的内在要求。2022年1月，中国民用航空局印发《智慧民航建设路线图》，提出了构建民航大数据管理体系，深化民航大数据场景应用，加强跨部门、跨领域、跨层级数据共享交换和衔接汇聚，打造智慧民航数据底座等工作任务（中国民用航空局，2022）。智慧民航是瞄准民航强国建设目标，应用新一轮科技革命和产业变革的最新成果，创新民航运行、服务、监管方式，实现对民航全要素、全流程、全场景进行数字化处理、智能化响应和智慧化支撑的新模式新形态。以新一代信息技术融合应用为主要特征的智慧民航全方位重塑了民航业的形态、模式和格局。[①] 从国家战略层面看，党的十九大做出了建设交通强国、数字中国的战略部署，《中华人民共和国国民经济和社会发展"十四五"规划纲要》专篇布局数字中国建设，明确提出了建设智慧民航任务。从发展阶段看，我国民航业正进入"发展阶段转换期、发展质量提升期、发展格局拓展期"三期叠加新阶段，以单纯增加传统要素投入的方式难以适应新形势，运输规模持续增长与资源保障能力不足的矛盾仍将是民航业面临的主要矛盾。在"双碳"目标约束下，必须通过智慧民航建设，拓展绿色发展上线，提升民航发展空间，构筑竞争新优势。

---

① 陈轩棋. 创新驱动 让发展之路更智慧[N]. 中国民航报，2022-11-16（5）.

数字化、智能化极大提高了数据的价值增值，以数据及信息流程优化和重构带动业务流程重构，进而对组织结构调整提出要求，这成为民航企业发展的趋势。例如，北京大兴国际机场工程全面践行数字化建设理念，其创新应用"空地一体化"的全过程运行仿真技术，实现了设计与建设、设计与运营的有效对接。北京大兴国际机场通过智慧化建设取得了一系列成果，包括旅客全流程无感通行、行李全流程跟踪，以及多种交通方式无缝衔接，搭建了统一信息交通平台等。湖北鄂州花湖机场作为新基建的试点工程，打造了国内首个一次性交付实体工程和数字模型的机场项目，完成BIM（建筑信息模型）1500余个、构件2000万余个，首次在机场建设中实现机场全场、全专业的模型融合。得益于近年来的数字化建设，郑州新郑国际机场实现了快速发展。2013年，郑州新郑国际机场正式启用货运系统，2015年，郑州新郑国际机场实现了海关信息系统的数据互联，2020年，郑州新郑国际机场成为民航业内唯一的电子货运试点机场。伴随着信息化程度不断提高，郑州新郑国际机场年货邮吞吐量持续增长，稳居全国前六（陈轩棋，2022）。

智慧民航建设是深化民航业供给侧结构性改革的有力体现，以创新驱动、高质量供给引领和创造新需求，拓展民航发展新空间。第一，智慧民航可以增强民航业创新发展动力，提升我国民航的国际影响力，塑造国际竞争新优势。第二，智慧民航可以推动民航与上下游产业高水平融合发展，全方位支撑民航强国建设。第三，智慧民航是贯彻以人民为中心发展思想、践行真情服务理念的重要体现，通过打造智慧民航出行服务体系，为旅客提供全流程、多元化、个性化和高品质的航空服务新供给。打造现代航空物流体系，高效融合物流链、信息链、产业链，全面提升物流运输网络韧性，确保产业链供应链的安全稳定。第四，智慧民航充分发挥民航超大规模市场和海量数据资源优势，引领带动新一代信息技术、先进制造技术、新能源技术和空天技术的产业创新，促进现代产业体系建设。第五，智慧民航赋能绿色民航发展，构建民航高效运行模式，推进节能降碳和资源循环利用，打造绿色航空能源生态，实现可持续发展（如图4-1所示）。

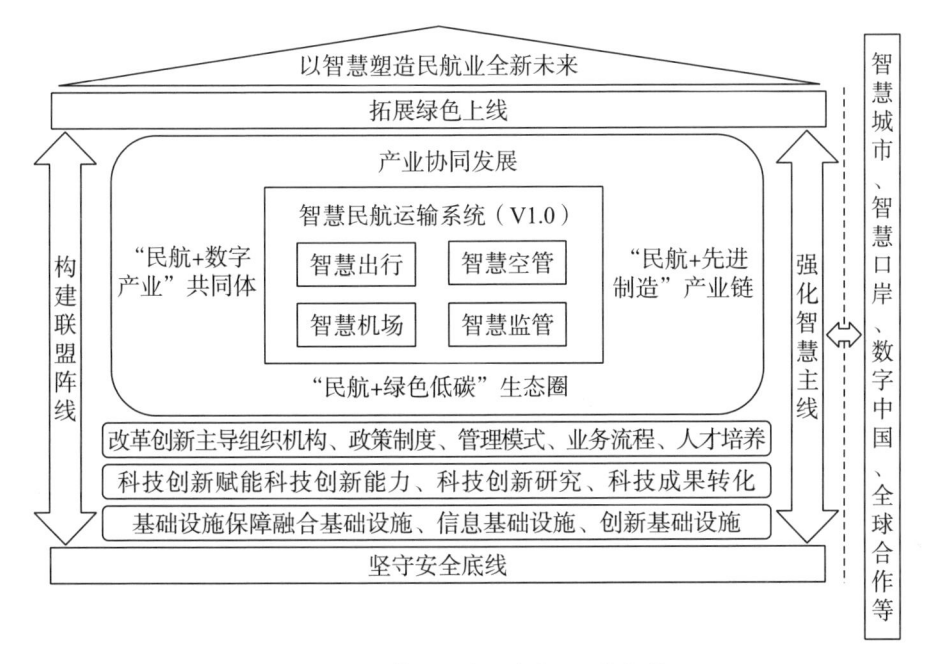

第4章 交通强国战略下民航业高质量发展的基本动力

图 4－1 智慧民航建设路线图总体架构

4.2.1.2 协调与民航业高质量发展

随着经济社会发展水平不断提高，人民群众对出行安全、效率和品质的要求不断提升，要求民航业坚持统筹协调，提升服务质量，引领交通运输快速化、便捷化发展。协调发展是民航业高质量发展的内生特点，发展不平衡、不充分是我国民航业长期存在的问题。坚持民航协调发展，必须统筹协调好民航业发展中的重大关系，例如航空运输和航空制造、运输航空和通用航空、干线航空和支线航空、航空客运和航空物流、民航和其他运输方式。注重发展的全面性和均衡性，补齐短板。注重发展的集约性，全面提升资源配置效率。注重发展的协同性，共享业内资源、信息，自觉维护行业的系统性。

统筹区域民航协调发展，加快东部与中西部地区民航协调发展，提高居民出行便利性。推动机场群协同发展，合理分工定位，改善航班正常水平，提升旅客出行体验。强化民航与关联产业的融合发展，大力发展"航空＋旅游"及"互联网＋高效物流"等服务产品，支持通用航空发展，促进交通服务消费升级。

统筹发展航空运输和航空制造方面。由于航空运输业和航空制造业分属不同领域，长期以来，航空运输业关注飞机的使用和运营，航空制造业关注飞机的制造发明，二者之间的融合度不高。在加快交通强国建设的新形势下，二者必须打破行业界限与壁垒，实现跨领域支撑与融合。离开航空制造业，我国航空运输业就无法为实现民航强国提供基础保障；离开航空运输业，我国航空制造业就无法融入民航，难以壮大并取得可持续发展。因此，必须统筹"两业融合"，强化国产民机研发制造能力，突破波音与空客在航空运输市场的寡头垄断，在国内与国际航空领域有较强的竞争力、创新能力和话语权。

统筹发展运输航空和通用航空方面。通用航空是指使用民用航空器从事公共航空运输以外的民用航空活动，包括工业、农林渔业和建筑业的作业飞行及医疗卫生、抢险救灾、气象探测、海洋监测、科学实验、教育训练、文化体育等方面的飞行活动。2016年，国务院办公厅发布了《关于促进通用航空业发展的指导意见》，社会开始对通用航空发展予以密切关注。和运输航空相比，通用航空运营范围更广，其重要性不容忽视。第一，发展通用航空是推动战略性新兴产业发展的重要抓手。通用航空运营形态多元化，兼具生产工具和消费品属性，在娱乐飞行[①]、工农业生产、抢险救灾、医疗救援等领域发挥着独特作用。通用航空产业链条长、服务领域广、带动作用强，是培育战略性新兴产业的重要抓手。第二，发展通用航空是构建国家综合立体交通网的重要支撑。我国综合交通运输体系正处于由单一方式向多种方式协同发展的转型阶段，正由追求速度规模向注重质量效益转变，民航需要强化与其他运输方式的一体化建设。通用航空特殊的多样化和灵活性等特点，既是综合立体交通网的重要部分，也是民航与其他交通方式和相关产业融合发展的重要纽带。第三，发展通用航空是推进多领域民航强国建设的关键举措。当前我国通用航空发展水平与民航强国要求的"具有功能完善的通用航空体系"还相距较远，仍然是制约民航业高质量发展的短板之一，促进通用航空发展是新发展阶段多领域民航强国建设的重点领域。第四，无人机发展开辟了民航智慧创新发展新赛道。在以人工智能为主导的新工业革命中，无人驾驶航空已成为先进生产力的重要载体。这一进程为我国民航业由大转强带来了机遇。现阶段，无人机在农业植保、电力巡线、城市配送、公共服务等方面加快拓展，其还广泛应用于消毒灭杀、信息宣传、物资转运等领域。

统筹发展干线航空和支线航空方面。构建连通城市群发达的快速航线网和广泛覆盖的支线网，推进干支有效衔接，促进支线机场健康发展。支线航空一

---

① 解读《"十四五"通用航空发展专项规划》[EB/OL].(2022−06−13)[2023−03−26]. http://www.caac.gov.cn/XXGK/XXGK/ZCJD/202206/t20220613_213646.html.

般是指承担局部地区中短途、小城市之间、大城市与小城市之间的旅客运输运营模式，是航空运输业的重要组成部分。支线航空有两个要素构成，即支线机场和支线飞机。支线机场的年旅客吞吐量一般在300万人次以下，支线飞机一般指100座位以下的小飞机。在民航业高质量发展进程中，干线航空起着举足轻重的作用，但支线航空同样不可或缺，它能够很好地弥补干线航空留下的空白，对民航欠发达地区尤其是广大西部地区而言，意义重大。西部地区地广人稀，自然地理条件复杂，陆路交通成本较高，铁路等集中运输量大的运输方式难以发挥各自的优势。相比之下，支线机场建设成本较低、方便快捷的优势，是连接西部欠发达地区尤其是边远地区分散人口及资源的高效交通方式，也能够有效弥补干线航空发展的不足，同时可以加强区域经济联系。从机场建设的进程来看，近年来我国新建机场多位于中西部地区及东部地区中小型城市。根据《"十四五"民用航空发展规划》，到2025年我国民航机场数量将达到270个，新建机场仍主要集中于中西部地区及东部地区中小型城市，这有利于推升支线航空运输市场的发展空间。从民航供给格局来看，我国主要枢纽机场时刻资源非常紧张，航空公司新增运力逐步下沉，同时，地方政府给予新开航线一定补贴，小机场航班密度及旅客吞吐量增速明显。

统筹航空客运和航空货运方面。航空货运是国家重要的战略性资源，具有承运货物附加值高、快捷高效等特点，在应急冲突、抢险救灾、军事保障等方面具有重要作用。航空物流业是采用航空运输方式，实现物品实体流动及延伸服务的战略性产业，集运输、仓储、配送、信息等多种服务功能，是现代产业体系的重要支撑。航空物流业对促进形成强大国内市场、深度参与国际分工与合作、保障国际供应链稳定、服务国家战略具有重要意义。在长期的"重客轻货"观念的影响下，我国航空货运业务处于民航运输中的边缘地位，无法充分发挥航空运输高效快捷的货运优势，这既不利于国家"双循环"发展格局和现代流通体系的构建，也不利于民航业自身的高质量发展。近年来，发展航空货运和航空物流的重要性已成为社会公认。2020年8月，国家发展改革委、民航局发布了《关于促进航空货运设施发展的意见》，指出要完善提升综合性机场货运设施能力和服务品质、稳妥有序推进专业性货运枢纽机场建设、全面提升航空货运设施使用效能等目标（国家发展改革委，民航局，2020）。2022年2月，中国民用航空局发布了《"十四五"航空物流发展专项规划》，其中提出，支持航空货运业务规模较大且具备条件的机场在货运区周边设立物流园区，集聚发展航空物流产业。促进港区联动，推进机场和临空经济区、物流园区、综合保税区、自由贸易示范区、边境（跨境）经济合作区等规划建设和设施运行的高水平联动，根据机场实际情况，建立直连通道和专用物流通道，提高通关效率，推进港区一体化运营（中国民用航空局，2022）。在民航业高质量发展和交通强国建设过程中，必须将航空货运摆在同等重要甚至更为突出的位置，充分发挥其独特优势，打造联通国内外的快速物流圈。

统筹发展民航和其他交通方式方面。在大交通的格局下，民航和其他交通运输方式共同构成了综合交通运输体系。综合交通运输发展固然对民航业发展提出了新的要求和挑战，但也带来了更多的发展机遇，使民航融入交通运输发展的大格局中，进一步突出了民航业在实现空地协同发展、构建综合体立交通网中的不可替代性。不同运输方式之间要突出各自的比较优势，共享综合交通发展的红利，共享安全管理理念，共享以旅客为中心的"出行即服务"理念，创新多式联运产品。以高铁和民航竞争为例，众所周知，中国高铁的迅猛发展给民航业带来了巨大挑战，在中短途客运市场，民航基本失去了竞争力。但高铁的运营同样倒逼民航业改善服务水平，开辟新的航线，促使运营方式多元化。同时，空铁联运业务的推广，使得民航和高铁由竞争走向合作，民航业在旅客运输总周转量中所占比重不断提升，说明民航业在很大程度上共享了综合交通发展成果，尤其是"空铁联运"带来的红利。

4.2.1.3 绿色与民航业高质量发展

绿色发展是民航高质量发展的普遍形态和基本要求。坚持民航绿色发展，助力建设生态友好型交通，是民航业在构建新发展格局中的重要担当。绿色发展方式和生活方式会倒逼交通运输业转型升级。为满足民众绿色出行的需求，以航空器节能减排、机场环保治理为核心，构建绿色发展制度体系，形成民航全领域、全主体、全要素、全周期绿色发展新模式。但囿于发展阶段，特别是我国民航业仍处于集中建设和快速发展阶段，相较于航空碳排放已进入峰值平台期的国家，我国民航业绿色发展仍面临不少制约，短期内仍处于转型过程中。民航业尚未形成完整的绿色发展理念，还没有把绿色摆在与安全、效益、服务同等的地位，绿色发展的"底色"不够鲜明。民航业绿色转型结构性矛盾也比较突出。短期内，以化石基航空煤油为主的能源结构无法得到根本性改变，民航深度脱碳技术无法实现规模化应用。长远看，我国民航运输市场需求潜力巨大，能源消费和排放将刚性增长，民航业绿色发展面临更多结构性压力。

随着生态文明建设的深入推进，深入推进民航业绿色发展体制机制改革，逐步实现可再生能源替代，不断提升绿色发展上限，促进民航运行智慧化、能源低碳化、排放清洁化，对提高民航业竞争力和拓展发展空间具有重要意义。

"十四五"时期，民航业绿色发展要确保与国家战略及行业总体规划方向一致，有序推进民航节能降碳。强化科技创新，坚持效率优先，增强绿色发展的动力和活力，提高民航业全要素生产率。强化源头管控，推进民航业能源资源结构优化和资源利用效率提高，提升低碳能源消费占比，降低碳排放强度。着力推进民航业与绿色环保等产业融合发展，增加绿色民航有效供给。基于此，一是要坚持资源集约利用，严守生态保护红线，将机场布局规划与国土空间规划紧密衔接，严格落实生态保护要求；二是要将绿色发展理念在机场选址、规划、设计、施工、运营直至废弃的整个生命周期中贯彻绿色低碳发展理念，加强可回收材料和节能设备的应用；三是加强绿色新技术的推广应用，积极推动太阳能、生物燃油等新能源、新产品在民航领域的推广应用，在飞行程序等环节引入降噪新技术，降低排放水平。

作为我国民航发展史上第一部绿色发展规划，《"十四五"民航绿色发展专项规划》明确了民航业要按照国家碳达峰、碳中和总体要求，加快形成民航全领域、全主体、全要素的绿色低碳循环发展模式，并提出到2025年民航发展绿色转型取得阶段性成果，减污降碳协同增效基础更加巩固、措施机制更加完善，科技支撑更加有力，产业融合发展成效显现，行业碳排放强度持续下降，低碳能源消费占比不断提升，民航资源利用效率稳步提高，为全球民航低碳发展贡献更多中国实践。[①]

4.2.1.4 开放与民航业高质量发展

开放是民航业高质量发展的必经之路。民航业高效快捷的运输特征，表明它是一个开放性极强和带有鲜明国际属性的交通运输行业，在跨国运输领域尤其是旅客运输中，民航有着其他运输方式无法比拟的优势。在我国由民航大国走向民航强国进程中，开拓国际市场，积极参与全球民航治理是重要的目标指向。民航业能够有效架起国家之间沟通的桥梁，国与国之间民航交流也是国家间关系的重要内容。我国民航高质量发展的重要含义之一就是不断提升在全球民航业中的影响力，深度参与国际民航组织事务，主动承担国际民航组织一类理事国的相关责任和义务，为国际民航技术创新、应用与合作提供新平台，逐步提高在国际民航标准规则制定中的话语权，提升我国航空运输企业在国际航

---

① "十四五"民航绿色发展专项规划［EB/OL］.（2022-01-28）［2023-10-25］. https://www.gov.cn/zhengce/zhengceku/2022-01/28/5670938/files/c22e012963ce458782eb9cb7fea7e3e3.pdf.

空运输市场的竞争力。

坚持民航开放发展，需要构建通达全球的交通网。实现全球通达是国家全面对外开放战略对交通业的基本要求，也是交通强国的基本特征。坚持民航开放发展，一是推进与全球主要航空市场及"一带一路"新兴市场的准入开放。积极参与国际航空运输规则制定，提升我国民航在国际民航界的话语权和影响力。二是着力建设具有全球竞争力的国际航空枢纽。加快提升大型机场保障能力，增强国际枢纽功能，打造京津冀、长三角、粤港澳及成渝地区世界级机场群。三是打造世界一流的大型网络型航空公司。坚持枢纽导向的资源配置原则，打造服务品质与企业规模均全球领先的世界级航空企业集团，全力构建通达全球的航线网络。

4.2.1.5 共享与民航业高质量发展

共享发展是民航业高质量发展的根本目的。坚持民航共享发展，必须秉持"人民航空为人民"的理念和原则，持续改善提升服务水平，促进民航服务公平和普惠化。面对人民群众对民航业服务种类、服务范围、服务能力和服务水平越来越高的要求，必须创新服务理念和服务方式，使人民群众能够享受到便捷、经济的航空服务，增强对民航业发展的认同感。同时，提升民航业对国家经济发展的拉动效应和契合度，使民航业发展成果更多地被社会共享。具体而言，一是要提供更多样化的服务产品，支持低成本、支线航空、通航短途运输、无人机货运等业务发展，满足多元化的航空运输服务需求，使发展成果多惠及全体人民。二是加快在偏远地区、地面交通不便的山区和海岛地区布局机场，提升基本公共服务均等化水平，促进旅游资源开发和电商等产业的发展，助力精准脱贫。三是着力构建国家航空应急救援体系，加强应急队伍建设，在医疗救援、抢险救灾、海外撤侨等领域充分发挥民航作用，增强交通应急保障能力。四是促进军民航融合发展。推进军民在航空工业发展、军民合用机场建设及空域资源利用等方面的深度融合，实现产业合作、设施共用、资源共享。

4.2.2 民航业高质量发展是中国式现代化的重要构成

中国式现代化是人口规模巨大的现代化，是全体人民共同富裕的现代化，是物质文明和精神文明相协调的现代化，是人与自然和谐共生的现代化，是走和平发展道路的现代化。中国式现代化离不开包括民航业在内的交通运输业的基础性支撑。交通运输业是中国式现代化的先行官，民航业又在其中起着一定的先导作用，在构建综合交通运输体系、促进区域经济社会发展、脱贫攻坚和乡村振兴中发挥着独特作用。例如，中国民用航空局于2021年5月印发了《巩固拓展脱贫攻坚成果全面推进乡村振兴实施意见》，规定"到2025年，民航脱贫攻坚成果进一步巩固拓展，脱贫地区机场布局网络更加完善，机场综合保障能力进一步提高，航空运输通达性、便捷性和服务品质显著提升。过渡期内民航脱贫攻坚与乡村振兴的工作机制、政策举措等平稳过渡、有效衔接，支撑脱贫地区经济活力和发展后劲持续增强，适应新发展阶段脱贫地区对外交通条件改善、乡村生态资源开发、经济社会发展等需求"①。这是民航业在实现中国式现代化过程中的一个体现。

4.2.3 民航业高质量发展是民航强国战略的应有之义

民航强国建设体现在民航业高质量发展上，民航业高质量发展是民航强国的统揽和要领，也是建设民航强国的必由之路。2019年，时任中国民用航空局局长的冯正霖指出了民航业高质量发展的总体目标和成效体现，民航业高质量发展的总体目标包括安全基础更加牢固、服务品质更加优质、管理机制更加有效、市场主体更有活力、行业宏观调控更加有度、支撑国家战略更加有力等方面。民航业高质量发展的成效必须体现在综合效益上，主要表现为安全底线牢、运行效率高、服务品质好、经济效益佳、发展后劲足等方面。安全水平是民航业高质量发展的根本特征，运行效率是民航业高质量发展的综合反映，服务品质是民航业高质量发展的社会价值体现，经济效益是民航业高质量发展的实力所在，发展后劲是民航业高质量发展的源头活水（冯正霖，2019）。民航业高质量发展的总体目标及效益体现与民航强国的基本特征基本吻合。

当前我国民航业面临着一些新的发展形势和要求。从国际环境来看，世界范围内的局部冲突不断，俄乌冲突、巴以冲突撕裂了国际社会，逆全球化趋势增加。另外，油价、汇率及国际民航不安全事件等都是对我国民航业发展带来挑战的不确定因素。从国内环境来看，整体经济形势、综合交通运输发展、人民群众美好出行需求都给民航业带来了新课题。从民航本行业发展面临的问题来看，基础不稳固、发展需求和保障能力不足的矛盾、发展不平衡不充分现象、管理体制机制问题等仍然存在，构成了民航业高质量发展要面对的现状。因此，推动民航业高质量发展，必须聚焦资源配置效率和行业核心竞争力的提升，以优化功能布局，发挥规模效应和网络效应，构建机场网络、航线网络和

---

① 民航局印发《巩固拓展脱贫攻坚成果全面推进乡村振兴实施意见》[EB/OL].（2021-05-14）[2023-09-02]. https://m.thepaper.cn/baijiahao_12688599

运行信息监控网络。增强创新能力，加强组织建设、资金保障、人才培养、协同合作、生产运行。提高国际话语权，在加强研究民航国际规则标准的同时，将我国民航发展规模等硬实力转化为影响和参与民航国际规则标准制定的软实力。

4.2.4 国内航空运输市场尚有大量需求增长点

2020年以来，虽然新冠疫情对我国交通运输业包括民航业大环境影响较大，但国内民航基础设施建设则稳步推进。2022年，民航新建、迁建8个机场，运输机场总数达到254个，通用机场399个。截至2023年年初，我国民航拥有运输飞机4165架、通用航空器3177架，机场总设计容量达15亿人次（周圆，2023）。民航基础设施的建设和完善为民航运输市场的恢复和壮大奠定了物质基础。

民航运输市场持续低迷，无论是机场还是航空公司普遍亏损严重，2020—2022年，民航业亏损近4000亿元，其中中航集团、东航集团和南航集团亏损近2000亿元。但民航消费具有明显的反弹性特征，随着新冠病毒"乙类乙管"政策的实施，民航业必将"触底反弹"。以2023年春运为例，据统计国内航线日均执行客运航班量1.16万班次，实际执行国内客运航班量46.33万班次，与2022年春运同期相比增长15%，恢复至2019年春运同期的94%；国际及地区航线实际执行客运航班量1.27万班次，与2022年春运同期相比增长142%，恢复至2019年春运同期的12%。

除了航空客运市场外，航空货运市场异军突起，以其快速高效的特点成为全球物流供应链中重要的一环，并产生了异地货站、海外货站、港区联动、空空中转、多式联运等多种航空货运创新发展模式。自2019年以来，航空货运在保通保畅、维护供应链、产业链稳定方面起到了举足轻重的作用。在新阶段，货运运输需求持续增长，同时，国内客运航班大量恢复，客机腹舱货量会出现大幅提升。从航空货运的货物类型来看，当前仍以普通货物为主，快递物流为辅。但随着电子商务、跨境电商和国际贸易的快速发展，航空快递物流的份额会越来越多。从全货机数量来看，国内大约200架，仅占世界总量的10%，随着货运市场的不断扩大，这一比例将持续提升，航空货运有着广阔的增长空间。

和运输航空相比，我国通用航空起步较晚，与发达国家相比，发展程度较低，但发展空间巨大。一方面，随着人们生活水平提高，消费结构不断升级，人民群众对飞行体验、空中游览等通用航空需求将越来越多样，对应急救援、医疗救护、治安监控、环境监测等公共服务产品要求也会越来越高。另一方面，通用航空业已经成为国家层面关注的重要对象，国家希望将通用航空业作为扩大内需的有力途径。2022年12月，在《扩大内需战略规划纲要（2022—2035年）》文件中提出"释放通用航空消费潜力"和"积极推进支线机场和通用机场建设"等目标，从消费和建设两个方面支持通用航空发展。另一方面，从国际比较看，美国通用航空的发展规模约占运输航空的10%，而我国这一比例仅为0.1%，这也反映出国内通用航空产业增长潜力巨大。随着通用机场、通用航空器等要素条件逐渐完善，通用航空的消费需求将同步释放。

4.3 区域经济发展与民航业的深度融合

作为国家重要的战略性产业，民航业是实现国内国际双循环的重要手段，是新发展格局下加快建设全国统一大市场的重要力量。航空运输与经济社会发展密不可分，民航业不是一个超脱于现实发展的行业，其高质量发展最终要落实到国家整体和区域发展的格局当中。民航业对区域经济发展具有原生、次生、衍生和永久性效应，特别是以大型机场为核心的航空枢纽对所在城市地区的发展具有巨大的正外部效应。[①] 同样，民航业的发展也离不开地方各级政府的支持。

区域物流经济、临空经济发展是民航业和区域经济发展相融合的有力体现。以航空运输及临空产业为主导的临空经济在带动地区经济增长的基础上，更能通过空间溢出效应带动外部经济增长，促进区域经济协调发展。随着临空经济发展及国家政策支持，临空经济对区域经济的空间溢出效应呈现不断提升的阶段性特征（王海杰，孔晨璐，2021）。在此过程中，民航业和区域经济相融合会向高端服务产业升级，例如航空制造业、电子信息产业等。临空经济会带动区域经济，进而带动全域开放发展，形成区域经济增长极，辐射全国乃至世界，成为全球供应链中的重要节点。这也是国内不少地区重点发展民航业的关键。因此，以民航业发展推动临空经济发展，再以此为核心，形成具有强大经济功能的临空经济区，进而形成具有城市综合功能的航空港城，成为民航与地方融合的普遍样态。

临空经济区是依托航空枢纽和现代综合交通运输体系，提供高时效、高质

---

① 民航业上下游产业链丰富，产业带动性强，对经济社会发展的综合效益比较突出。根据国际民航业测算，民航业投入和产出的比例大致为1∶8，这一效应已为民航界公认。

量、高附加值产品和服务，集聚发展航空运输业、高端制造业和现代服务业而形成的特殊经济区域，是民航业与区域经济相互融合、相互促进、相互提升的重要载体。现阶段，我国临空经济区的区域溢出效应有一定异质性。临空经济区与腹地区域经济发展的关系是一个时空交织的复杂过程，不同层面、城市和规模的机场对腹地经济影响不同。一是在全国尺度上，临空经济与腹地经济发展呈现出单向关系，即腹地区域对机场客货吞吐量的增长有支撑作用，但机场客货吞吐量的增长对腹地区域经济发展带动不明显，这表明国内临空经济区目前普遍处于发展的初级阶段，其对腹地影响较为微弱。二是无论临空经济区大小，腹地区域对临空经济都有支撑作用，但不同级别的临空经济区对腹地发展的带动有所不同，北京等一线城市的中心型临空经济区，其客货吞吐量对腹地区域经济均有带动作用。郑州等二线省会城市的骨干型临空经济区对腹地区域的带动效应仅体现在旅客吞吐量上。其他三线城市的起步型临空经济区对腹地区域发展尚无明显促进作用，这表明腹地区域是临空经济区发展的基础，而临空经济区对腹地区域的辐射作用与其所在机场的运营规模有密切关系（王全良，2017）。

除临空经济业态之外，机场和城市的关系是城市经济发展不容回避的话题，总体上沿着"机场离开城市—城市紧随机场—机场变成城市"路径演变。由于航空业的特殊性，机场一般远离城区[①]，原本离城区较近的机场也逐渐外迁至城市郊区，但由于机场天然的聚集辐射效应，围绕机场形成了新的城市发展区域，其高级阶段即航空都市形态。这种现象反映了城市对于航空运输业依赖程度的变化，而依赖程度和重视程度成正比例关系。从"港城分离"到"港产结合"再到"港城融合"，空港与腹地之间产生强大的协同共生效应，未来航空城或者航空大都市可能会成为城市发展的主要趋势和形态特征，航空枢纽演变为城市的核心场域，航空产业成为城市发展的主导产业。构建"轨道+公交+慢行"绿色交通体系，扩容提质教育、医疗、住房等公共服务项目，通过产业发展、人口导入、职住平衡、配套服务等方式，推动产城融合和一体化发展。例如，郑州航空港经济综合实验区从最早以客运为主的普通机场，依托航空枢纽优势，大力发展航空货运，打造集航空、高铁、城际铁路、轨道交通、高速公路等于一体的综合交通枢纽，发挥枢纽优势，打造特色经济形态，推动

[①] 据笔者观察，当前我国机场距离所在城市中心平均为23公里左右，一些大型机场距离更远。例如，北京大兴国际机场距北京市中心位置直线距离约50公里，成都天府国际机场距成都市中心位置约51公里，兰州中川国际机场距兰州市中心位置达70公里，郑州、昆明、西安等大型枢纽机场也大都在30公里左右。

机场向临空经济区再到航空大都市形态演进。郑州航空港经济综合实验区形成了空、陆、铁、水四港联动格局，其定位为国家中心城市副城，与郑州市主城区不断融合，相互支撑和联动，引领城市与区域架构和辐射边界不断拓展。同时，在航空枢纽城市化过程中，需要将航空枢纽经济发展与国土空间规划衔接，以现代枢纽功能城镇再开发为推手，探索土地管理部门与枢纽经济区建立用地保障联动机制和综合开发利用平衡机制，优化土地空间利用格局，完善城市服务功能，推动航空枢纽产业与城市融合发展。

由上所述，推动民航业与区域经济深度融合，需要以科学互补的原则优化临空经济区产业链布局，加大临空经济区与腹地经济空间的融合力度，完善现代物流体系。以航空港建设为载体，集聚高端要素，激发临空经济的发展潜力和对国家战略的空间支撑。推进航空城现代化基础设施建设，提升文化、教育、医疗及娱乐等配套设施与公共服务供给水平，强化环境保护与生态建设，打造宜居宜业的发展环境，提升区域活力。在数字经济背景下，以数字技术推动城市治理数字化转型，以航空港为基础，深入推动产城融合，打造集生产、生活、生态于一体的航空大都市。在此基础上，吸引科技、金融、人才等高端要素，带动城市会展、咨询、文旅等现代服务业发展。以航空城全产业链为基础，融合产业链、价值链、信息链，强化技术创新联盟，以科技带动航空城协同发展，激发临空经济发展潜力。

4.4 现代化的基础设施是对民航业高质量发展的有力助推

4.4.1 建设现代化民航基础设施体系是全面建设人民满意交通的基本要求

随着人们生活水平不断提高，民众出行需求和交通消费将处于升级加速阶段，交通出行的大众化、国际化和多元化特征愈加显著。民航作为交通的一部分，需要不断提升服务质量和丰富服务产品，增强人民群众对民航的获得感、幸福感、安全感。在保障运输需求规模持续增长的同时，民航发展还要积极响应市场大众化和差异化的需求，灵活调配资源，推进"民航+"航空服务生态圈，构建多样化、融合化和一体化的航空服务产品体系，支撑"全国123出行交通圈"和"全球123快货物流圈"①的交通强国目标。要达到上述目标,需要提升民航基础设施的安全性、高效性、可持续性和公平性,以更高质量的基础设施体系支撑更高水平的民航服务体系。

4.4.2 建设现代化民航基础设施体系是构建新发展格局的时代要求

与其他运输方式相比,民航在中长途旅客运输、国际旅客运输、地面交通不便地区运输、高附加值货物运输、高时效货邮运输等方面具有独特优势。在畅通国内大循环和促进国内、国际双循环的新发展格局中,民航要充分发挥比较优势,以高质量建设民航基础设施体系为基础,优化民航服务供给结构,提高运输效率和服务质量,有力促进生产、分配、流通、消费大循环大畅通,更好地发挥衔接国内国际双循环的桥梁作用。通过提高航空物流供应链自主水平,有效支撑贸易强国建设,促进内需和外需、进口和出口、引进外资和对外投资协调发展,为实施国家战略、建设美丽中国、促进社会进步提供坚实的民航基础设施保障。

4.4.3 建设现代化民航基础设施体系是加快建设交通强国民航新篇章的内在要求

现代化民航基础设施体系是支撑新时代民航强国建设的战略基石。机场等基础设施综合保障能力不足,一直是制约我国民航业高质量发展的突出瓶颈。民航基础设施建设是推进民航强国建设、补齐资源能力短板的重点领域,不仅要实现容量规模的能级跃升,还要着力提升发展质量,统筹容量、效率、服务和功能的关系。同时,要紧紧抓住新一轮科技革命及民航基础设施集中建设战略机遇期,积极把握基础设施建设项目体量大、辐射带动作用强的特点,以数字化加快推进民航智慧化发展,培育带动民航相关的现代产业发展,支撑多领域民航强国建设。当然,除了基础设施"硬件"建设外,与之相适应的法规体系"软件"建设也必须跟进。在民航新型基础设施建设和运营方面,需要构建完善的规章标准体系,加强国际交流合作,推动标准国际互认,提升中国标准的国际化水平,增强民航法规体系的完整性、系统性、协同性和开放性,这也是我国民航业高质量发展的重要支撑。

---

① 都市区1小时通勤、城市群2小时通达、全国主要城市3小时覆盖和快货国内1天送达、周边国家2天送达、全球主要城市3天送达。

4.4.4 建设现代化民航基础设施体系是构建现代化高质量综合立体交通网的客观要求

建设现代化民航基础设施体系，要坚持系统发展理念，打破民航行业的单一视角，从构建综合交通的视角对民航基础设施高质量建设谋篇布局。统筹优化各类交通资源配置，强化空地运输网络衔接，推进运输服务一体化和管理协同化，既要充分发挥民航的比较优势，更要发挥多种运输方式的综合优势，提高全社会流通效率，最大能力满足人民群众的出行需求，有力支撑"全国 123 出行交通圈"和"全球 123 快货物流圈"。

4.5 本章小结

在交通强国视域下，民航业高质量发展拥有多元化的动力支撑。在综合交通运输体系中，民航业可以充分发挥高效便捷和国际化优势，增强综合交通运输体系的弹性。民航业高质量发展有着极强的内部需求，是中国式现代化的重要引擎和民航强国建设的重要抓手。民航业高质量发展必须将新发展理念贯穿全过程，同时要充分挖掘民航基础设施的潜力和功效。

第5章 交通强国战略下民航业高质量发展的经济检视

本章基于经济运行的角度检视民航业高质量发展的若干取向，其中包括新形势下民航业发展方式转变、航班时刻资源配置、航空枢纽经济发展及战略性新兴产业政策的制定和实施等方面，从不同视角刻画了民航业高质量发展的多重特征。民航业高质量发展离不开航空运输带来的一系列经济形态、社会发展和政策变迁，经济效应是民航业高质量发展的题中之意。

5.1 基于竞争优势的民航业发展方式转变

改革开放以来特别是进入中国特色社会主义新时代，我国民航业取得了显著发展。市场规模持续扩张，运输能力不断提高，航线网络逐步完善。目前，我国民航运输总周转量以年均17%的速度递增，基础设施建设和机队规模建设也成绩斐然。自2005年起，我国已建成仅次于美国的全球第二大航空运输系统，同时其全方位多层次的对外开放格局也逐步形成。航空运输业的发展不仅仅是运输人和货的问题，而且对整个国民经济，尤其是经济结构调整、转变生产方式有着重大推动作用。航空运输业的发展带动了金融、旅游、商贸、信息、物流等产业，而这些产业恰恰是现代服务业的重要内容。随着我国经济的快速发展，民航运输业在国民经济社会中的战略地位和作用日益凸显。

我国当前进入了经济结构调整转型的关键时期，经济发展方式的转变是必然趋势，而且发展方式是否科学合理直接决定着高质量发展能否实现。就整个交通运输业来看，需要以转变发展方式为核心，加快发展现代交通运输业，推进综合运输体系发展，提高交通基础设施、运输装备技术水平，促进现代物流发展，建设资源节约型环境友好型行业。就民航运输业来看，其在转变经济发展方式和调整经济结构中正发挥着越来越重要的作用，我国民航业能否实现高质量发展，并在未来一段时期走到世界民航强国发展的前列，很大程度上不仅取决于其应对低碳经济发展调整的能力，更取决于其发展方式转变的质量和程度。而在民航业取得重大发展的同时，我们也要清醒地看到在经济发展方式转变和新发展理念的要求下，民航运输业无论从宏观上还是微观上还存在着诸多问题，不利于其发展方式的转变，不利于其竞争力的提高，这需要用科学发展和统筹发展的眼光来思考。

5.1.1 民航运输业发展方式转变的紧迫性分析

5.1.1.1 民航运输业结构

我们从运输航空和通用航空的关系，主线与支线的关系及区域运输结构来说明。

第一，运输航空和通用航空是一个国家民用航空事业的"两翼"，应当均衡发展。但目前我国的实际情况是，通用航空远远落后于运输航空，极大地制约了民航强国战略的实施。从国际范围内比较，不仅美国，甚至澳大利亚、加拿大、巴西等国家的通用航空整体实力和发展水平也远高于中国，在造成我国通航发展落后的因素中，低空空域管理体制不适应是重要因素，对天空的资源属性认识不足、空域管理应用方面的理论和法律制度的缺失则是深层原因。

第二，支线航空运输在国家或地区航空经济结构中扮演着重要的角色，其与干线航空运输构成了国家或者地区航空运输网络的有机整体。虽然我国支线飞机的数量逐年增加，但支线飞机的总量仍然严重不足，无法满足日益增长的航空运输需求。支线机场不完善、支线经济结构不合理、支线运营成本相对过高等现象，制约了我国航空支线运输的效能。

第三，我国民航运输业发展地区发展不平衡、不充分现象突出，行业发展资源存在分配失衡。东部地区民航发展水平远高于其他地区，从表5-1可以看出，以不同地区机场数量和旅客吞吐量为例描述了近年来不同区域民航业发展概况。可以看出，东部地区的机场数量虽然不是最多的，但旅客吞吐量却远远高于其他地区。西部地区机场数量最多，旅客吞吐量却低于东部地区，但高于中部地区和东北地区。东北地区无论是机场数量还是旅客吞吐量都最低，民航业发展程度有待提高（见表5-1）。

表5-1 不同地区机场数量和旅客吞吐量

年份	东部 机场数量（个）	东部 旅客吞吐量（亿人次）	中部 机场数量（个）	中部 旅客吞吐量（亿人次）	西部 机场数量（个）	西部 旅客吞吐量（亿人次）	东北 机场数量（个）	东北 旅客吞吐量（亿人次）
2010	46	3.39	25	0.53	85	1.39	19	0.34
2011	46	3.65	25	0.59	90	1.59	19	0.38
2012	47	3.89	25	0.67	91	1.81	20	0.43
2013	48	4.24	27	0.74	98	2.09	20	0.47
2014	48	4.61	30	0.83	102	2.37	22	0.51
2015	50	5.02	31	0.90	106	2.69	23	0.55
2016	53	5.51	32	1.02	110	3.01	23	0.62
2017	54	6.14	34	1.22	114	3.40	27	0.72
2018	54	6.73	36	1.40	118	3.72	27	0.79
2019	54	7.10	36	1.56	121	4.03	27	0.84

注：2010年之前，民航机场区域分布和区域旅客吞吐量是按照地区管理局所辖区域统计，即东北、华北、华东、中南、西北、西南、新疆七大区域。从2010年开始，这一数据是按照东部、中部、西部、东北四大板块统计。由于统计口径不一致，笔者选取了2010年以后的数据进行分析。

资料来源：笔者根据历年《民航行业发展统计公报》进行整理。2010年民航行业发展统计公报[EB/OL].（2011-05-04）[2023-10-10].http://www.caac.gov.cn/XXGK/XXGK/TJSJ/201511/t20151102_8769.html；2011年民航行业发展统计公报[EB/OL].（2012-05-07）[2023-10-10].http://www.caac.gov.cn/XXGK/XXGK/TJSJ/201511/t20151102_8792.html；2012年民航行业发展统计公报[EB/OL].（2013-05-20）[2023-10-10].http://www.caac.gov.cn/XXGK/XXGK/TJSJ/201511/t20151102_8822.html；2013年民航行业发展统计公报[EB/OL].（2014-06-23）[2023-10-10].http://www.caac.gov.cn/XXGK/XXGK/TJSJ/201511/t20151102_8849.html；2014年民航行业发展统计公报[EB/OL].（2015-07-10）[2023-10-10].http://www.caac.gov.cn/XXGK/XXGK/TJSJ/201511/t20151102_8874.html；2015年民航行业发展统计公报[EB/OL].（2016-05-30）[2023-10-10].http://www.caac.gov.cn/XXGK/XXGK/TJSJ/201605/t20160530_37643.html；2016年民航行业发展统计公报[EB/OL].（2017-05-08）[2023-10-10].http://www.caac.gov.cn/XXGK/XXGK/TJSJ/201705/t20170508_44009.html；2017年民航行业发展统计公报[EB/OL].（2018-05-21）[2023-10-10].http://www.caac.gov.cn/XXGK/XXGK/TJSJ/201805/t20180521_188131.html；2018年民航行业发展统计公报[EB/OL].（2019-05-08）[2023-10-10].http://www.caac.gov.cn/XXGK/XXGK/TJSJ/201905/t20190508_196033.html；2019年民航行业发展统计公报[EB/OL].（2020-06-05）[2023-10-10].http://www.caac.gov.cn/XXGK/XXGK/TJSJ/202006/t20200605_202977.html.

5.1.1.2 民航运输业的低碳压力

民航运输业是耗能大户，其应对低碳压力的自我调整，也是提升其竞争力的体现和手段。从建设低碳社会的角度看，尤其是自"双碳"目标提出以来，我国民航运输业面临着节能减排的强大压力。低碳发展的压力迫使中国民航业必须做出应对，既要从产业结构、能源结构调整入手，转变高碳经济发展模式，又要从产业链的各个环节上，产品设计、生产、消费的全过程中寻求节能途径。只有更多民航企业改变目前的被动状态，自觉跟进低碳经济的发展步伐时，中国民航向低碳经济转换才有现实的基础和未来的希望。

5.1.2 发展方式转变视域下民航运输业竞争优势构建分析

正如美国学者 Teece（1997）所说，"今天，在社会科学领域很可能没有什么比破解企业和国家竞争优势之谜更具野心的项目了"（Teece D. J., Pisano G., Shuen A., 1997）。一个显著的事实是，随着世界经济全球化和区域经济一体化进程的加快，航空运输业也出现了全球化趋势。但与发达国家的航空运输业相比，中国民航运输业的竞争力尚不容乐观，在竞争中处于一定的弱势，例如市场结构分散，管理方式粗放，资产负债率过高，市场占有率低等。因此，提升我国民航业的国际竞争力，迎接航空运输业全球化的挑战，是当前一个紧迫的任务。我们认为，从培育竞争力的角度上讲，民航运输业发展方式转变就是从不具有竞争优势的发展方式向具有竞争优势的发展方式的转变。我们采用波特的竞争优势理论对影响中国民航运输业竞争力的因素做一分析（如图 5-1 所示）。波特（1990）指出了产业竞争力是一个国家竞争优势的核心所在，并构建了产业竞争力的理论模型，即钻石模型，其认为决定一种产业竞争力的内生因素主要有四种，分别是企业战略和结构、生产要素、需求条件、相关支持性产业、机遇和政府则是实现产业竞争优势的重要外在因素。虽然波特的竞争优势理论阐述的重点是国家或企业的发展战略，但同样可以应用于产业发展方式转变的分析当中。

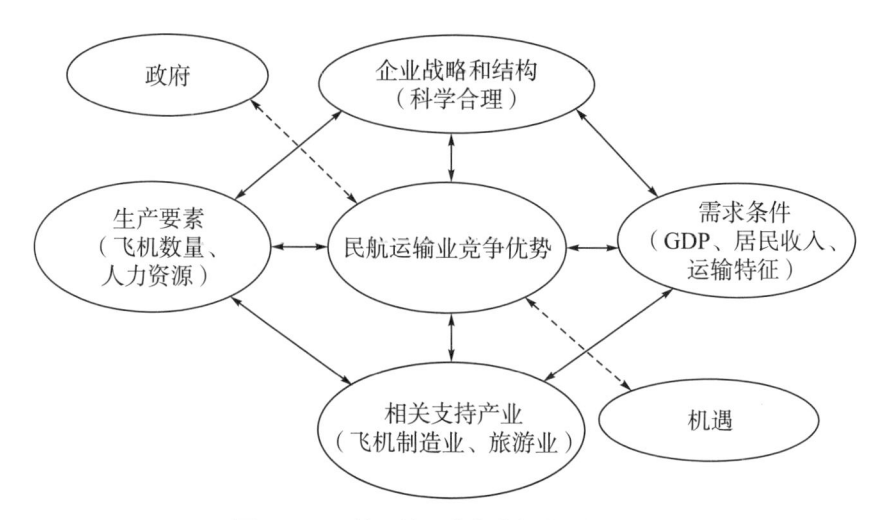

图 5-1 民航运输业竞争优势构建分析图

5.1.2.1 要素条件

生产要素大致包括人力资源、天然资源、知识资源、资本资源及基础设施等方面。生产要素分为初级生产要素和高级生产要素两种，前者是一个经济体先天具有的或只需要简单的社会投资即可获取，后者则是一个经济体通过不断的努力而获得的。结合航空运输业实际，我们认为民航运输是一个对硬件设备和软件设施都要求很高的行业，航空器数量和人力资源无疑是其生产要素的主体，这里的人力资源既包括飞行技术人员，又包括公司管理人员。民航业是技术密集型行业，人力资源是企业发展的第一资源，而其中飞行技术人员是重中之重。伴随着我国民航业的大发展，飞行技术人员的供需出现了较大的缺口，虽然国内培养飞行技术人员的行业院校年均培养人数突破 4000 人，每年增幅明显，但与高速发展的民航业需求相比，尚有较大缺口。面对飞行人员培养的不足和困境，探索新的培养机制和培养模式势在必行。

5.1.2.2 需求条件

国内需求市场是产业竞争优势的另一个重要条件，市场的扩大不仅会产生规模经济效应，提高效率，而且会刺激企业改进和创新。我们认为，民航运输业的市场扩大需要有三个因素的推动。其一是整体经济发展水平。民航运输业作为国民经济的组成部分，其发展始终和国家整体经济发展息息相关，同时受国家政策的导向性较强，另外经济发展水平也会影响到不同产业的活跃程度，一般来说，航空需求与 GDP 增速呈一定的弹性关系。根据陈林（2008）的研究，中国航空旅客周转量基本与 GDP 增长同步，GDP 每增长 1%，航空旅客周转量增加 1.48%，而这与世界范围内的情形是一致的，至少有 60%~75% 的航空运输服务需求要归功于全球 GDP 的增长。其二是居民生活水平。就客运来说，与公路、铁路运输相比，航空运输服务显然价格更高，尽管购买航空服务的人群不断增多，但对于广大一般收入的人群来说，无异仍旧属于奢侈品开销。其三是航空运输本身的特征。就货运来说，航空运输成本高、运费高，载重量小，受天气影响大，这些都限制了其市场范围。

5.1.2.3 相关支持性产业

民航运输业既是国民经济的基础性产业，又是先导性产业，在经济结构的调整和转变经济发展方式中起着不可替代的作用，民航业是一个涉及链条极广的产业，其发展必然带动广大上下游产业的发展，同时上下游产业的发展也会刺激民航运输业的发展。以飞机制造业和旅游业为例，在"十四五"期间，我国对于工业转型升级和战略性新兴产业的发展需求甚大，新型工业化和新质生产力正在释放高质量发展潜能以飞机制造业为代表的高端装备制造行业获得了大发展，这无疑为处于下游的航空运输业提供了强大的后盾，而旅游业作为一项方兴未艾的产业，具有极大发展潜力也会对处于上游的航空运输业的发展提供动力。

5.1.2.4 企业战略和结构

这主要是指一个企业该如何创立、组织和管理公司及竞争对手的条件等。企业战略是否具有前瞻性和可操作性将在很大程度上影响甚至决定一个企业的发展前途，而企业结构的合理与否不仅影响着企业生产效率，同时也会影响企业战略的有效实施。结合当前实际，我们认为民航运输企业要提升自身竞争力，不仅需要建立现代企业制度，更需要在科学发展观的指导下，积极转变发展方式，制定科学的发展战略，优化公司治理结构，才能在日益竞争激烈的航空运输市场中取得主动。

5.1.2.5 政府因素

政府和市场的关系一直是经济学界无法绕避的话题，在经济发展史中占有重要地位，合理划分政府和市场的边界至关重要。纵观我国民航运输业的发展历程，不难发现，其与政府管制部门有着紧密的联系。自进入 21 世纪后，我国民航业进行了大刀阔斧的改革，涉及行政管理体制改革、政府职能转变、深化市场机制运行等，进入新时代后，我国进一步深化改革提高治理能力和治理现代化水平。在改革过程中，政府和市场的关系始终是一条明线，市场化改革不断走向深入，其目的是建立符合社会主义市场经济的要求，发挥市场对资源配置的决定性作用，更好地发挥政府的作用。随着改革的不断深入，制约民航业高质量发展的体制机制不断被破除，民航业成为我国交通运输领域市场化运行的典型行业。

不过由于民航运输业的特殊性，在进入门槛、价格形成、航线审批、航权资源配置和航空运输后勤保障等方面，政府管制部门的话语权仍很明显。目前我国民航业进入了快速发展时期，需要积极转变政府职能，有所为有所不为，为民航运输业发展提供的良好市场环境。例如，以2008年金融危机为契机，当时的中国民用航空总局出台了促进行业平稳较快发展的十项措施，第一，突出安全监管重点，确保安全形势稳定；第二，规范航空市场秩序，改善企业市场环境；第三，严格控制运力增长，促进市场供需平衡；第四，实施特殊航线政策，挖掘客货市场潜力；第五，落实国家财经政策，增强企业运营能力；第六，实行价格收费调节，实现资源优化配置；第七，积极推进节能减排，提高行业运行效率；第八，加强基础设施建设，促进国家经济增长；第九，促进通用航空发展，扩大航空服务范围；第十，支持企业联合重组，提升抵御风险水平。

5.1.2.6 市场机遇

正如一个人的成长不仅需要自身的实力，同时还需要一定的机遇，民航运输业也需要一定的机遇才能又好又快的发展。面对全球经济运行的种种波动及运行成本（人工成本、飞机成本、油价攀升及利率波动）的上升，加之高铁对民航业的冲击，民航业面临着不小的挑战。但是我们也应该看到由于国内航空市场处在一个新兴的发展时期和状态，潜力是巨大的。国内航空市场除原有的市场潜力外，支线航空还有发展空间，国际市场对国内民航运输业依然有很大的吸引力，同时服务层次的划分也能大幅提高航空运输的效益。同时，随着我国对外贸易的不断深入和旅游业的蓬勃发展，国内航空公司的业务拓展尚有巨大空间。

上述我们分析了提升民航运输业竞争优势的六个方面，我们认为以提升竞争优势为核心促进民航运输业发展方式的转变是在今后一定时期内民航业需要关注的重点。对于民航业竞争力提升来说，生产要素是基础，市场需求是重点，相关产业发展是支撑，企业战略和组织是核心，政府支持是保障，发展机遇是关键，必须统筹竞争优势的六大方面以促使民航业发展方式转变。

5.2 航班时刻资源配置与民航业高质量发展

航班时刻作为航空公司的生命线，其分配历来受到航空公司、机场和民航管理部门的高度重视，也是民航业各主体之间博弈的重要场域，是影响民航业高质量发展的重要公共资源。

5.2.1 航班时刻资源概述及主要分配模式

5.2.1.1 航班时刻资源的稀缺性及科学合理配置的必要性

1. 航班时刻资源的稀缺性特征

航班时刻（SLOT），又称起降时刻、机场时段等，是指在某一特定日期中，为使航空器在民航机场起飞、降落得以实现所分配到的到港或离港的预定时间。航班时刻资源是一种稀缺资源，航空公司获取航班时刻并非要获取时刻资源本身，而是要获取特定时刻对应空间所具有的空管和机场基础设施的使用权。不夸张地说，航班时刻资源堪称航空公司的生命线。

近年来，随着我国航空运输业的快速发展，航空公司机队规模不断壮大，运输体量和空域容量、航空需求的旺盛和时刻资源的有限之间的矛盾日渐突出，有限的航班时刻资源与快速增长的市场需求之间的矛盾愈显突出，北京、上海、广州、成都等地繁忙机场的航班时刻已经饱和，出现了航班时刻"一刻难求"的局面。例如，北京首都国际机场高峰时段，每40多秒就有一架航班起降，北京首都国际机场日均起降约1500架次，经常处于饱和状态，而上海浦东国际机场和上海虹桥国际机场两大机场平均每天起降约1700架次航班，高峰时段5分钟内起飞的航班有时多达六七架。能够在合适的时间和场域"飞起来"成为航空公司的主要诉求。时刻资源的紧张也给想进入民航运输行业的资本设置了障碍。例如，由于空域资源严重不足，曾出现过国外数十家航空公司已获得飞北京首都国际机场航权却无法安排时刻的尴尬局面。国内主要大型枢纽机场已经几乎超负荷运转的同时，大量的中低客流量航线的航班密度不足，大量中小机场利用率也严重不足，这直接导致了机场资源的浪费和亏损。

虽然航班起降时刻紧张在很大程度上也是由于空域限制所致，例如在中国，空域主要是由空军掌控，民航运输业仅使用了约25%的空域，而美国的民航运输业使用了约80%。但航班时刻资源在分配过程中的不合理，或许是产生上述现象的重要原因。另外，在当前世界航空运输自由化的大趋势下，航权开放这一话题不可回避，它虽然为我国带来了民航业发展和开放利益的机遇，同时也会对中国民航运输业和区域经济安全带来巨大的冲击。民航运输的有序发展离不开航空公司、空管系统、运输机场等单位的通力协作，航班时刻的管理和分配是维系三者关系的纽带。航班时刻资源配置不仅维系航空公司的发展效益，也关乎民航运输服务质量的总体提升，同时也影响着双循环新发展格局的顺利形成和交通强国民航新篇章的谱写与实现。

2. 科学配置航班时刻资源的重要价值

党的十九大提出了"质量变革""效率变革""动力变革"三大命题，加大创新力度、释放结构红利、提高全要素生产率是促进经济社会高质量发展的必然路径。随着我国民航运输市场规模的日益增大，繁忙机场的航班时刻供求紧张程度将远高于美欧等发达国家，航空运输持续增长和运行保障能力不足的矛盾将成为我国民航发展中的主要矛盾。在此环境下，增加民航可用空域固然是推动行业发展的重要思维，但难度较大。因此，优化航班时刻分配方法，从需求端提升航班时刻分配的效率与公平性成为民航业发展的迫切需求，也是促动民航业高质量发展的有力举措。近年来，中国民用航空局通过系列改革举措，力图使时刻资源配置合理。虽然航班正常率在个别年份有所波动，但总体趋势明显提升（如图 5-2 所示），消费者的服务体验感也显著增强。然而，改革不是一蹴而就的，而是一个循序渐进的过程。通过不断深化改革，可以释放更多的发展空间。民航业应从现有航班时刻存量着手，优化调整时刻结构，挖掘其配置潜力，提升配置效率，实现综合保障能力和时刻总量的动态供需平衡，进一步释放民航业发展空间，增强民航业发展的系统弹性。

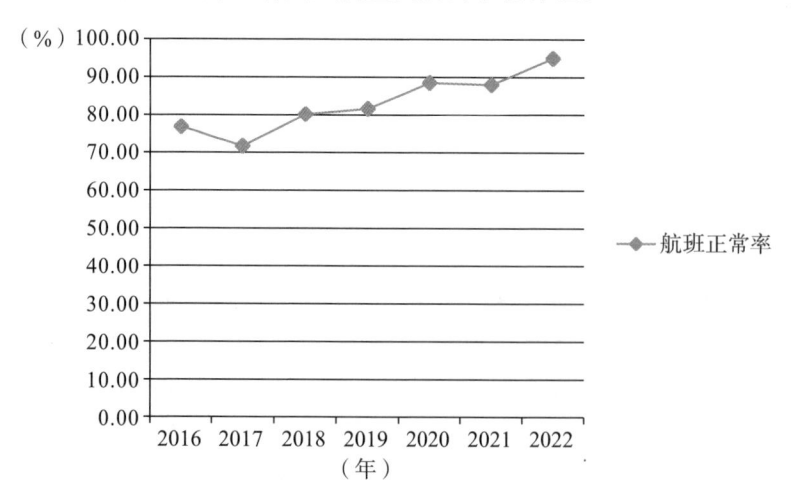

图 5-2 我国航班正常率

科学合理配置航班时刻资源，进一步为民航业治理体系和治理能力现代化提供了启示。为了破除传统单一的行政配给模式的弊端，民航业坚持"控总量、调结构"原则，实施差异化航班时刻供给与配置，制定完善各航班时刻协调机场时刻分配细则。同时，进一步完善航班时刻二级市场交换、转让和共同经营机制，实现航班时刻资源的价值最大化。在此背景下，中国民用航空局调整了武汉、昆明、广州、西安、重庆、成都、上海等七个城市繁忙机场的容量标准，航班时刻供给数量明显增加，航班时刻协调机场时刻执行率提升显著。我国航班时刻资源配置效率的改善空间仍较明显，减少航班时刻误置的"红利"仍然丰厚，民航运输业仍具有强劲的发展动能和转换势能。

通过深化民航业改革消除市场扭曲，有助于释放配置空间，助推中国民航业发展从数量向质量，由粗放向集约转变。如果从宏观、中观和微观三个层面进行探讨的话，其一，宏观层面应加强深化民航业改革的顶层设计。民航业全面深化改革要求推进民航生产要素市场化配置，实现要素配置高效公平、要素流动自主有序。这就需要消除航班时刻资源"错配"现象和机制，在统一的民航运输市场科学有效配置时刻资源，提高民航运输效率，实现民航业有序发展和高质量发展。其二，中观层面应深入推进民航治理体系和治理能力现代化。在治理现代化的规约下，钳制民航业高质量发展的体制机制障碍会进一步破除，传统资源配置方式必然会受到较大冲击，需要从追求速度规模向更加注重质量效益转变，这对航班时刻资源管理方式的优化完善和效率提升也是一个良好契机。在此背景下，一方面，民航职能部门要继续深化航班时刻管理的相应改革，如加快推进航班时刻次级市场改革试点工作；另一方面，航空公司要制定差异化发展战略，坚持错位发展，进一步完善航空服务网络，充分利用好给定航班时刻资源，提升航空服务能力和品质。其三，微观层面要建立完善空域系统容量与流量量化模型，为空域规划和航线网络规划、航班时刻配置的衔接提供指导。构建全国统一的航班时刻监管平台，推进时刻资源、航权和飞行计划的融合，实现航班时刻管理的大数据统筹与整合。对高密度机场与中小机场、骨干航路与小流量航线、繁忙时段与非繁忙时段要实施差异化管理举措，对航班时刻分配要"控制总量，具体调节"，提高航班利用率。这也是宏观层面和中观层面的内在要求和具体体现。

5.2.1.2　航班时刻资源的配置模式特征

目前，世界各国的航班时刻资源大体上实行两种分配模式。一种是IATA（国际航空运输协会）模式，欧盟国家均采取此类分配航班时刻的模式，它是以 IATA 航班时刻分配程序指南为基础，采用行政手段进行分配，其主要依据的是"祖父权利""八二原则""持续需求优先原则"等准则；另一种是混合配置模式，实行此类模式的有美国、韩国等国家，它采用行政分配与市场分配相结合的混合配置模式，将时刻分配分为初次分配和二次分配两种方式，并以市场分配为主。

在 IATA 模式下，一个国家的航班时刻协调的核心是按照固定的优先顺序进行行政性分配，"祖父权利"是这一模式中的核心特征，也就是航空公司对于上一航季所持有的时刻享有被优先承认并继续使用的权利，"祖父权利"在航班起降时刻分配中的应用相当普遍，不仅在行政配置模式的国家中，甚至在实行市场化配置模式的国家中，也能够感受其影响。但"祖父权利"一个很明显的缺陷就是不符合经济效率的提升原则，其与时刻资源市场化分配的大趋势从机理上来说是对立的。所以欧盟诸国在遵守"祖父权利"的原则下，也进行了时刻资源分配方式的一些其他尝试。欧盟在 1993 年首次对起降时刻分配实施管理。在给定的航班计划周期中，一家航空公司所拥有的起降时刻能够保留到下一个周期。这就是众所周知的"使用它或是失去它"规则。一家航空公司在前一个航班计划周期中如果起降时刻使用率少于 80%，那么可能会丧失起降时刻。空闲时刻资源以及新增时刻资源将被放入"时刻池"中，其中 50%将优先分配给市场新进入者，新进入者还包括此前航季仅持有少量时刻资源的运营商，剩余时刻资源由独立时刻协调人公平分配。

美国由于绝大多数起降时刻的分配是不经过管制的，这使美国的时刻资源交易市场的发展与交易机制和欧洲国家有所不同。20 世纪 80 年代，美国实施了"买卖条例"，不仅对行政分配手段进行了科学抽签改革，而且允许在高密度机场对其进行二级市场交易，这样时刻资源的拥有者可能并不是航空公司，例如航空公司可以把时刻资源抵押给银行来获得贷款，此时银行就成了时刻资源的拥有者。和欧盟国家相似的是，美国为了保障航空运输的稳定性，在一定程度上同样承认"祖父权利"原则，不过市场化配置是其重点。

目前我国航班时刻资源分配主要采取的是和欧盟国家一样的方式，建立了"政府管理为主，多方参与"的航班时刻管理机制，即政府主导下的行政配给模式，民航空中交通管理局负责时刻的分配，由专门的时刻协调员负责实施。航空公司首先向地区管理局提出时刻申请，由空管局确定机场容量，协调员负责航班时刻的分配与协调，并上报给空管局以供审批。但这一分配方式存在明显的问题，比如时刻分配是政府一手操办，航空公司基本上没有什么发言权，在时刻分配过程中采用的依据和程序都不清楚，导致此过程中存在重重矛盾，尤其是拿不到好时段的航空公司的意见较大,这样会造成一些不利的影响,例如航空公司会消极使用那些不满意的航班时刻,过度使用高峰时刻,造成时刻资源的紧张与闲置并存的情形,不利于资源的合理使用。另外,大型航空公司由于和政府的特殊关系,使其在与中小航空公司的时刻资源获取竞争上占得先机,造成"强者愈强,弱者愈弱"的局面,不利于竞争性运输市场的确立。

行政分配机制具有效率低下的天然缺点,对于航班时刻这种资源,理想的模式是通过市场方法配置时刻资源,从而会促进航空运输市场的竞争和对时刻稀缺资源的利用效率。但就目前来看,行政配给模式是比较适合我国航空业的发展实际。我国的航空运输业是一个集自然垄断和行政垄断双重垄断于一体的产业类别,这导致市场化运行程度不高,航空运输市场带有一定的寡头垄断特征。虽然航空公司形式上会成为独立运行的市场主体,但大型国有航空公司与民航规制部门之间存在着千丝万缕的联系,很难说成为真正意义上的市场主体。而民营航空公司的规模偏小,竞争力有限,安全系数也较低,加之我国航空运输市场中的生产要素流动尚不能达到自由充分的程度,立即实行航班时刻资源配置市场化改革,条件尚不具备。当前应不断完善现行的行政分配机制,针对航班时刻配置中不断出现的新问题,民航规制部门也在不断开展着航班时刻配置的有效探索。

中国民用航空局确立了主辅机场协调、促进竞争、促进枢纽建设等总体原则,各个地区民航管理部门根据本地区的民航运行实际情形,制定相应的举措和原则。例如,中国民用航空华东地区管理局确立了控制风险点,建立内部管控和监督机制;公开集中协调,内部与外部监督相结合;科技反腐,网络监管等措施和原则。中国民用航空华北地区管理局以提高航班时刻资源利用效率和公共航空运输整体效益为目的,确立了公开公正公平和诚信优先原则、历史航班时刻优先和上一航季航班时刻顺延优先原则、有利于促进北京首都国际机场大型门户航空枢纽建设原则、有利于促进干线、区内支线航空协调发展原则、有利于促进飞行持续安全正常有序原则和主辅机场协调等六项原则。中国民用航空东北地区管理局确立了公开公正公平和诚信优先原则、有利于促进飞行安全和正常有序原则、有利于促进地区航空枢纽建设和促进干线、区内支线航空协调发展原则、历史航班时刻和上航季延续航班时刻优先原则以及主辅机场协调原则等。中国民用航空西南地区管理局加强对航班时刻使用情况的掌控,建立事先准确航班时刻使用情况的机制;按照强化事后监管的要求,加强对航班执行率的考评,减少航班时刻资源虚占,维护空管运行秩序;对航空公司在各协调机场的运行正常率进行考评,减少延误及随意改变时刻安排的情况发生;

在航班时刻申请中隐瞒航权信息的，一经查实，由中国民用航空西南地区管理局航班时刻管理部门收回其已取得的航班时刻。中国民用航空中南地区管理局确立了规范事前审批，强化事后监管的原则。

5.2.2 航班时刻资源供给模式影响民航运输市场的路径分析

由于民航业的双重垄断特征，我国航班时刻资源的配置主要是行政配给模式，中国民用航空局统一负责全国民航航班时刻管理，地区管理局负责辖区内机场的航班时刻管理。这种资源配置模式究竟对民航运输市场产生何种效应值得关注。民航规制部门通过加强航班时刻管理，对于民航运输市场的影响力日益凸显，同时对于通过航班时刻的控制影响民航运输市场价格及走势的意图也日益显现，这可以从宏观和微观两个层面来考察（如图5-3所示）。

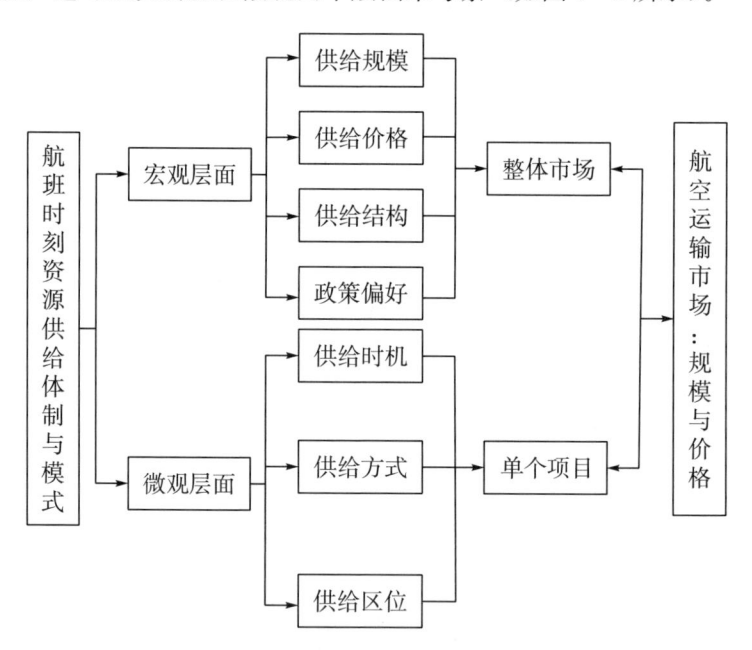

图5-3 航班时刻资源供给影响航空运输市场路径

5.2.2.1 宏观层面：航班时刻供给规模、价格、结构与政策偏好对航空运输市场的影响

从宏观层面上来看，政府规制部门对于航班时刻的供给量、供给价格、供给结构及政策偏好能够有效地影响民航运输市场的供给量、运营成本、服务类型及消费预期，进而改变民航运输市场的长期均衡价格与成交量。

路径1：航班时刻供给规模—航空公司运力—民航运输价格

航班时刻是航空公司运营的生命线，航班时刻的供应量直接决定了航空公司的运力大小，在容积率一定的情况下，政府规制部门审批新航班时刻的数量决定了航空公司新增航班时刻供应量。航空公司航班时刻的获取量必然会影响到航空服务价格水平。这种控制航班时刻供应总量的宏观管理政策对航空公司的运营有着重要影响，中国民用航空局统一负责全国民航航班时刻管理，地区管理局负责辖区内机场的航班时刻管理，在民航内部，争取更多、更好的航线和航班时刻资源，是各航空公司不约而同的目标，航空公司都会采取各种办法，为获得优质资源而努力（李媚玲，2010）。

路径2：航班时刻供给价格—航空公司运营成本—民航运输价格

航空运输经济学中并没有航班时刻供给价格这一概念，但由于航班时刻供给的稀缺性及航空公司对其的需求强度，航班时刻的价格也是客观存在的，否则就无法解释为何该时刻给予众多航空公司中的某一个而不是其他，原因就是该航空公司能够支付这个价格。我们认为这个价格实质上反映的是一个航空公司为获取一个优质航线所投入的部分成本。航空公司的这个成本越高，其提供给消费者的服务价格就越高，反之，就越低。这可以在一定程度上解释优质航线和黄金航班时刻的票价较高的现象。

路径3：航班时刻供给结构—机舱类型—民航运输价格

一般来说，航空公司的机舱类型分为头等舱、公务舱和经济舱三类。每一类对于航班时刻的时段供给的要求是不同的。可以说，以不同时段供给为主的航班时刻供给结构直接影响三种机舱类型的供给，从而影响民航运输服务的供给价格。

路径4：航班时刻政策偏好—市场预期—民航运输价格

政府规制部门的政策偏好能够有效影响民航运输市场的预期。航班时刻资源的分配应该采取的是相对公平原则，分别给予国营和民营航空公司以平等的市场主体待遇，同时，考虑到国家扶持民营经济的产业政策及发展支线航空的民航强国战略，更应该给予民营航空公司更多的关注。但现实状况是，产业内原有企业为保持其市场垄断地位，会本能地设置战略性进入障碍（王俊豪，2001），例如中航集团、东航集团、南航集团与民航规制部门有着紧密联系，二者共同构成了民营资本进入航空运输市场的强大壁垒，在航班时刻配置上也倾向于国营航空公司。这导致其他未能得到政策利好的航空公司对优质时刻的运输前景不能乐观，进而影响其运力的展开，导致价格波动。

5.2.2.2 微观层面：航班时刻供给时机、供给方式与供给区位对航空运输市场的影响

路径1：航班时刻供给时机—航班时刻价格—民航运输价格

对于民航运输市场来说，新的航线审批和新的航班时刻制定非常重要。航空运输业是国民经济的基础性和先导性产业，目前仍处于大发展时期，因而受宏观经济环境和国家产业政策的影响也较大，市场波动性较为显著。在航空运输市场景气时审批新的航班时刻，则该时刻的使用价值即价格高，收益大；当航空运输市场萧条时审批新的航班时刻，则该时刻使用价值即价格低，收益小。因此，政府规制部门能够通过选择航班时刻的出让时机，提升其价格，并进而影响民航运输价格。

路径2：航班时刻供给方式—航班时刻价格—民航运输价格

航班时刻供给方式一般是政府规制部门通过行政分配的方式给予航空公司，各航空公司为争得优质航线进行着激烈的博弈，其中难以避免寻租行为的发生，航空公司以寻租这种方式获取航班时刻的行为，推动了其成本的增多，必然导致其机票价格的上涨。

路径3：航班时刻供给区位—航班时刻价格—民航运输价格

航班时刻的供给区位是指不同区域之间所具有的航班时刻表。一般来说，热门城市之间占据了大量的优质航班时刻，而中小城市及支线航空的航班时刻配置不容乐观，供给区位的不同直接导致航班时刻使用价值及机票价格的不同。

由此可见，我国的航班时刻资源分配机制主要是"政府管理为主，多方参与"的配给模式，针对该模式运行过程中存在的负面问题，中国民用航空局和各地区管理局也纷纷出台了不少政策措施，为进一步对其进行完善，加强航班时刻管理成为其中的重要内容。保持航空运输业稳定健康有序发展，除了国家产业政策的大力扶持外，也更需要从以民航业规制部门和航空公司为代表的航空运输业相关主体的行为反应入手促进航空运输业的发展。航权航班时刻的制定与分配对于航空运输业的发展和市场的扩大有着明显的传导作用。而中国的航空运输业由于其历史上所形成的行政部门和垄断企业的"合谋"导致的垄断特征（陈学云，江可申，2008），使得航班时刻的供给配置成为影响航空运输业市场的直接工具。航班时刻供给的宏观与微观政策能够显著影响航空运输价格与数量。宏观层级大致分为四条路径，分别是航班时刻供给规模、供给价格、供给结构与政策偏好；微观层级大致分为三条路径，分别是航班时刻供

时机、供给方式与供给区位。因此，需要从这两个层级入手制定合理的航空运输和航班管理政策。

5.2.2.3 政策建议

1. 宏观层级

第一，航班时刻的供给规模受空域限制较为明显。当前我国的空域主导权由空军部门掌管，只有25%左右是民航使用。这既不利于充分利用我国丰富的空域资源，也使民航运输企业的经济效益大打折扣，同时政出多门，如果遇到安全隐患，不利于及时解决。为此，需要进一步理顺空管体制机制，加速军民空管一体化进程，加快军民航协调，实现资源的公平分配与动态灵活使用。变行政、业务双轨制模式为直线制，推动空域机制创新，实施空域分类，调整优化空域结构。这样才能最大限度地提升民航运输企业的运力，促进民航运输市场的发展壮大。

第二，航班时刻的供给价格受航班时刻配置的体制机制影响明显。目前我国的航班时刻分配机制是在政府主导下的行政配给制，审批程序繁多，民航运输企业的交易费用较高，获取航班时刻的成本较大，使运输企业在行政上的耗费可能就抵消了微薄的经济效益，最终价格的上涨会转移到消费者身上。需要进一步减少获取航班时刻资源的程序和环节，继续放开审批权，降低交易费用，控制航空公司不必要的额外成本，提高消费者剩余。

第三，消费者的收入结构决定了其对于航空运输的消费结构，航空公司在获取航班时刻的过程中，需要重点考虑多数消费者的乘机时段，行政部门在授予航空公司航线和航班时刻的同时，也要关注该航空公司的消费服务对象主要是哪类群体，这样才能更好地利用时刻资源和飞行器舱位。

第四，近年来，我国在航空运输市场化改革方面取得了不小成就，有学者对民航运输业放松管制与运输量的增长之间的关系进行了实证分析，结果表明，二者之间存在积极的正相关关系（赵玮萍，2010）。我们认为，政府规制部门应进一步放松对民航运输业的管制，给予民营航空公司以相对平等的市场主体地位，鼓励民营资本参与其中，优化航空运输市场资本结构，同时大力发展支线航空，完善航线结构，真正形成"政府主导、多方参与"的运输格局。

2. 微观层级

第一，根据航空运输市场的涨落形势，制定差异化的航班时刻。在市场情势看好的情况下，增加航班时刻的供给量满足民航运输企业及消费者的运输需求；反之，在市场情势处于低落的情况下，要积极地调整既有的航班时刻，减少闲置无用的航班航线，增加需求量较大的航班航线，做到"削峰填谷"。

第二，按照公开、公正、公平的原则和统一规范的市场建设要求，完善航班时刻资源配置模式。坚持航班时刻资源分配透明化，最大限度地避免寻租行为的发生。在航班资源配置的过程中，要适当地向民营资本倾斜，甚至可以考虑按照固定比例进行国营资木和民营资本之间的分配，以探索通过各自的生产要素之间的交换达到平衡航班资源占有之间的矛盾。

第三，优化区域航线布局，进一步构建覆盖多数地区的航空运输网络，加大大城市与中小城市及中小城市之间的航班航线，尤其要重视西部地区的航空运输网络建设，以达到不同区域之间的航空运力和资源投入的相对平衡。

目前，我国航空运输市场仍处于大发展时期，相较于其他运输方式，航空运输价格也处于高位运行时期，航班时刻作为政府规制部门手中的重要资源，对民航运输市场的稳定与发展起到了显著作用。从航空运输产业的发展阶段出发，需要进一步制定科学合理的航班时刻资源分配机制与宏微观政策，稳定航空运输市场，实现其健康有序发展。

5.2.3 我国航班时刻资源分配的公共政策解析

虽然行政配置模式在我国航班时刻资源分配过程中有其历史与现实的合理性，但其弊端也日益明显，从根本上来说是缺乏这一领域的公共政策导致的。航班时刻资源分配的公共政策要求将时刻资源分配纳入集体决策的公共议程中，并通过国家公权力来调整这一公共利益。其实质是通过公共政策程序正义保障分配过程的公平公正，以平衡相关主体的利益关系。它对民航运输业的健康持续稳定发展将起到关键性作用。

我们注意到既有研究主要是以航班时刻资源具体分配方式及其改进作为研究对象，将其作为一种既定的结果，而对于这些分配方式产生的决策过程则着墨不多，没有从政策制定的角度将其作为一种公共决策程序来看待。产生于20世纪四五十年代的公共选择理论，强调了公共产品供给的集体行动和公共决策的重要性（布坎南，1988），这为本书的研究提供了一个很好的视域，即将航班时刻资源分配作为公共产品供给纳入公共决策当中，从源头上保障资源分配的公平性。本书的研究则从航班时刻资源分配的不同模式入手，探讨我国航班时刻资源分配的公共政策问题。

5.2.3.1 航班时刻资源分配公共政策的意蕴

通过对既有的航班时刻资源分配模式的梳理，不难发现，无论是欧盟模式还是美国模式，都或多或少的带有"祖父权利"的烙印。所不同的是，美国的分配模式更深入地引进了市场机制。从资源利用的效率来看，市场化配置显然要高于行政配置，对航班时刻进行市场化配置也是未来的重要趋势。但不管是行政分配还是市场分配，都必须建立在每个国家具体的国情之上。同时要看到，单纯的改善时刻资源分配方式的做法短期内或许是有成效的，但从长远看，无助于航班时刻资源配置的效率提升乃至整个民航运输业的可持续发展，而应当以资源整合和长期发展的理念构建该行业的公共政策来统筹不同的分配方式和利益主体。当前在航班时刻资源分配上的诸多问题实质上凸显了民航运输业公共政策的缺失。长期以来，中国民航运输业只有产业政策而没有公共政策，前者关注的是民航运输业本身的发展问题，而后者关注的则是民航运输业发展过程中的利益协调问题。航班时刻资源分配的公共政策的核心是通过国家的公共权力来协调这一分配过程中各主体或利益集团之间的利益关系，并根据公共利益的要求，通过公共政策的基本程序来达到民航运输各主体之间的利益均衡，以此来促进民航运输业的稳定可持续发展。也就是说，航班时刻资源分配公共政策所关注的是民航运输各主体之间的利益均衡及民航运输市场持续稳定健康发展，是一种利益调整与协调机制。因此，全面研究航班时刻资源分配公共政策，确定其基本原则与框架，建立相应的执行制度，既是解决当前航班时刻资源分配所面临的种种困境所在，也是民航运输市场持续健康稳定发展的保障。

公共政策源于社会事务的公共性，哈贝马斯（1999）认为公共领域是公共意见能够形成的地方，是公众对公共权威及其政策做出评判的地方（哈贝马斯，1999）。在这个意义上，公共政策可以认为是政府与公民（相关群体）就某一公共问题通过一定的程序共同做出决策的选择，并通过政府行为解决之的过程（李建华，2009）。由此可见，公共政策的本质是国家运用公共权力在一定的法定范畴内协调各主体之间的利益关系。由此可以引申出，航班时刻资源分配公共政策可以理解为民航管制部门与航空公司、机场等相关主体就时刻资源分配公共利益通过一定程序共同做出决策的选择，并通过国家公共权力来调整解决时刻资源分配的公共利益过程。

航班时刻资源分配中出现的诸多问题，其实质反映了资源的公共性和使用的私有性之间的矛盾。从理论上来说，因为空域的公共性，每个航空公司都有起飞的权利，在这一意义上，时刻资源是一种公共性资源；从实际情况来看，民航运输业的快速发展使时刻资源的稀缺性与航空公司的有效需求之间产生了供需严重失衡的情况，出现了黄金时刻资源一刻难求的现象，许多航空公司无法享有特定时刻资源的权利,这种情况下,航班时刻资源又具有明显的排他性,成为一种私有产品。

航班时刻资源分配公共政策的意蕴和设计前提,就是要建立在基于时刻资源本身具有的物品特性上。航班时刻资源既是民航运输市场上的必需品也是奢侈品,既是一般产品,也是公共产品。航班时刻资源分配仅仅从市场角度而不从公共性角度来思考,是无法从根本上克服分配过程出现的难题。公共性质也决定了它是时刻资源分配公共政策制定的前提与基础,只有在此基础上,航班时刻资源分配才能更显公平、公正,民航运输业才能持续健康稳定发展。

5.2.3.2 航班时刻资源分配公共政策的实施途径

民航运输市场公共利益的获取需要在一定程序下经过绝大多数相关利益主体的博弈并得到广泛认可才行,但阿罗不可能定理表明,个人偏好的加总并不意味着社会偏好的自然实现。因此,如何把价值问题转化为程序问题处理多元化利益的冲突是打破这种僵局的明智选择(阿罗,2010)。也就是说,为了保障航班时刻资源分配的公平、公正,不仅要确立此过程中的公共利益标准,而且也要设计一套当事主体广泛参与的程序,通过这一程序正义来保障时刻资源分配的公平公正性。这也说明程序正义是这一公共政策获得的主要途径。

航班时刻资源公共政策正义大体可以这样认为,即在这一公共政策的制定、执行、评价与终止的过程中,依照法定和既定程序方式和步骤做出政策选择的行动,寻找并选择最有效的实现这一公共政策的方法。我们认为它主要取决于以下三个标准。

第一,公共程序产生的结果是否是实质的公平公正。如果公共政策背离了航班时刻资源分配实质上的正义原则,那么程序正义也就无从谈起。如果民航运输市场的壮大只为少数航空公司提供了便利和盈利的机会,而不是让更多的市场主体参与竞争或为广大的民航消费者提供便利,那么这种所谓的发展就偏离了民航业公共政策的实质正义。

第二,相关市场主体参与公共政策制定和选择的深度和广度。在政策制定过程中,如果相关市场主体不仅能够广泛参与博弈,并且有权利提出政策议程设置,那么政策的结果才能更好地体现理性权衡及更宽泛的共识。如果航班时刻资源分配的公共政策没有体现市场主体参与的自主性、平等性和广泛性,要想达到多元化的利益平衡是不可想象的,甚至会发生少数群体通过制度化的方式侵害更为多数群体利益的情况,或既得利益制度化。

第三,航班时刻资源分配的公共政策程序有利于对所允许的公共权力使用具有正当性。这种所允许的政治权力使用的正当性体现为对公共权力使用边界的设定。也就是说，航班时刻资源分配的公共政策的决策既要符合公共利益要求，也要减少并力图避免少数群体对政策的主导而损害多数群体的利益行为。公共政策的程序正义就是要通过程序本身的自治、理性权衡与选择来实现公共利益，从而减少掌握权力的群体将公权力蜕化为牟取私利的可能性。所以，航班时刻资源分配的公共政策的程序正义既有其工具价值，也有其内在价值，程序正义是这一公共政策获取的根本途径。也可以说，程序正义是航班时刻资源分配的公共政策公平公正的基础条件，它不仅以程序化的形式要求相关主体参与政策的制定与博弈，而且其对公共权力的使用设置了具体边界。这样既可以协调好不同利益主体的利益关系，又可以防止公共决策偏离公共利益的轨道。

5.2.3.3 航班时刻资源分配公共政策的重要性

近些年，中国民航管理部门出台的有关民航运输业发展的政策不可谓不多，有关航班起降时刻资源的政策也不在少数，但不少政策不仅内容上不具有公共性，而且在政策议程设置上也鲜有公共性，从而使得民航运输市场中许多涉及广大民众利益的公共问题，不仅民众无法参与，而且也无法进入政策议程设置，当然无从解决。我们认为航班时刻资源分配公共政策的缺如至少有两点弊端。

第一，无法将公共利益作为民航运输市场的发展目标。近些年虽然中国民航运输市场不断壮大，发展形势良好，但相关公共政策的缺失只能使部分大型国有航空公司得到大发展的机会，更多的中小航空公司和民营资本的发展权利无法得到有效维护，也无法享受民航业大发展的成果。第二，无法对公权力在民航运输市场的滥用进行有效监督和制约，相关弱势群体无法通过公共程序争取其诉求，强势群体则可以利用制度缺陷将其既得利益制度化。

要建立民航运输业发展的公共政策体系，就要变革发展理念，在此基础上确立航班时刻资源分配的公共政策的基本原则、目标及具体方式。仅仅依靠完善民航发展政策、优化航班时刻资源分配模式都不足以全面解决当前存在于民航运输市场的时刻资源供需缺口问题，而应当以资源整合和长期发展的视角来构建当前的时刻资源分配公共政策体系。在建构过程中，不仅要统筹各个利益群体的关系，而且要统筹短期目标与中长期战略的关系。通过程序正义保障时刻资源分配公共政策的公平公正，然后将这些原则具体体现在航线审批和航班时刻分配的总体目标和具体方式上。这样，一个能体现大多数相关群体公共利益的民航运输市场才能够形成,才能够保障其持续健康稳定发展。

航班起降时刻资源对于航空公司和民航运输业的重要性是不言而喻的,热门航线与黄金时刻是航空公司的"生命线",直接决定了航空公司的经济效益。所以在航班时刻分配的过程中,国有航空与民营航空之间及政府管制部门与民营航空之间存在着大量博弈。航班时刻资源的分配也成为提升民航运输经济效率和促使民航运输业持续稳定健康发展的重要议题,各国根据各自的国情都实施了较为符合自身实际的时刻分配模式,主要包括以欧洲国家为代表的行政分配模式和以美国为代表的市场配置模式。两种分配模式各有利弊,不过对航班时刻资源进行市场化配置是一个总体趋势。

如同空域一样,时刻资源作为一种公共资源,其分配理应上升到公共决策的层面上,由民航运输相关主体共同讨论后议定。但我国的现实情况是,民航运输业许多重要的资源分配权仍掌握在相关部门手中,依靠权力分配。市场化进程在行政权力的左冲右突中无法发挥作用,其寻租劣根性被暴露无遗。虽然目前航线和时刻审批权在不断下放,众多机场的航线已经由审核变为备案,但目前国内吞吐量最大的若干机场的航线时刻审批权,仍然牢牢地握在中国民用航空局和地区管理局手中。这些时刻资源如何分配,分配内容是什么,相关利益主体无从得知,因为其并未进入到这一决策过程中,只是这一分配方式所产生的既定结果的接受者。这会不可避免地损害相当一部分在博弈中处于弱势群体的利益。一些学者鉴于行政分配起降时刻的效率低下、分配不公等弊端,提出了借鉴美国经验,运用市场机制来提高稀缺资源使用效率,这当然是一种重要的趋势和改革途径,但问题的关键不在于是否在一定时期内改变这种行政分配模式,而是要让这种时刻资源的供给上升到集体决策的层面,进而纳入民航运输产业公共政策的范畴,坚持航班时刻资源公共性的原则,航班时刻使用经济效益与社会效益最大化原则,公开、公平、公正的原则,通过程序正义来保障航班时刻资源分配的公平性和公正性,以达到平衡各方利益的局面,这种路径才应该是民航运输业良性发展的应有之义。

当然,民航运输业公共政策除了保障时刻资源分配公正性,平衡各方利益之外,同时可以利用公共政策弥补市场缺陷,由市场供求互动和国家政策引导所共同构成的产品定价机制问题是该公共政策所要解决的一个重要内容,由此形成公共政策的价格调整导向,这就是另一个研究话题了。

5.3 航空枢纽经济与民航业高质量发展

党的二十大报告指出为推进新型工业化，加快建设制造强国、质量强国、航天强国、交通强国、网络强国、数字中国，优化基础设施布局、结构、功能和系统集成，构建现代化基础设施体系。同时，包括大飞机制造在内的战略性新兴产业取得重大进展，这为交通强国建设和民航业高质量发展提供了重要契机和发展平台。民航在中长途旅客运输、国际旅客运输、地面交通不便地区运输、高附加值货物运输、高时效货邮运输等方面具有独特优势。在进入 21 世纪后，随着我国民航业体制改革的深入推进和民航运输量的快速增长，一些大型枢纽机场逐渐成为区域经济发展新的动力源和增长极，并与所在城市有相互融合之势，不少地区将民航业作为经济社会发展的重要抓手。临空经济由于兼具经济外溢性、配置开放性和产业高端性等特征，成为各地争相发展的"香饽饽"。截至 2022 年年底，中国国内已经明确规划和开始建设的临空经济区有 89 个。[①] 在此背景下，学术界对临空经济的关注度急剧增加。笔者梳理现有文献发现，早在 20 世纪 90 年代，就有人使用"临空经济"一词（吴凤飞，1997）。进入 21 世纪后，随着国内大量临空经济发展实践的产生，更多关于临空经济的研究开始出现。这些文献主要聚焦郑州航空港经济综合实验区的发展实践（张占仓，陈萍，彭俊杰，2016）、临空经济对航空运输及区域经济发展的关系（高友才，何弩，2020）、临空经济与腹地城市经济的互动关系（王海杰，孔晨璐，2021）、临空经济区发展机理（张艺璇，2021）、空港经济区产业结构演变及综合竞争力评价（张蕾，陈雯，2012）、机场与城市的关系（管驰明，2008）。其中，对临空经济研究起步较早、专注度较高、持续时间也较长的学者是中国民航大学的曹允春教授，其从 20 世纪末开始涉足临空经济研究（曹允春，踪家峰，1999），分析了临空经济发展趋势、临空经济的形成及动力、临空经济开放发展路径等，在学术界有较大影响。

但有学者认为"临空经济"这一概念不能完全概括由航空运输带来的新型经济形态变化，为此提出了"航空经济"概念。耿明斋、张大卫（2017）指出，航空经济是以航空枢纽为依托，以现代综合交通运输体系为支撑，以提供高时效、高质量、高附加值产品和服务参与国际市场分工为特征，吸引航空运

---

① 中国空港城市，郑州排第八 [EB/OL]. (2022-11-21) [2023-09-18]. https://www.henan.gov.cn/2022/11-21/2643102.html.

输业、高端制造业和现代服务业集聚发展而形成的一种新的经济形态。一般而言，在提到"航空经济"一词时，多数人认为这是一个由于航空运输发展带来经济效应这一现象的通俗称谓，并没有从学理上考究其明确指向和深刻内涵。不过，实践界和理论界均提出了"航空经济"的概念，一些地处交通枢纽位置的内陆省份如河南省在发展航空经济方面出台了专项规划，不仅如此，河南省省内如安阳和驻马店等地也出台了《航空经济发展规划》。当然，政策实践界一般不会从内在规定性上将临空经济、航空经济等因民航运输业发展带来的经济形态变化完全廓清，但这是理论界需要直面和思考的问题。当学者们专门提出"航空经济"一词并对其加以阐析时，表明它并非一个看似没有学术深度的一般性概念，而是有其值得深挖的逻辑意蕴。如果从概念范畴上理解的话，笔者认为"临空经济"较为微观，"航空经济"更侧重宏观，围绕航空运输业的一切经济活动都可纳入其中。如果我们将航空经济实践和效应聚焦到特定空间，那么采用"航空枢纽经济"这一中观视角代替"临空经济"或许是现阶段航空经济高质量发展的重要指向。就内涵特征看，耿明斋教授所指的航空经济和笔者所指的航空枢纽经济有一定相似之处。笔者认为，在实践当中，"航空经济"更应该称之为"航空枢纽经济"，因为航空经济发展均是以大型枢纽机场为依托平台，通过具有综合交通枢纽属性的大型机场来高效运转。不过，目前尚无"航空枢纽经济"一词见诸学术界和政策界相关文献。

正如托马斯·萨金特（Thomas Sargent）所言，人类开展经济的目的源于经济活动本身具有的社会性属性，而汇聚于枢纽则是出于人类的本性（托马斯·萨金特，2022）。新时代交通强国建设的基本要求即形成发达完善的综合立体交通运输体系，打造大量的综合交通枢纽，交通枢纽的形成和完善必然导致枢纽经济形态出现。枢纽经济是区域经济发展的新形态和新趋势，也是经济循环的发起点、支撑点、结合点，其必须依托枢纽产生和发展（李国政，2021）。航空枢纽经济可以看作是依托枢纽机场快速发展的航空运输业与区域经济高度融合的产物，也是临空经济的高级形态。推进临空经济向航空枢纽经济转变不是一个主观意念的建构，而是一个发展理念转型和客观存在事实。在新时代部署落实交通强国战略和推动民航业高质量发展的背景下，分析航空枢纽经济的内涵意蕴及组织特征，阐释航空枢纽经济形成发展的演化机理，探究我国航空枢纽经济高质量发展的模式类型和路径体系，对民航业的高质量发展具有重要的理论价值和实践意义。

5.3.1 航空枢纽经济的内涵阐释及特征分析

临空经济和航空枢纽经济是两个高度相关但有明显不同指向的概念。临空经济一般是指因航空运输和航空制造等民航业态发展，机场的吸附器功能使得生产要素在周边呈集聚态势，航空关联产业围绕中心机场分布扩散，逐渐形成新的经济空间。在综合交通运输体系之前，各种交通方式互不衔接且融合度不高，远远形不成枢纽合力，临空经济只是多种关联度不高的经济形态之一，临空经济区也只是一个围绕机场发展的局部区域，影响力非常有限。航空枢纽经济是综合交通运输体系下的产物，以航空枢纽为平台衍射出的航空枢纽经济，其规模和效率都远大于临空经济，在区域发展战略中具有全局影响。简单地说，发展临空经济只要有机场就行，机场是临空经济的充分条件。发展航空枢纽经济则需要多种交通运输方式融合，机场只是其必要条件。笔者认为，作为临空经济的发展深化，航空枢纽经济有以下特征。

第一，航空枢纽经济是典型的技术驱动型经济和跨界经济。运输规模持续增长与资源保障能力不足的矛盾仍然是民航业面临的主要矛盾，破解这一矛盾的关键在于航空领域的技术创新。航空运输业和航空制造业应深度融合催生出技术进步的强烈需求，以飞行、空管为核心的现代民航运行技术的进步使得远距离的航空运输成为现实。以新一代信息技术、先进制造技术、新能源技术和空天技术的融合应用全方位重塑了民航业的形态、模式和格局。随着大数据、云计算、物联网和人工智能技术的蓬勃发展，数字化、网络化、智能化技术与民航业深度融合，使得围绕航空运输和航空制造的全球化垂直分工体系和网络化产业组织结构成为可能。以现代物流技术为基础的航空物流体系，将航空枢纽与其他物流节点连为一体，以确保物流链、信息链、产业链的高效统合，全面提升了航空物流运输网络韧性，确保了产业链、供应链的安全稳定。

第二，航空枢纽经济是全球化时代枢纽经济发展的形态跃迁。枢纽经济是依托交通枢纽衍化的区域经济新形态。理论上说，只要存在交通枢纽就存在产生枢纽经济的可能性。从历史上看，内河及海洋港口、铁路场站、公路站点、大型机场等都充当过且仍在充当着枢纽的角色，但经济发展阶段的不同决定着交通枢纽的重要性及枢纽经济的主导形态不同，且每一次枢纽形态演变都伴随着产业技术变迁和经济制度更替，市场容量也越来越大。笔者通过梳理世界经济史可知，枢纽经济发展大致可分为三种阶段形态，即港口经济、铁路经济、高速公路经济和航空经济。18—19 世纪，工业革命使得有效的运输网络成为迫切需求，以便于原材料和产品流动，引起了交通运输的近现代革命。依靠早期交通枢纽中的内河港口和铁路场站，港口经济和铁路经济成为枢纽经济的初始形态。20世纪30年代，高速公路开始出现在一些西方国家。20世纪中期后，世界各国高速公路建设普遍展开。20世纪80年代后，中国开始高速公路建设并逐渐进入路域经济时代。以高速公路及公路枢纽为依托的公路经济、通道经济可视为枢纽经济的发展形态。进入21世纪，随着航空制造技术和航空运行技术的进步成熟及知识经济、虚拟经济、网络经济等新经济业态的显现，航空经济成为人类社会的重要组成部分，也是枢纽经济发展的高级形态。同时，发展综合交通运输要求由功能单一的交通枢纽向多功能的综合交通枢纽过渡，以机场为核心的综合交通枢纽产生的枢纽经济融合形态应视为一种成熟形态（见表5－2）。

表5－2 航空枢纽经济演进阶段与特征

发展阶段	枢纽特征	主要经济形态
航空经济1.0	拓展航线网络，增强保障能力，形成航线通达性、设施完善性、通关便利性、保障高效性等优势，解决航空经济发展的基本要素和架构	围绕机场发展航空运输、物流仓储、航空维修、对外贸易等初级临空产业
航空经济2.0	着眼于航空枢纽全链条、全要素建设，探索智慧枢纽、多式联运等模式，培育市场主体，引进航空公司、货代企业、大型物流集成商等航空物流上下游企业	发展跨境电商、生鲜冷链物流、综合保税、航空制造等产业，带动航空指向型产业全链条、集群式落地发展
航空经济3.0	航线网络不断完善，主要城市间航空快线持续加密，形成以全货运航线为主、客机腹舱为辅、衔接顺畅的航空物流网络。完善地面集疏运体系，畅通空陆、空铁联运及海外配送等物流产业全链条，探索"航空＋高铁"快速联运模式	在航空核心产业基础上，聚焦商务会展、航空金融、高端文旅、康养休闲、航空研发、总部经济、文化创意等高端产业发展

第三，航空枢纽经济具有鲜明的空间特征。枢纽具有中心的意思，枢纽地区首先表现为一个点，由于区位优势和政策支持，枢纽吸纳资源要素的集聚功能开始显现，吸附器效应十分明显；要素资源进入枢纽地区后，经加工转化，资源价值得到了提高，"放大器"功能开始出现；枢纽、产业和区域的同频共振使得枢纽地区由交通中心转变为经济中心，扩散效应开始增强，"发射器"效果十分显著。除空间概念外，由点到面还是一个不断增强产业关联度的过程，即枢纽机场周边由最初的航空偏好型产业向航空依赖型产业转变，最终形成航空产业关联度极高的经济现象。

基于航空枢纽经济的基本特征界定其内涵，我们认为航空枢纽经济是高度依赖航空枢纽强大的资源和要素聚疏运功能，将航空偏好型产业和现代服务业吸附于机场周围，并借助以机场为中心的网络结构，通过辐射范围拓展、运转效率提升和产业空间布局优化，高效推动航空运输业高端生产要素的投入、转化和增值。通过全产业链高度衔接和协同发展，对生产要素的聚集、加工和扩散沿着便捷、高效的物流通道呈轮辐式向不同方向全方位推进。重塑区域乃至国际产业分工体系，形成层次分明、功能互补、竞争有序的航空产业生态群落，实现经济组织形态的跨界融合和革命性变迁。航空枢纽经济是以大型枢纽机场为载体的综合交通运输体系下的产物，在国际资源配置和国际市场竞争格局下，其广泛参与全球产业链和价值链的分工，因而产业链更长、辐射面更宽、带动效应更强，这是城市和区域发展的动力源。因此，航空枢纽经济的逻辑范畴大于临空经济，可视作航空经济的高级阶段（如图5-4所示）。航空枢纽经济通过"枢纽—扩散"型组织结构打破了单纯的临空经济"边缘—孤岛"困境，对一个城市和区域的辐射和增长效应明显更强，打造一个城市和区域的新经济中心，同时有效疏解中心城区人口、交通、生态环境等承载压力，推动形成航空枢纽与城市融合新格局。

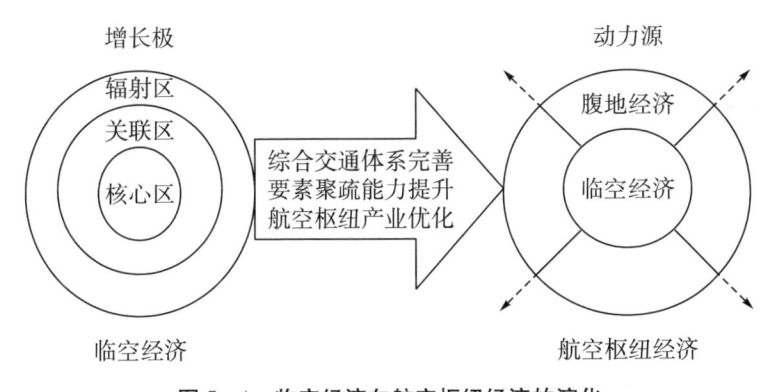

图 5-4 临空经济向航空枢纽经济的演化

5.3.2 航空枢纽经济的演进机理与生成逻辑

5.3.2.1 前提条件：机场成为综合交通枢纽

综合交通运输体系使交通运输实现了从扩容到提质的根本转变，这一过程推动了交通枢纽、产业发展和城市能级的高度融合。纵观国际典型的空港城市均是建立在以枢纽机场为圆点的综合交通枢纽基础之上的。中国综合交通枢纽建设起步相对较晚，但发展迅速，构建现代化高质量国家综合立体交通网是中国式现代化的重要物理支撑。《交通强国建设纲要》和《国家综合立体交通网规划纲要》明确指出，打造具有全球竞争力的国际海港枢纽、航空枢纽和邮政快递核心枢纽，建设一批全国性、区域性交通枢纽，推进综合交通枢纽一体化规划建设，提高换乘换装水平，完善集疏运体系，大力发展枢纽经济（中共中央 国务院，2019）。依托国际航空枢纽，构建四通八达、覆盖全球的空中客货运输网络。推动西部陆海新通道国际航运枢纽和航空枢纽建设，加快构建现代综合交通运输体系（中共中央 国务院，2021）。前已述及，临空经济区是围绕机场产生的临空产业功能区，其产业布局和航空运输紧密相关。在综合交通尚不完善的条件下，国内不少临空经济区处于偏安一隅的状态，和城市中心的耦合度不强。航空枢纽经济则是临空经济的升级版，在这一升级过渡过程中，大型枢纽机场充当了硬核元素。在综合交通运输时代，铁路、公路、航空、港口相互融合，聚力发展，机场规模和枢纽功能不断扩大和提升，成为立体复合式综合交通枢纽的航空枢纽的重要性急速提升（见表5-4），逐渐形成所在城市和区域的经济中心和发展平台。因此，一个城市的机场由单一性的运输设施升级为多功能的综合交通枢纽，这是临空经济迈向航空枢纽经济的前提条件。

北京大兴国际机场有北京大兴国际机场高速公路、地铁线、京雄城际铁路等快速通道通向京津冀核心区；上海虹桥国际机场有多条地铁线路连接市区，京沪、沪杭、沪宁等高速铁路通向长三角地区；成都天府国际机场有成自宜高铁、成达万高铁、市域铁路线等快速通道连接市区和成渝双城经济圈辐射地区，另外还有多条地铁线路通向市区；西安咸阳国际机场有多条地铁线路及城际铁路等轨道交通连接西安都市圈；杭州萧山国际机场有多条轨道交通线路连接市区及杭州、嘉兴、湖州等地；郑州新郑国际机场有多条城际铁路及地铁线路将郑州航空港与市区及国家高速铁路网联结起来。

5.3.2.2 动能转换：资源要素的吸附与转化

枢纽处于交通体系运行的重要节点上，容易出现相对密集的要素流和较强的经济社会联系，枢纽经济发展的重要动能即交通枢纽强大的资源吸附转化能力。航空枢纽经济发展较好的地区一般也是国家层面上的物流枢纽，在客货运输基础上，其可以高效整合各类资源要素，提高产业及区域协同发展能力，促使地区基础存量变发展增量，加速新旧动能转换，形成区域发展新动能、促进经济社会高质量发展（如图5-5所示）。推动枢纽经济发展的内生动力是技术变革和制度创新，即交通方式变革、运输组织技术创新、信息技术变革及与之相适应的经济运营组织制度创新。现代物流技术、互联网和人工智能的大发展使得航空枢纽不仅仅是一个以航空物流、航空产业为依托的经济区带，还是一个互联网、信息流处理中心，是智慧物流和智慧民航的样板形态。航空枢纽的主要功能定位是打造大枢纽、培育大产业，以枢纽机场为中心，加速人才、资金、技术、信息等先进生产要素的快速流动和高效集聚，打造低成本、高效率、快迭代的枢纽服务网络，促使传统交通中心向现代枢纽运行组织转变。基于此，必须做强枢纽平台，加快资源集聚，扩大辐射吸纳效应，将产业导入、平台建设、特色运营作为航空枢纽运行的着力点，降低交易成本和提升效率。这就需要在"点"上引导要素集聚以形成规模效应，在"线"上打造互联互通的跨区域资源流通通道，在"面"上推动多节点枢纽网络形成，通过"通道＋枢纽＋网络"的现代物流体系维系产业链和供应链高效运行，提升实体经济活力，实现要素"流量"向效益"留量"转变。

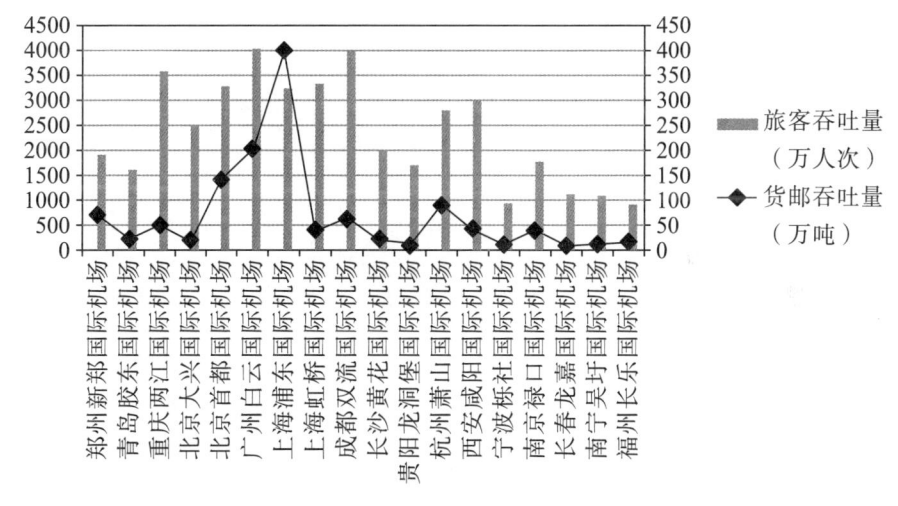

图 5－5 2022 年国家级临空经济区机场客货吞吐量

5.3.2.3 关键支撑：航空关联产业的布局优化

如果说临空经济区是一个"点"，那么航空枢纽经济区是由多条射线形成的"面"。临空经济转型为航空枢纽经济必然伴有产业结构演进，即由单一的临空服务业如仓储、物流升级为先进制造业、现代服务业，形成分工合理、功能互补、各具特色的现代产业体系。航空枢纽能够在航空运输与航空产业协同发展中起催化效应，其高效性使得航空特色产业规模快速扩张，以低成本、强辐射、高效率的航空物流服务提升产业链延伸拓展和价值创造能力，强化物流与制造、商贸等产业的融合发展，培育更具竞争力的枢纽型产业，进而反哺航空枢纽建设。

航空枢纽能够有效支撑本地核心产业的优化升级，推动地区产业结构优化。航空枢纽借助航空物流，聚合产业要素，打造高端产业链、高效供应链和创新价值链的重要载体。机场特殊的地理位置既有对外运输的便捷，又有连接城市腹地不畅的困境。枢纽经济时代，航空枢纽要根据城市发展战略和区域产业特征，主动融入地区产业结构优化调整中，增强航空枢纽竞争力和区域发展动力。利用航空枢纽高质量、低成本的交通物流优势，开展"链式招商"，吸引门户企业入驻，加快航司、货代、大型物流集成商等航空物流上下游产业集群式发展，着力构建汇聚高端资源要素的强磁场。吸纳航空制造关联产业，拓展整机制造、核心零部件和一般零部件制造能力及配套产业，打造先进制造产业区，形成航空特色产业优势集群。智能终端、生物医药、供应链金融、航空租赁、商务会展、旅游休闲等多种聚集在航空枢纽周围的新兴产业形态构成了现代化航空产业生态圈的重要组成部分（见表5-3）。

表5-3 部分国家级临空经济区临空产业发展规划

名称	批复日期	产业规划
郑州航空港经济综合实验区	2013年3月	推动航空物流、高端制造、现代服务业、生物医药等产业加快集聚，支持跨境贸易电子商务、云计算、大数据、飞机租赁等新产业形态加速发展。引导智能终端、集成电路、生物制药、智能装备等临空制造业发展。培育壮大航空金融、航空培训、航空文旅、航空运动等
广州临空经济示范区	2016年12月	重点发展现代航空物流、航空维修、通用航空、航空运营服务保障四大航空核心产业；积极发展高端医药、新一代信息技术、先进制造三大临空高新技术产业；加快发展总部经济、商贸会展、金融服务、商旅文创四大临空现代服务业
上海虹桥临空经济示范区	2016年12月	聚焦高能级总部经济、高溢出会展经济、高流量贸易经济、高端化服务经济，重点打造贸易经济、数字经济、高端服务、时尚消费及生命新科技、汽车新势力、低碳新能源产业生态集群。持续提升全球数字贸易港、临空经济示范区、新虹桥国际医学中心等平台能级

续表5－3

名称	批复日期	产业规划
成都临空经济示范区	2017年2月	推进航空冷链，医药、生鲜农产品等航空物流产业发展；吸引民航科技及航空、物流总部企业、海外公司驻华地区企业总部、产业龙头企业和供应链服务企业；围绕金融租赁、离岸结算、航运保险、飞机和大型设备租赁等发展临空金融服务；以临空制造为抓手，构建以研发、总装、部件、附件、测试、维修为一体的航空产业链；重点发展卫星及应用产业，加快研制航天蓄电池、太阳能电池片和星载计算机等产品，强化卫星通信技术、导航技术和遥感技术等应用，打造微小卫星完整产业链条
首都机场临空经济示范区	2019年2月	聚焦临空经济、商务会展、数字贸易等领域，推动港产城融合发展。打造以航空服务为主导，跨境贸易、商务会展为支撑，科技服务和产业金融为补充的阶梯形产业结构。发展医药研发、数字经济、航空物流等核心产业

资料来源：根据相关国家级临空经济区发展规划资料整理。郑州航空港区"十四五"规划和2035年远景目标纲要公布[EB/OL]. (2021－09－10)[2023－09－14]. http://m.xinggangtz.com/c/2021－09－10/506643.shtml；广州市人民政府办公厅关于印发广州临空经济发展"十四五"规划的通知[EB/OL]. (2021－10－09)[2023－09－14]. https://www.gz.gov.cn/zwgk/fggw/wyzzc/content/mpost_8300549.html；上海虹桥临空经济示范区（含拓展区）建设"十四五"规划[EB/OL]. (2021－11－15)[2023－09－14]. https://zwgk.shcn.gov.cn/xxgk/zxgh-sswgh/2022/267/34054.html；四川省发展和改革委员会. 四川省发展和改革委员会关于印发《成都天府临空经济区建设方案》的通知（川发改地区〔2023〕28号）[EB/OL]. (2023－02－03)[2023－09－14]. http://fgw.sc.gov.cn/sfgw/zcwj/2023/2/3/e48a94d650e2453f9d32d8f79219effd.shtml；在"第一国门"上"临空一跃"——首都机场临空经济区探索高水平对外开放新路径[EB/OL]. (2023－07－06)[2023－09－14]. https://baijiahao.baidu.com/s?id=1770652426078738926&wfr=spider&for=pc

5.3.3 国内航空枢纽经济的模式构建与探索

近年来，国内各省区都将打造综合交通运输体系作为经济高质量发展的重要增长点，民航业作为重要的战略性产业和综合立体交通的重要部分，自然得到了格外关注，一些省区更是密集发布专项规划，大力推动航空经济、通用航空等民航发展业态上规模、见成效，作为"弯道超车"和"优势再造"的优先选择。航空枢纽经济处于民航业全产业链条的中心位置，其高质量发展也是我国由民航大国向民航强国转段进阶的集中体现，更是区域经济增长新的动力源。因此，深入把握交通强国、民航强国的建设需求，推动航空经济高质量发展是落实国家区域发展战略的重要任务。依托大型枢纽机场发展航空枢纽经济已成为各个地区提升综合竞争力、形成地区新增长极、推进高质量发展的重要路径。国内不同地区基于自身区位优势和要素禀赋结构，积极探索航空枢纽经济高质量发展的有效模式，取得了令人瞩目的成效。笔者根据掌握的文献及调研访谈，认为当前我国航空枢纽经济发展模式有以下四种。

第一，临空牵引型模式。这种模式是航空经济发展较为普遍的模式，主要是通过枢纽机场强大的要素吸附能力聚集临空偏好型产业，通过圈层的辐射效应形成临空经济形态，此类机场的规模及临空产业基础较为雄厚。例如，北京首都国际机场临空经济区是目前规模最大、航空服务企业数量最多、开放水平最优、国际化程度最高的机场临空区，也是国内综合发展程度最高的临空经济区之一。依托北京首都国际机场，北京市顺义区拥有400余家航空类企业和1.2万余家中外企业，产业覆盖航空服务、贸易物流、产业金融、科技服务等领域。北京首都国际机场临空经济区范围内的北京国际会展商务区，致力于打造"会展+临空"双引擎、"商务+消费"双节点、"品质高端+国际领先"的国际会展商务区。天津市形成了一个以大飞机和直升机为主体，包括上下游160余家航空企业在内的航空产业集群。天津空港经济区的航空制造产业链较为完整，以航空制造和维修为主。围绕空客总装线，天津空港保税区已形成航空制造、航空维修、航空服务和航空物流四大航空产业集群，航空全产业链日益完善。广州临空经济区重点布局航空制造维修、商务会展、跨境电商、航空金融及总部经济等临空高端产业。在广州白云国际机场周边5~20公里的范围内，重点发展航空物流、信息技术、人工智能、生物医药、高端装备制造、汽车制造、物流仓储等产业。成都重点发展临空指向性强、附加值高的先进制造业以及知识密集型、资本密集型的现代服务业，打造高端化、国际化、特色化的现代临空产业体系，助力"成德眉资"同城化综合试验区和成资临空经济产业带建设（见表5-4）。

表5-4 成都天府临空经济区空间格局

空间分布	功能定位和产业布局
成都天府国际成都机场	加快机场客货运设施建设，不断提升机场运营能力和服务品质，全面拓展机场辐射范围
航空物流与口岸贸易区	发展航空保税物流、跨境电子商务、进境指定口岸、航空口岸贸易、航空维修服务等产业，加快对空侧资源的最大程度利用，预留机场未来建设拓展区域
临空高端制造业区	发展航空发动机、消费电子、智能制造装备、人工智能机器人、医疗器械等产业，引导上下游企业集聚，打造临空高端制造产业聚集区
临空现代服务业区	高端商务商贸、总部经济、文化创意、休闲旅游等业态，打造临空综合服务集聚区

续表5-4

空间分布	功能定位和产业布局
科技创新与成果转化区	推动技术研发、产业孵化、航空科教、国际医疗服务等，加快打造高端人才聚集区和创新成果源发区

资料来源：根据《成都天府临空经济区建设方案》（四川省发展和改革委员会）整理。四川省发展和改革委员会. 四川省发展和改革委员会关于印发《成都天府临空经济区建设方案》的通知（川发改地区〔2023〕28号）[EB/OL].（2023-02-03）[2023-09-14]. http://fgw.sc.gov.cn/sfgw/zcwj/2023/2/3/e48a94d650e2453f9d32d8f79219effd.shtml.

第二，物流基础型模式。这种模式主要依托物流功能强大的专业货运机场以及"货运优先发展"机场，以发展航空物流为主，通过航空物流的整体发展带动航空经济高质量发展，打造航空货运枢纽，是一种"物流为先"的发展道路。例如，自2013年以来，郑州新郑国际机场航空货运规模愈加壮大（如图5-6所示），郑州航空港经济综合实验区已入驻各类物流企业400余家，初步构建了服务于航空运输的现代物流产业体系。以航空物流为基础，通过富士康发展，不仅带来外贸额的直接增长，还吸引了300多家产业链上下游企业入驻，形成了以智能终端为代表的电子信息产业集群。另外，郑州航空港经济综合实验区的大通关模式使河南电子口岸平台打通了通关、物流、商务服务信息，与14个联检单位实现互联互通，使得航空物流效率更高。作为国内第一个专业性货运机场和顺丰速运有限公司的基地机场，湖北鄂州花湖机场是国家定位的四大国际航空货运枢纽机场之一。湖北鄂州花湖机场走出了一条依托基地公司、综合物流服务商加货运基地的发展模式。预计到2025年，湖北鄂州花湖机场将开通10条左右国际货运航线、50条左右国内航线，货邮吞吐量达到245万吨，2030年将达到330万吨，形成与武汉天河国际机场客货相互支撑的格局。以航空物流为依托，鄂州临空经济区拓展产业发展范围，发展电子信息、生物医药、航空、智能装备制造等产业，同步发展现代物流、研发设计、生产性租赁服务、信息大数据服务、商务及居住配套等支撑产业。

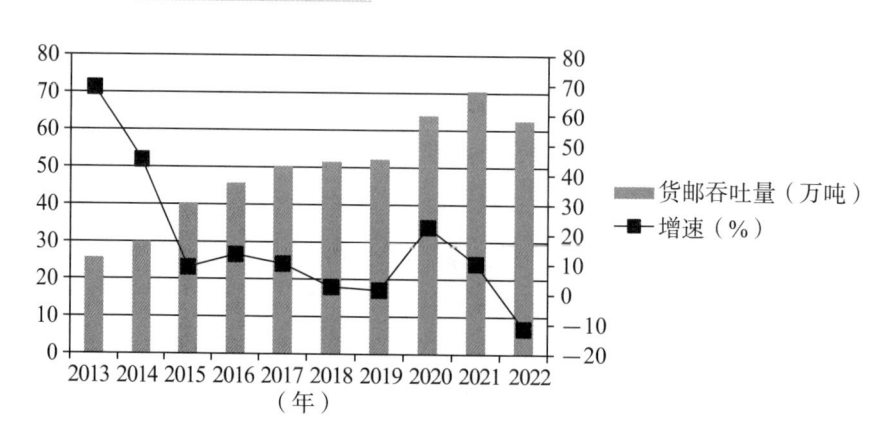

图 5-6 郑州新郑国际机场历年航空货邮吞吐量

第三，枢纽网络型模式。这种模式主要依靠处于综合交通枢纽核心的大型枢纽机场，通过机场和综合交通枢纽实现生产要素的聚集、加工和增殖，成为区域经济发展的发动机。例如，北京大兴国际机场临空经济区战略定位为国际交往中心功能承载区、国家航空科技创新引领区、京津冀协同发展示范区，是国内唯一一个同时拥有两省市自贸试验片区政策的区域。截至2022年年底，北京大兴国际机场临空经济区已新增市场主体1544家、储备项目741个。"十四五"期间，北京大兴国际机场临空经济区（北京片区）以生命健康为主导产业，以航空枢纽和航空服务保障为两大基础产业，以新一代信息技术和智能装备为补充，打造"1+2+2"临空产业布局体系。北京大兴国际机场临空经济区（河北片区）重点打造以先导产业、培育产业、支撑产业为主要内容的"1+2+3"核心产业体系（见表5-5）。

表 5-5 北京大兴国际机场临空经济区产业规划与分布

区块分工	产业布局
北京片区	生命健康产业重点引进提供国际前沿医疗服务为主的专科医院群和生命健康产业集群；积极引进从事精准医疗、干细胞技术、基因治疗和医疗高值耗材等前沿领域研究和服务的企业，并提供政策支持和应用场景；与大兴生物医药基地、亦庄生物医药产业园和昌平生命科学园形成互动发展。航空服务保障产业重点发展航空总部、航材、航油、航食、维修、航空金融、设备租赁和公务机运营维护等航空运输服务保障产业链。航空枢纽服务业重点发展航空物流、国际会展、技术咨询与服务等产业。新一代信息技术和智能装备产业作为储备产业，是战略留白区域的重点发展方向

续表5-5

区块分工	产业布局
河北片区	1个先导产业，即新一代电子信息技术，聚焦发展集成电路、车联网核心部件等；2个培育产业，即高端装备制造和生命健康产业，聚焦工业机器人、智能物流装备、生物药制造、高端医疗设备等；3个支撑产业，即航空科技创新、航空物流和高端服务业，聚焦航空装备制造、航空软件、航空维修、物流总部和计算中心等。同时推进航空科创服务和生命健康两大产业链，以及产研融合型特色创新链

资料来源：笔者根据《北京大兴国际机场临空经济区总体规划（2019—2035年）》整理。北京大兴国际机场临空经济区总体规划（2019-2035年）》获正式批复［EB/OL］. （2019-10-25）［2023-11-07］. https：//www.gov.cn/xinwen/2019-10/25/content_5444964.htm；

第四，商业综合型模式。这种模式依托于具有综合交通运输体系优势的枢纽机场，推动机场所在的综合交通枢纽从单纯的交通基础设施向商务区等综合经济体升级，打造新的区域城市综合体，加速机场片区和中心城区的联动和融合。例如，以上海虹桥综合交通枢纽为支撑的虹桥商务区聚焦"四高""五新"产业①，在2021年度新增注册法人企业9400户，其中内资企业新增9130户，外资企业新增270户，累计企业数5.62万户（如图5-7所示）。

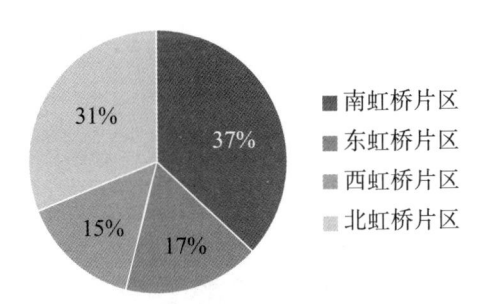

图5-7 2021年上海虹桥国际中央商务区法人企业数量比例

数据来源：笔者根据《2021年上海虹桥国际中央商务区发展报告》有关数据绘制。《2021上海虹桥国际中央商务区发展报告》［EB/OL］. （2022-09-19）［2023-10-10］. https：//www.shhqcbd.gov.cn/cms/website/shhq/shhq_gkjs_2014/Info/Detail_d1da8135-2a87-4e09-a565-01e2cfce81fe.htm.

截至2022年年底，上海虹桥商务区累计吸引总部企业和机构500余家，实现进出口商品总额616.59亿元，同比增长8.6%。根据相关规划，到2035

---

① "四高"即高能级总部经济、高溢出会展经济、高流量贸易经济、高端化服务经济；"五新"即数字新经济、生命新科技、低碳新能源、汽车新势力、时尚新消费。

年，生产总值力争从目前 1400 亿元增长到 6000 亿元；税收收入从目前的 346 亿元增长到 1500 亿元，力争达到 2000 亿元；集聚各类总部 1500 家以上。[①] 在经济发展过程中，上海虹桥枢纽和上海虹桥商务区产城融合效应显著，形成了"一核+四片区"的总体格局，以"虹桥总部+腹地基地""虹桥贸易+腹地物流""虹桥商务+腹地休闲"为特征的"虹桥枢纽+商务+生活"的布局模式进一步完善（见表 5-6）。

表 5-6　上海虹桥商务区功能分布及消费规模

总体布局	功能定位	2021年社会消费品零售额（亿元）	比2020年增幅（%）
商务区核心功能主要承载区	依托国家会展中心（上海）和综合交通枢纽两大功能性设施的辐射带动作用，重点推动总部经济和高端商务集聚发展，提升完善交通枢纽功能，营造创新先行的发展氛围	534.6	12.4
南虹桥片区	以强化发展国际化公共服务功能和高端服务经济为主要特色，围绕前湾地区培育产业生态，建设多元功能融合的中央活动区，加快生命健康、文创电竞、集成电路设计、在线新经济、特色金融及专业服务业等重点产业高质量集群发展	269.2	15.9
东虹桥及机场片区	以突出发展枢纽经济为主要特色，重点聚焦临空经济、总部经济和数字经济，大力推进智能互联网、智慧出行、时尚创意、人工智能、数字贸易、金融科技、大健康等产业发展	83.6	10.1
西虹桥片区	以聚焦发展会展商贸为主要特色，突出"科创+商务"的核心功能定位，放大北斗导航和会展商务等产业优势，充分利用会展经济带来的流量优势，加强高能级商贸主体的对接与引进，促进会展商贸产业集群蓬勃发展	87.5	11.4
北虹桥片区	以重点发展创新经济为主要特色，依托制造业基础和土地资源二次开发，高水平建设北虹桥科创中心，集聚一批具有创新活力的领军企业，重点发展总部研发、高端制造、人工智能、新材料、新能源等产业	94.3	6.0

资料来源：笔者根据《2021 年上海虹桥国际中央商务区发展报告》有关数据整理。

① "大虹桥"尽展新格局下开放枢纽作用[EB/OL].（2022-11-08）[2023-03-09]. https://www.shhqcbd.gov.cn/cms/website/shhq/shhq_zxdt_yw/Info/Detail_91e02692-725e-4df3-82b4-5ef036944880.htm.

《2021 上海虹桥国际中央商务区发展报告》[EB/OL].（2022－09－19）[2023－10－10］. https://www.shhqcbd.gov.cn/cms/website/shhq/shhq_gkjs_2014/Info/Detail_d1da8135-2a87-4e09-a565-01e2cfce81fe.htm.

在以上四种航空枢纽经济模式的基础上，衍生出一种混合驱动型模式，其是航空枢纽经济的一个重要趋势。混合驱动型模式集合了其他几种模式特征，更具有集成性和综合性。也即是说，混合驱动型航空枢纽经济发展刚开始形成的是某种单一功能的经济区，但随着交通枢纽功能越来越强，原有的经济功能边界逐渐模糊，新的经济功能开始融合并成为经济枢纽城市。当前国内航空枢纽经济发展逐步带有混合特征，即多种模式交叉融合的特征逐渐显现。笔者认为造成这种现象的一个重要原因，是将航空纳入其中的综合交通运输体系和以机场为核心的综合交通枢纽的形成和完善。目前，国内新建机场和改扩建机场，均有至少两条轨道交通引入其中，从而形成了航空、地铁、高铁、城际、高速、地面交通为一体的大型交通枢纽，产生了强大的吸附能力和辐射效应，使航空枢纽经济的内在驱动力更加多元化，产业结构也更加合理。

5.3.4 航空枢纽经济形成和发展的路径面向

5.3.4.1 加强航空枢纽经济发展规划实施力度

规划是指比较全面长远的发展计划，是对未来一段时期的整体性、长期性、基本性问题的思考，进而设计整套行动方案，对经济发展具有导向性和规定性作用。当前中国国内不少地区将航空经济作为区域发展战略的重头戏，临空经济区、航空产业园区等园区建设如火如荼，为国内航空枢纽经济发展提供了强大的平台支撑，也积累了大量的实践经验。从实践中看，各地区推动航空枢纽经济发展主要通过扩大机场规模、完善机场交通、招商引资、聚集产业、加强制度建设等，实践方式呈多元化特征。不过，一个值得注意的问题是，现有航空枢纽经济发展实践的顶层设计不够，通盘规划较少，仅有少数省份发布了枢纽经济和航空经济专项规划，例如，河南省若干城市发布了"十四五"航空经济发展相关规划。但中国国内由于航空枢纽经济发展的顶层设计整体上缺失，相应规划较少，理论指导和实践容易脱节，再加上不同部门由于权力边界模糊，容易出现九龙治水、政出多门现象，导致发展合力不够。航空枢纽经济高质量发展是一个涉及面广、链条长、环节多、政策性强的系统性工程，离不开整体规划的引导。强化航空枢纽经济发展的顶层设计，虽然国家层面尚无航空枢纽经济相关规划设计，但各地区可以根据本地实际，探索制定相应的航空枢纽经济发展规划，强化政策引导和制度供给，形成多元化合力和齐抓共管格局。

5.3.4.2 加快综合交通运输体系和综合交通枢纽建设

《国家综合立体交通网规划纲要》指出，要"强化衔接联通，提升设施网络化和运输服务一体化水平，提升综合交通运输整体效率……打造综合交通枢纽集群、枢纽城市及枢纽港站'三位一体'的国家综合交通枢纽系统"（中共中央 国务院，2021）。布局完善、功能完备的民航机场网络是国家综合立体交通网的重要组成部分，航空枢纽是综合交通枢纽系统的重要组成，是航空运输网络的核心节点。枢纽经济发展离不开综合交通运输体系的高效运转，加快建设以大型枢纽机场为核心的综合交通枢纽，是提升航空枢纽经济质量效益和发展动能的前提和基础。充分发挥航空枢纽的经济功能，需要从机场本身建设、航空枢纽综合交通衔接融合、航空枢纽组织运行三方面入手。

第一，加强机场基础设施建设力度，优化完善机场体系。按照"强枢增支"原则，加快枢纽机场改扩建。接近终端容量且有条件的城市研究建设"一市多场"，扭转枢纽机场容量普遍饱和的局面。加快以枢纽机场为核心的世界级机场群建设，着力提升枢纽机场运行效率和综合保障能力。同时，合理加密机场布局，稳步建设支线机场和专业性货运枢纽机场，重点加密中西部地区和边境地区机场，完善航空运力体系。第二，推进智慧机场建设，打造大体量、高效率、多功能、智能化的航空枢纽。推动各种交通方式在机场深度融合，形成一批以机场为核心的现代化综合交通枢纽。[①] 按照《国家综合立体交通网规划纲要》要求，国际航空枢纽基本实现 2 条以上轨道交通的衔接，区域航空枢纽尽可能联通铁路或轨道交通，国际航空货运枢纽在更大空间范围内统筹集疏运体系规划，建设快速货运通道。为旅客联程运输、货物多式联运提供集约高效的设施支撑和畅通通道。加强机场综合交通枢纽站场的统筹规划，按照统一规划、统一设计、统一建设、协同管理原则，推动各种运输方式集中布局、空间共享、便捷换乘。统筹高速铁路、高速公路、国省干线公路、城市道路、轨道交通与枢纽机场的衔接，搭建机场多式联运综合信息服务平台，实现交通方式信息的互联互通和中转换乘信息有效衔接。打通机场与内外部单位信息化系统数据链条，协同内外部交通管理部门综合管理，实现机场交通设施建设一体

---

① 中共中央 国务院印发《国家综合立体交通网规划纲要》[EB/OL].（2021-02-24）[2023-01-23]http://www.gov.cn/zhengce/2021-02/24/content_5588654.htm.

化、运营管理一体化、信息系统一体化（如图5-8所示）。第三，在机场综合交通体系基础上，强化枢纽机场的组织运行功能。以综合交通枢纽建设和区域综合开发为切入点，构建面向全球的立体化、高效化、智能化联通网络。建设空、海、陆、网"四位一体"的枢纽体系和多尺度、多类型的多式联运服务体系，推动枢纽机场由航空物流服务中心向供应链组织中心和运营中心转型升级。强化国内临空经济区的枢纽功能建设，推动临空经济区上升为航空枢纽经济区。

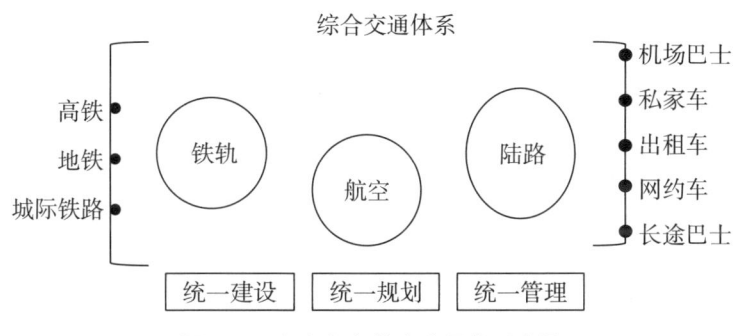

图5-8 枢纽机场综合交通体系建设

5.3.4.3 推动航空枢纽指向型产业高质量发展

产业和技术水平的决定因素是要素禀赋，航空枢纽型产业必须基于本地资源禀赋。航空关联产业很多属于战略型产业，不能完全依靠市场机制，需要政府的保护补贴才能发展起来（林毅夫，2017）。政府需要提供平台和设施，例如打造和完善航空枢纽，加强制度供给，吸引产业入驻。枢纽建设和产业发展相互支撑，航空枢纽必须有相关产业导入才能实现可持续发展，只有依托航空枢纽的高效运转，航空产业才能实现高质量发展。因此，具有战略性产业特征的航空枢纽指向型产业的高质量发展离不开"有为政府"和"有效市场"的双力并举。根据航空运输的技术经济特征、航空枢纽区位条件、航空产业基础和发展方向，政府通过枢纽规划和产业甄别，选出基础条件优越、发展潜力较大且符合航空指向特征的产业类别，发挥因势利导作用，帮助具有潜在比较优势的航空枢纽偏好型产业成为具有竞争优势的产业。政府出台专项支持计划，通过资金、土地、税收等杠杆加以扶持，从枢纽产业的时空布局和宏观环境上予以调控，培育打造航空枢纽偏好型产业体系。此外，建设高效优质的航空枢纽经济服务平台，围绕创新要素、战略主体、功能平台进行顶层设计，建设新型贸易、专业服务、航运服务、供应链管理、科技金融、线上展览等服务平台，加快融入全球价值链。同时，充分发挥市场功能，完善航空枢纽经济市场运行机制，统筹推进航空核心产业、航空新兴产业、航空现代服务业集聚发展，做大做强航空物流等优势产业，高质量发展航空高端制造业和航空金融、航空会展等现代服务业。推动产业链、供应链、创新链、价值链、要素链"五链同构"，构建以航空物流为基础、航空关联产业为支撑的航空经济产业体系，推动上下游产业在枢纽空间上集群化发展，提升产业链和供应链现代化水平，在更高水平、更深层次上融入区域乃至全球产业链分工体系。

5.3.4.4 推进航空经济区与城市区域深度融合

机场和城市的关系是城市发展不容回避的话题，总体上沿着"机场离开城市—城市紧随机场—机场变成城市"路径演变。由于航空业的特殊性，机场一般远离城区，原本离城区较近的机场也逐渐外迁至城市郊区，但由于机场天然的聚集辐射效应，围绕机场形成了新的城市发展区域，其高级阶段即航空都市形态。这种现象反映了城市对于航空运输业依赖程度的变化，而依赖程度和重视程度成正比例关系。"港城分离"到"港产结合"再到"港城融合"，空港与腹地之间产生强大的协同共生效应，未来航空城或者航空大都市可能会成为城市发展的主要趋势和形态特征，航空枢纽演变为城市的核心场域，航空产业成为城市发展的主导产业。构建"轨道+公交+慢行"绿色交通体系，扩容提质教育、医疗、住房等公共服务项目，通过产业发展、人口导入、职住平衡、配套服务等方式，推动产城融合和一体化发展。例如，郑州航空港经济综合实验区从最早以客运为主的普通机场，依托航空枢纽优势，大力发展航空货运，打造集航空、高铁、城际铁路、轨道交通、高速公路等于一体的综合交通枢纽，发挥枢纽优势，打造特色经济形态，推动机场向临空经济区再到航空大都市形态演进。目前郑州航空港经济综合实验区形成了空、陆、铁、水四港联动格局，定位为国家中心城市副城，与郑州市主城区不断融合，相互支撑和联动，引领城市与区域架构和辐射边界不断拓展。同时，在航空枢纽城市化过程中，需要将航空枢纽经济发展与国土空间规划衔接，以现代枢纽功能城镇再开发为推手，探索土地管理部门与枢纽经济区建立用地保障联动机制和综合开发利用平衡机制，优化土地空间利用格局，完善城市服务功能，推动航空枢纽产业与城市融合发展。

5.4 通用航空产业政策与民航业高质量发展

战略性新兴产业是引导未来经济社会发展的重要力量，对经济社会全局和长远发展具有重大引领带动作用。发展战略性新兴产业已成为世界主要国家抢占新一轮经济和科技发展制高点的重大战略。当前我国正处在全面建设小康社会的关键时期，必须按照科学发展观的要求，抓住机遇、明确方向、突出重点，加快培育和发展战略性新兴产业。产业政策是引导、保障和促进一种产业健康发展的重要手段，在促进产业结构优化、纠正市场机制缺陷、提高经济发展质量等方面能发挥积极重要的作用。在我国成现代化建设的关键阶段，充分发挥产业政策的功能，对于推进产业结构调整、加快转变经济发展方式具有重要的现实意义。动态能力导向的产业政策对于战略性新兴产业的发展至关重要，其具有动态性与不断适应性、导向性与前瞻性、战略性与全局性、创造性与可持续性、互动性与参与性等特征。

随着我国经济社会的快速发展和国民经济结构调整与优化升级，对通用航空产业的需求也与日俱增。作为民航"两翼"之一，尽管受到空管体制等因素制约，通用航空业的发展面临不小的困境，但其作为未来的战略性新兴产业的发展方向却是不争事实，其战略性和先导性特征亦受到各级政府和社会的高度认可与重视，并在民航业高质量发展中扮演着愈加突出的角色。2012年7月，国务院颁布了《"十二五"国家战略性新兴产业发展规划》，正式将通用航空产业发展上升到国家战略层面，提出了大力发展符合市场需求的新型通用飞机和直升机，构建通用航空产业体系，提升航空产业的核心竞争力和专业化发展能力等要求。近年来，地方政府对发展通用航空产业可谓不遗余力。江西、湖南、四川、安徽等省份积极开展了低空空域改革管理的相关试验，通用航空发展如火如荼。在此背景下，制定通用航空产业政策，推动通用航空产业实现大发展显得格外重要。相对完善的通用航空产业政策，对于纠正市场失灵，推动通用航空产业的创新与发展，健全民航产业体系、促进民航业高质量发展都具有重要意义。通用航空产业的动态能力培育和提升是动态能力导向的产业政策的核心所在，它是在与环境的动态匹配中发展壮大，并在不同的发展阶段表现出一定的差异化特征。产业动态能力的影响因素包括促进性因素和制约性因素，其共同构成了动态能力导向的通用航空产业分析模型。应通过产业技术政策、产业结构政策、财政金融政策、外贸政策及竞争政策等构建动态能力导向的通用航空产业政策体系。

5.4.1 动态能力导向的通用航空产业政策的必要性分析

5.4.1.1 通用航空产业政策的一般功能分析

通用航空产业具有广阔的发展前景，对国民经济发展具有先导性和战略性作用，但由于市场发育还不够成熟，市场主体还比较弱小，需要相关产业政策的扶持和促进，才能成长为国民经济的支柱性产业，通用航空产业政策具有以下四点基本功能。

第一，弥补市场失灵，创造良好的市场环境。由于规模经济、公共物品、信息外部性、协调外部性等因素的存在，仅依靠市场机制作用，无法排除通用航空产业发展中遇到的不正当竞争、环境污染、资源浪费等市场失灵现象。因此，必须充分发挥产业政策作用，维护适度竞争，引导通用航空产业成为新的经济增长点。

第二，优化资源配置，提高配置效率。通过制定和实施通用航空产业政策，政府可以制定通用航空产业目录，吸引各类社会资本和创新要素进入通用航空产业领域，降低投资者风险，加速通用航空产业结构的合理化和高度化。

第三，促进通航企业有效竞争，优化通航产业组织结构。从产业组织形态及特点来看，通用航空产业有一个由小到大、由弱到强的成长过程和创新活跃期。但在实际过程中，政府和社会容易只重视大企业发展，小企业及其创新活动易被忽略。而事实上，小企业在创新活动中扮演着重要角色。通过产业政策的实施，可以促进通用航空企业合理竞争，实现规模经济和专业化协作，加快形成不同规模企业结构合理、产业链上下游协作配套的规范化产业组织体系。

第四，科学调整通用航空产业布局，促进区域产业协调发展。通用航空产业的快速发展会吸引和拉动其他经济活动向区位条件较好的地区集中，产业布局平衡是促进经济社会健康快速持续发展的重要因素。为推动通用航空产业区域均衡发展，必须采取有效的产业政策，引导产业合理布局。

5.4.1.2 动态能力导向的通用航空产业政策的必要性分析

（1）动态能力概念的梳理与界定。

动态能力观是由资源基础观演化而来的，Penrose（2009）对此做了开拓性研究，这种观念认为企业是各种资源的集合。由于不同企业的资源具有异质性，从而决定了企业竞争力的差异，这从资源禀赋结构的角度对企业竞争力做出了很好的解释，但其理论不足也是较为明显的，一些学者认为资源基础观本质是静态的，不足以解释企业如何在动态环境中不断获取竞争优势。在超级竞争和高速变化的市场环境下，企业保持竞争优势的周期不断缩短，企业必须动态地更新自己的核心能力以应对环境的变化（Eisenhardt K. M.，Martin J. A.，2000）。

事实上早在1994年，Collis已注意到了企业发展中的动态能力培养，指出动态能力实际上是企业动态适应外部环境变化过程中管理其他能力的一种能力（Collis，1994）。1997年，Teece、Pisano、Shuen等人系统提出了动态能力的概念和理论。在Teece等（1997）看来，动态能力中的"动态"是指企业要依据外部环境变化适时而变，可凸显企业内部各种资源和技能的整合和重新配置在战略管理中的重要作用。他们认为动态能力是指通过培育、协调和重新配置产业资源来应对市场环境变化的能力。

动态能力概念提出后，引起了学术界的热烈反响。Eisenhardt、Martin（2000）对动态能力能否为企业创造竞争优势表示怀疑，而Teece则坚持认为动态能力是企业在超竞争环境下获取竞争优势的必然途径。更多学者在Teece等人的基础上对这一概念进行了拓展和延伸，从不同角度进行了分析。例如，他们认为动态能力是组织整合、重整、取得与释放资源的流程，达成组织资源的重新调整，以配合或创造市场上的变动；公司在国际市场上追求持续竞争优势的过程中，创造、积累和提升独特的能够为公司带来经济回报的资源和能力的才能；产生多样化的业务和知识特性；一种内嵌于组织流程中的能力，使得组织能透过模仿或试验；重整组织的资源以在最短的时间内创造组织的竞争优势等（李国政，2015）。

概而言之，我们认为，产业的动态能力是指在不断变化的经济环境中能够进行调整，保持高水平动态竞争力的能力。基于动态能力概念，我们比较赞同周叔莲、吕铁、贺俊（2008）关于动态能力导向的产业政策的概念界定，即政府和社会部门之间形成互动，不断引导产业和企业对变化的环境做出适应性调整，推动产业部门向有效均衡收敛的政策措施。动态能力导向的产业政策对于任何产业都具有一定的适用性，但鉴于战略性新兴产业所处环境的不确定性和多变性及市场结构和技术创新等方面的敏感性，动态能力导向的产业政策对战略性新兴产业尤为重要。

(2) 动态能力导向的产业政策特征。

相比于一般的产业政策，动态能力导向的产业政策具有更大的弹性和包容性，企业动态竞争力是核心，企业的环境适应性是基础，企业创新性是关键，政府与企业的互动性是保障。笔者认为动态能力导向的产业政策至少具有以下五个特征。

第一，动态性与适应性。由于信息不对称，市场不完全等因素，不同于新古典经济学教条所主张的"逼近"或"还原"一个完美的市场，动态能力导向的产业政策的主旨是促使整个经济系统在演化过程中不断提升自身的动态变化能力和环境适应性，这就要求企业在破坏竞争对手优势的同时也要不断地打破自己已有的竞争优势，动态地更新核心能力，否则将陷入核心刚性困境。

第二，导向性与前瞻性。产业政策具有强烈的信号作用，能积极引导产业发展并具有显著的目标导向作用，是引导生产要素投放的重要依据。动态能力导向的产业政策要求对不断变化的经济环境具有一定的预判性，引导产业进入特定环境并与之相适应，根据环境变动诱导产业变动，保持产业发展的动态性。

第三，战略性与全局性。产业的动态能力分析是基于演化视角而非均衡视角的，动态能力导向的产业政策的一个核心理念是应对未来环境的不确定性和复杂性，因此政府的作用不再是简单的和局部的规划，而是从全局高度和战略层面进行"指导"，成为一个"战略管理者"。

第四，创造性与可持续性。创新是一个产业或企业保持超竞争优势和可持续竞争优势的关键所在，熊彼特（1911）甚至认为创新是经济发展的本质规定性。在动态能力产业政策的视野下，产业或企业对环境的动态适应性不再是简单的重复的低水平循环，而是在持续的调整与拓展过程中得以提升，从而推动经济系统打破低水平均衡，并向高水平均衡收敛，进而使产业或企业从比较优势向竞争优势再向可持续的竞争优势演化。

第五，互动性与参与性。动态能力导向的产业政策要求政策制定者与企业之间形成互动以克服发展障碍，并形成产业或企业发展与环境动态匹配状态，正如Hoff和Stigliz（2001）指出的，政府和市场不是对立的关系和替代的关系，政府和私人部门之间可以密切合作，共同克服信息和协调的问题。

（3）通用航空产业实施动态能力导向政策的必要性。

战略性新兴产业发展的重点应是动态能力的培养，动态能力强调的是企业内部运行过程对环境变化的动态适应。在以动态能力建设为核心的产业发展中，产业政策的功能是激励市场中的私人部门通过创造性活动发现信息，并在此基础上引导这些信息在整个产业系统扩散，这是一个不断演进、发现、拓展和实现市场机会的过程。在这个过程中，政府不再是唯一的"主角"，企业将切实参与政策的制定、调整与执行过程中，政府与企业要积极交流，努力找到解决问题的最优方式。

对于我国通用航空产业而言，由于涉及范围广、技术创新难、投资成本高、生产周期长等因素，发展过程中会面临巨大的技术风险和市场风险，可能会导致市场失灵，因而对其实施扶持极为重要。现阶段中国通用航空产业还未真正起步，许多领域基本处于空白状态，若能尽快弥补市场缺陷，以较强的激励措施引导社会资源和各类生产要素高强度进入，使通用航空产业获得一个快速发展。当通用航空产业呈规模化发展之后，增强其环境的适应性，提升其动态能力将成为产业政策的主要内容。

5.4.2 动态能力导向的通用航空产业政策的模型分析

以通用航空产业为代表的战略性新兴产业是未来发展的必然趋势。由环境的适应性和政策的演进性匹配通用航空产业的动态能力成为产业政策的核心问题，由此形成产业政策的动态能力导向，即政府以各种方式推动通用航空发展的努力，最终通过引导形成通用航空产业动态能力的提升激励其发展，从而在不同发展阶段实现供求的一般均衡。

5.4.2.1 通用航空产业动态能力形成机制

在市场失灵的情况下，国家制定通用航空产业政策有其明显的直接针对性，引导与鼓励具备一定生产和研发实力的企业进入通用航空领域，从而使通用航空产业的供给曲线在短期内表现为一条近似完全无弹性的曲线（如图5-9所示）。

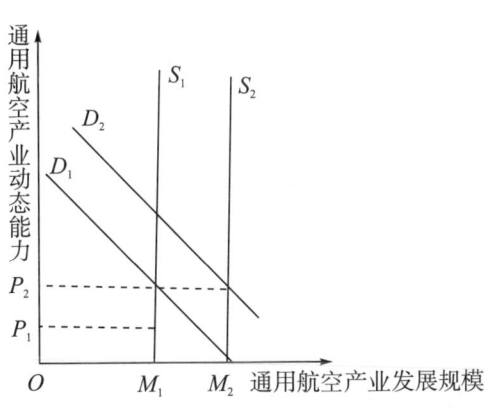

图5-9　通用航空产业动态能力决定机制

在图5-9中，横轴代表通用航空产业发展规模，纵轴代表通用航空产业动态能力，通用航空产业市场需求曲线为D，供给曲线为S，我们假设在一定时期内，通用航空的发展规模是既定的，那么 S 为一垂直线。P_1 表示在没有任何外力的作用下，依靠市场机制的自身作用所达成的通用航空产业的动态能力均衡点。假定国家采取了一定的产业政策来促进通用航空产业的发展，在国家产业政策的助推下，通用航空产业的供给曲线向右移动，由 S_1 变成了 S_2，同时随着国民经济的快速发展，对于通用航空的需求也在不断增大，其需求曲线也由 D_1 变成了 D_2，新的动态能力均衡点达到了 P_2。令人值得注意的是，随着国家产业政策的扶持力度增加，通用航空产业的动态能力也会随之提高，但提升幅度在一定时期内仍然有限，慢于通用航空产业发展规模，这表现为需求曲线和供给曲线以相等的幅度平移，但最终形成的动态能力均衡点的变化范围要小于发展规模的变化范围，即 $P_1P_2<M_1M_2$。这说明，随着通用航空产业的发展，其动态能力并不一定成比例的扩大，这需要有一个产业政策发挥效力的空间，也需要有一个通用航空产业逐步与环境相适应，进而不断创新的过程，图 5-10 可以更直观地表达通用航空产业动态能力的发展趋势。

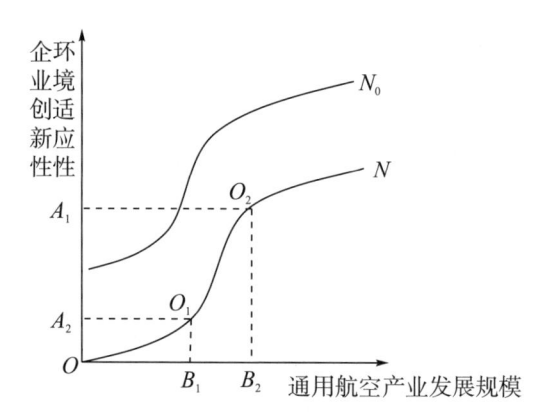

图 5-10 通用航空产业动态能力的形成与发展

我们用 N 来表示动态能力曲线，其大致是一条比较平缓的 S 形曲线，横轴代表产业发展规模，纵轴代表产业发展的环境适应性与企业创新性。在通用航空产业发展初期 OB_1，随着产业规模的扩大，产业的环境适应性与创新性也在增强，但增长幅度不如产业规模扩张的速度，边际动态能力较小，这说明在通用航空产业快速发展的初期，其对环境变化的适应较为缓慢，创新性行为也不太活跃，产业结构尚未得到优化，产业技术尚不发达，产业竞争处于无序状态，政府产业政策效力尚未发挥，面临着初始发展瓶颈，这一阶段是一个逐步适应的过程，类似于产业生命周期的萌芽期；如果通用航空产业的发展越过了 B_1 到达了 B_2，那么其动态能力将会有一个快速提升，边际动态能力会急剧增大，表示其对环境的适应性和自身创新性有了极大的提高，增长幅度超过了自身规模扩张，这一阶段是通用航空产业发展最为活跃的阶段，类似于产业生命周期的成长期。在产业规模扩张的同时，产业结构也得到了优化升级，产业技术得到了极大提升，同时形成了良好的产业竞争环境，政府制定的通用航空产业政策开始并持续发挥效力；如果通用航空产业发展越过了 B_2 点继续发展，那么随着竞争的加剧，市场需求的饱和，产业结构的同质化，技术创新的缓慢，通用航空产业的边际动态能力又开始减小，动态能力的提高开始低于规模的扩张，产业的环境适应性和创新性趋向保守，政府产业政策的红利逐步消减，产业发展重新面临着瓶颈，类似于产业生命周期的成熟期。

因此，从长期来看，通用航空产业的动态能力曲线大致呈现缓慢增长到快速增长到再次缓慢增长的螺旋式上升周期状态。当然，如果由于技术进步，企业创新，动态能力积累以及产业结构升级等，使产业的动态能力曲线向上平移到 N_0，表明产业整体动态能力有了新的提高，那么其在更高水平上进入了一个新的发展周期。

5.4.2.2 通用航空产业动态能力分析模型

正如 Barreto（2010）所指出的，动态能力是一个多维度的聚合概念，一个产业或企业的动态能力构成因素是多元的，不应被视为单一的理论概念，任何单独维度都不能够代表它。按照 Teece 等人（1997）的观点，企业动态能力框架应包括组织与管理过程、资产状况和路径三方面；Barreto（2010）则指出动态能力主要包括感知机会和威胁、制定及时的决策、市场导向及改变资源基础四个维度；国内学者也对该问题进行了分析，例如王毅、吴贵生（2007）认为企业的动态核心能力应由战略能力、组织能力、市场能力、技术能力四种要素构成；曹红军、赵剑波（2008）将企业的动态能力分为动态信息利用能力、动态资源获取能力、动态内部整合能力、动态外部协调能力、动态资源释放能力五个方面；方建国（2010）则指出企业的动态能力应包含组织学习能力、研究开发能力、生产制造能力、市场营销能力、已有技术机会五个方面。

在确定通用航空产业动态能力形成机制的基础上，阐释其动态能力的形成与发展，是具体从实际可操作的角度制定通用航空产业政策的基本出发点。本研究根据通用航空产业的发展实际，结合既有的研究成果，将战略管理能力、市场机会能力、政府与企业的互动能力、政府规划、产业竞争力、创新能力、环境适应性、路径依赖等作为影响通用航空产业动态能力的变量因素，建立了通用航空产业动态能力 N 的函数方程：

$$N = F(S, M, H, P, C, I, E, D)$$

其中 S 代表战略管理能力，M 代表把握市场机会能力，H 代表政府与企业的互动能力，P 代表政府规划，C 代表产业竞争力，I 代表创新能力，E 代表环境适应性，D 代表路径依赖。在动态能力产业政策导向下，政府并不是单纯的计划者，而是引导企业不断动态的适应环境，并与企业形成互动；同时，企业必须根据经济环境的变化而不断地进行创造性破坏，打破路径依赖惯性，保持较高的动态竞争力，故而政府规划 P 和路径依赖 D 是制约产业动态能力扩展的不利因素。因此，通用航空产业动态能力的分析模型可表示为：

$$N_0 = F(S, M, H, C, I, E) - f(P, D)$$

5.4.3 动态能力导向的通用航空产业政策的体系构建

5.4.3.1 通用航空产业技术政策

第一，加大产业技术创新力度。战略性新兴产业的实质是新兴科技，没有科技创新就没有新兴产业。引导产业技术升级，增强国际竞争力是未来我国通用航空产业发展的重要内涵。当前，发达国家纷纷提出"再工业化""低碳经济""智慧地球"等发展理念，抢占科技和产业发展制高点，对我国战略性新兴产业发展形成了巨大压力。产业技术政策是引导、促进、规范新兴产业技术发展的重要手段，必须加大对产业技术自主创新的引导和支持力度，加快突破制约我国通用航空产业发展的关键性技术，提高其核心竞争力和专业化发展能力。需要构建以企业为主体、市场为导向、产学研紧密结合的科技创新体系，建立标准化与科技创新和产业发展协同跟进机制。加强研究机构的科技成果转化，在主体功能定位明确的基础上支持产学研一体化发展。一方面，要充分发挥科研机构在基础研究、前沿技术研究和社会公益性技术研究等方面的专业化优势；另一方面，在面向产业化应用的技术开发方面，强调项目承担者与项目需求者、成果使用者的共同参与，形成成果转化的有效机制。

第二，建立需求型激励机制。动态能力导向的产业技术政策的核心是促进通用航空产业在发展过程中实现技术学习和赶超，保持技术的动态竞争力。利用未来高速发展机遇，实现其技术引进、消化、吸收到自主创新是通用航空产业技术政策的目标所在。由于企业的创新能力是在持续的学习和环境适应的过程中累积起来的，在此意义上，需求和学习机会是比资金和技术更重要的生产要素，这就需要改变片面援助型补贴政策，将激励性政策的重点从供给导向型向需求导向型转变。

第三，注重知识产权的保护。在通用航空产业发展初期，可以采取市场培育与政府推进相结合的方式加强相关知识产权保护，在发展进入成熟阶段后，着重由企业自主知识产权导向向企业动态能力导向转变。

5.4.3.2 通用航空产业结构政策

通用航空产业是以通用航空运行为轴心，涵盖了通用航空制造业、维修业、通用航空保险与融资、通用航空中介代理服务及通用航空的固定运营基地（FBO）等多个关联环节，形成一个完整的产业链条。通用航空产业结构的变动特征是一个复杂的非线性过程，动态能力导向的产业结构政策的重点不是通用航空产业结构本身的转化和升级，而是其产业内产品结构的转化和升级。动态能力导向的产业政策应当从产品市场和要素市场等微观层次促进通用航空产业在发展过程中实现产业结构优化升级，政府应引导通用航空产业不断根据经济环境的变化实现通用航空产业内部的动态平衡，并在这种动态平衡产业结构的基础上实现产业动态竞争力的提高。

5.4.3.3 通用航空产业财政金融政策

第一，转变财政金融扶持理念与方式。民间资本是发展战略性新兴产业的重要力量，但一般而言，国家产业政策似乎对国有资本有特别的亲和力，而对民营资本则不愠不火，民营企业在很大程度上不仅得不到支持，反而会受到资金、土地等诸多方面的制约，极不利于企业家精神的培养和增强整个经济系统的活力。政府要更重视对民间资本进入通用航空产业的扶持，加强其创新活力，在政策扶持的过程中要特别强调约束和激励机制，即由于对通用航空产业进行财政金融扶持而弱化了市场竞争，必须在保持和增强其动态竞争力上体现财政金融政策的效力，改变有扶持无激励的状况。

第二，设立政府引导基金，探索多种融资方式。由于社会资本偏好于变现迅速、流动性好的资本市场或风险较小的成熟性企业，造成包括通用航空产业在内的战略性新兴产业和创业企业的资本供给严重不足；同时，补助和贴息等传统的政府扶持新兴产业的方式，不能实现资金循环使用。政府引导基金的建立可以实现政府资金循环使用，提高资金使用效率，解决社会资本投资的失灵问题。另外，要积极支持和帮助产权制度明晰、财会制度规范、信用基础良好的符合条件的民营通用航空公司发行债券、上市融资、开展新型贷款抵押和担保等，发挥多层次资本市场的融资功能，改进对民营企业投资通用航空产业的融资服务。

5.4.3.4 通用航空产业外贸政策

动态能力导向的外贸政策不仅仅是引进资金、促进出口和扩大市场,更重要的是利用外资、海外投资和进出口政策提高国内通用航空企业的国际竞争力。需要进一步加大通用航空产品出口力度,实施走出去发展战略,并在出口信贷和出口信用保险方面给予重点支持。在外贸政策实施过程中,需要以动态发展的眼光来看待国际合作。以技术引进为例,应由传统的"以市场换技术"向新型的"以市场换技术合作"转变。技术是一个静态概念,技术合作是一个动态过程,它不仅代表技术引进,更多的是引进之后的技术扩散、吸收和创新。换言之,通用航空产业外贸政策必须支持国外先进技术传入过程中的动态性。

5.4.3.5 通用航空产业竞争政策

一般认为,竞争政策是指政府为保护和促进市场经济中的有效竞争而采取的行动措施、制定的法规条例和设立的监督实施机构的总和,其目的就是保护和促进竞争,使市场竞争与价格机制发挥有效的调节功能(吴汉洪,周炜,张晓雅,2008)。竞争政策强调竞争环境的营造,通过整体市场的开放与局部市场的保护平衡市场获得与技术溢出之间的矛盾,引导产业技术进步(乔晓楠,李宏生,2011)。由于我国通用航空产业才刚刚起步,产业竞争尚不明显,竞争性的市场环境尚未成型,国家产业政策的扶持性质较为明显。随着通用航空发展规模不断扩大,产业竞争逐步激烈,营造一个健康有序的市场竞争环境就显得格外重要。在这种情形下,纵向上采用行政性或其他手段、以单一的产业扶持为主的"倾斜型"产业政策已经不合时宜,而横向上为通用航空产业创造一种公平竞争的政策环境将成为发展趋势。

5.5 本章小结

本章从民航运输的相关经济影响因素及经济效应展开探讨。民航运输业在发展中面临着运输结构不合理、运输效益不高、低碳发展压力较大等问题,这需要民航运输业发展方式发生转变进行解决。竞争优势的培养在民航运输业发展方式转变中发挥着重要作用。对于民航运输业竞争力来说,生产要素是基础,市场需求是重点,相关产业发展是支撑,企业战略和组织是核心,政府支持是保障,发展机遇是关键,必须统筹竞争优势的六大方面以促使民航运输业发展方式的转变。

航班时刻资源分配主要有两种模式，分别是以欧盟国家为代表的行政分配模式和以美国为代表的市场分配模式。航班时刻资源分配的公共政策要求将时刻资源分配纳入集体决策的公共议程中，并通过国家公权力来调整这一公共利益。其实质是通过公共政策程序正义保障分配过程的公平公正，以平衡相关主体的利益关系。它对民航运输业的健康持续稳定发展将起到关键性作用。我国航班时刻资源配置体制主要是行政分配模式，适配当前航空运输业发展实际。航班时刻资源供给从宏观和微观两个层面对航空运输市场产生了系统性的效应，它们通过不同的路径传导影响着航空运输市场的境况。政府规制部门和民航运输企业都是重要的利益相关者。规范航班时刻分配机制、增加航班时刻供给规模、优化航班时刻供给结构、稳定航空运输市场预期、逐步放松航空运输市场进入管制等都是促进民航运输市场发展的必要举措。

航空经济在经济社会发展中的重要性日益显著，临空经济是航空经济的初始阶段，航空枢纽经济则是临空经济的升级版，这也是航空经济的高级形态。综合交通运输体系和以机场为中心的综合交通枢纽建设，使得航空经济带有明显的枢纽经济特征。航空枢纽经济利用航空枢纽强大的资源吸附加工能力，构建航空关联型产业生态圈，实现产业延伸、价值提升和区域整体发展。临空经济向航空枢纽经济转型升级是航空经济发展的必然趋势，枢纽形成、要素流驻、产业优化、产城融合是临空经济向航空枢纽经济演化的内在机理。

第 6 章　交通强国战略下民航业高质量发展的评价体系

在交通强国战略实施的过程中，加快构建更为安全、更高质量、更有效率、更加公平、可持续的现代民航体系，对交通强国和综合立体交通网建设具有特殊意义。交通强国建设离不开民航业高质量发展指标的设置和观察。通过构建民航业高质量发展评价体系，对其影响因素和内在维度进行定量评价，有助于更为直观的理解我国民航业高质量发展所处阶段、指标影响和综合效应。

6.1　基于交通强国的民航业高质量发展的评价理论建构

党的十九大报告指出，我国经济已由高速增长阶段转向高质量发展阶段，这是新时代的基本特征，是现阶段我国民航业所处的时代方位。推动高质量发展，是当前和今后一个时期确定发展思路、制定经济政策、实施宏观调控的根本要求。实现民航业高质量发展有利于充分发挥民航业的国家重要战略基础性产业作用，有利于充分发挥民航业在构建现代化经济体系中的支撑引领作用，有利于充分发挥民航业在完善综合交通体系中的先导性和比较性优势。

民航业高质量发展的评价是一个系统性很强的问题，既需要运用大量的指标和数据进行量化分析，也需要对民航业高质量发展的评价进行理论阐释，即评价重点要关注和解决的问题是什么。

民航业高质量发展的评价必须贯彻新发展理念的要求和聚焦民航强国建设的目标。民航强国建设的本质是高质量发展，目标导向是推进高质量发展的重要原则。高质量发展是能够更好满足人民日益增长的美好生活需要的发展，是体现"创新、协调、绿色、开放、共享"发展理念的发展。要以新发展理念为引领，以深化改革为动力，推进新时代民航高质量发展，并从"发展理念新、发展目标明、发展动力足、发展路径清、发展效益好"五个方面，对实现什么

第6章 交通强国战略下民航业高质量发展的评价体系

样的高质量发展、怎样实现高质量发展进行了全面阐释。

民航业高质量发展的评价需要注重对行业发展动力的激发。发展动力决定发展速度、效能和可持续性,推进民航业高质量发展,既要加大改造提升传统动能,又要大力培育壮大新动能,还要激发其强大精神动力。按照新时代民航强国"一加快、两实现"的战略进程安排,全面对接民航强国八个基本特征,充分落实"一二三三四"新时期民航总体工作思路,统筹考虑行业发展战略目标和阶段目标的衔接、注重体现总体目标和专业领域目标的融合。

民航业高质量发展的评价需要聚焦行业资源保障与发展需求之间矛盾,既注重对空域资源、基础设施、人力资源等行业发展传统动能的引导提升;加强对有效提升行业全要素生产率新动能的培育,着力增强行业发展的创新力和竞争力。因此,在指标设置的遴选上,纳入了新技术研发投入、科研成果转化率、行业法治建设、政府放管服、运行效率、人员素质、信息化程度、资源配置、综合交通等内容,以反映行业在技术、管理、制度、结构等方面的动能变化状况。

基于上述思考,交通强国下的民航业高质量发展应着重考虑科技创新、管理创新、制度创新、资源配置、区域协调、对外开放、共享发展等体制机制方面的一系列指标,引导民航供给侧结构性改革进一步深化,有利于提升行业核心竞争力,有利于优化行业功能布局,有利于增强行业创新能力,有利于提高行业国际话语权的体制机制。同时,需要体现对高质量发展综合效益的引导。发展效益好是高质量发展的综合表现,对于民航业来讲,发展效益好的综合表现为安全底线牢、运行效率高、服务品质好、经济效益佳、发展后劲足。通过运输航空百万小时重大事故率、事故征候万时率、航班正常率、平均延误时间、旅客投诉率、消费者满意度、行业总收入、净利润、载运率、客座率、飞机日利用率、关键资源匹配程度、区域协调发展、节能减排等方面的一系列指标,引导行业发展的安全基础更加牢固、管理机制更加有效、市场主体更有活力、行业宏观调控更加有度、服务国家战略更加有力,以更好地实现民航高质量发展的总体目标,充分展现民航高质量发展的综合实力和整体效益。

6.2 基于交通强国的民航业高质量发展的评价指标建构

交通强国下的民航业高质量发展指标评价，既是评价体系，也是引领体系。作为评价体系说明其能够评价我国民航业发展的整体程度和国际差距，评估民航业高质量发展的动态进程，能够回答我国是否进入了民航强国行列并取得世界领先地位。作为引领体系说明其能够指明走向民航强国动态过程中，不同时期的努力方向、工作重点及政策导向。推进高质量发展是一个系统工程，需要各方综合施策、协同发力，要把交通强国战略目标贯穿于推进民航业高质量发展的全过程，坚持顶层设计和整体推进以指标体系明确高质量发展的方向和目标，以政策体系支撑高质量发展稳步推进，以标准体系引导和规范各类主体行为，以统计体系及时准确反映高质量发展进展情况，以绩效评价和政绩考核形成有效激励约束，其中指标体系是开展其他相关工作的基础，也有利于推动民航领域交通强国建设试点的成果转化和推广应用。

民航业高质量发展评价指标体系应遵循以下原则：

一是科学性原则。该指标体系应全面、客观、公正，体现交通强国建设中民航业高质量发展的内涵和目标，反映民航业高质量发展的主要影响因素及其影响规律，同时应符合中国国情和世界主要民航大国的共性特点。

二是引领性原则。经济社会、交通技术、需求特性等影响民航业的核心因素都在动态变化，该指标体系的确定需要建立在充分预测和发展展望的基础上，以保障指标体系的引导作用，使其能对民航业高质量发展起到较强的示范效应，较好地聚焦民航业高质量发展的本质目标。

三是可比性原则。该指标体系应具有适合比较的特点，将数据的可获得性、评价工作的可操作性纳入考虑范围，同时应考虑世界共识和国际认可度。

四是典型性原则。该指标体系的构建应选择具有代表性的指标客体，使观察的结果能代表民航业整体发展面貌，使观察所得结论具有普遍意义。

五是可测量原则。评价指标的选取必须能够做到规范观察和有效量化，避免模糊化和笼统化，力求寻找反映民航业高质量发展的数量关系。

下面，先来看一下交通强国的评价指标体系。根据交通强国的目标和内涵，"安全、便捷、高效、绿色、经济"五大部分应构成其准则层（见表6-1），每一部分包括相应的指标层。交通强国下的民航业高质量发展指标体系为民航业高质量发展评价提供了宏观参照。

第6章 交通强国战略下民航业高质量发展的评价体系

表6-1 交通强国评价指标体系

准则层	指标层
安全	道路交通事故万车死亡率
	交通应急能力
	交通军民融合指数
便捷	交通基础设施通达率
	综合交通枢纽一体化水平
	"123交通圈"人口覆盖率
	交通基本公共服务均等化水平
高效	城市交通拥堵指数
	城市交通管理智能化水平
	重要交通技术装备水平
	交通全球连通度
绿色	绿色交通分担率
	TOD发展综合指数
	交通基础设施绿色化程度
	共享交通发展水平
经济	物流费用占GDP比例
	交通运输全要素生产率
	交通与经济适应度
	交通运输国际影响力

资料来源：傅志寰，孙永福. 交通强国战略研究（第一卷）[M]. 北京：人民交通出版社，2019：146-147.

2019年6月，民航局印发了《中国民航高质量发展指标框架体系（试行）》，并进行了试点与推广工作。该指标框架体系将民航业高质量发展指标分为基础指标和特征指标两部分，分别从不同的侧重点反映我国民航业的发展状况和面貌，共同体现了民航业高质量发展的内涵和特征。

基础指标既是民航业高质量发展的基础，也是高质量发展结果的具体体现，重在反映民航业发展的基本状态、总体面貌，体现了民航业发展的特色和本质要求。其中，关键要素涵盖了行业安全水平、保障能力、服务品质、生产规模、运行效率、经济效益等六个方面内容。评价指标是对关键要素的细化，遴选了28个具有典型代表意义的指标，且都具备统计基础、分析基础和量化条件。以"运行效率"为例,运行效率是民航高质量发展水平的集中体现,也是推进民航高质量发展的重要任务,因此将"运行效率"列为基础指标的关键要素,提升行业生产运行效率是一项系统工程,涉及空域资源、空管指挥、航空公司运行、机场地面保障等多个因素、多个环节,链条很长,既要关注空中飞行时间,也要提升地面运行效率,因此将"运行效率"分为"航班正常率、航班平均延误时间、航班平均滑行时间、航班平均过站时间、运输飞机平均日利用率"五项评价指标,全面覆盖生产运行各主体、各环节,以促进生产运行效率的整体提升。特征指标体现了高质量发展的要求和特征,反映了民航高质量发展的过程、方式及路径等内容。其中,设置特征五个,紧扣新发展理念,重在衡量行业对"创新、协调、绿色、开放、共享"新发展理念的贯彻落实情况,重在反映行业发展动力、绿色、开放、制度及结构等综合质量和效益方面的状况;以"绿色"为例,绿色发展是构建高质量现代化经济体系的必然要求,如何实现绿色发展,各行各业的重点工作有所不同。对民航而言,一方面需要节能减排,关键是降低飞机油耗和机场能耗;另一方面需要关注机场区域的噪音污染,因此将"噪声防治"作为"绿色"的另一个关键要素。目前,航空发动机噪音控制水平已接近现有技术的极值,所以需要通过加装隔音玻璃等措施,降低机场噪音对周边居民的影响,因此"噪声防治"对应的评价指标是"机场噪音影响的居民户数"。之所以统计户数而非居民数,是因为加装隔音玻璃是以户为单位,同时考虑到数据的可测量性,避免机场区域流动人口数量变化对这一指标造成干扰。设置关键要素 15 个,这些指标体现了民航高质量发展具体内涵,全面涵盖了民航强国的战略性、阶段性目标,如市场空间、区域协调、科技创新、资源配置、综合交通等指标的内涵,都是事关民航强国战略进程的关键性因素;设置评价指标 40 个,是对各战略阶段性目标的细化,突出问题导向,主要体现行业发展面临的主要矛盾和存在的薄弱环节,是亟需解决和突破的重点、难点问题,是当前推进民航高质量发展的重点和主攻方向,能够直接反映行业发展的质量变化(见表 6-2)。

第6章 交通强国战略下民航业高质量发展的评价体系

表6-2 民航业高质量发展指标框架体系

基础指标	安全水平	运输航空百万小时重特大事故率十年滚动值
		运输航空事故征候万时率
		人为责任原因运输航空事故征候万时率
		亿客公里死亡人数
	保障能力	运输机队规模
		通航机队规模
		机场总容量
		营运里程
		主要专业技术人员人机比
		固定资产投资额
		全员劳动生产率
	服务品质	旅客投诉率
		消费者满意度
	生产规模	运输总周转量
		旅客运输量
		货邮运输量
		通航飞行时间
		运输机场年起降架次
	运行效率	航班正常率
		航班平均延误时间
		航班平均滑行时间
		航班平均过站时间
		运输飞机平均日利用率
	经济效益	行业总收入
		行业净利润
		吨公里收入
		载运率
		客座利用率

续表 6-2

特征指标	创新	科技创新	研发及应用新技术投入占行业总收入的比重
			新技术应用比例与效能
			科研成果数量
			科研成果转化率
			航空器及主要设备国产化率
		管理创新	行业监管模式改革评价
			行业运行模式优化评价
			企业商业模式转型评价
			管理信息化程度
		制度创新	放管服的政策评价
			立法计划的完成率
			行业政策效果评价
			行业规章有效性评价
	协调	资源配置	营运里程增长率与飞行小时增长率的比值
			实际旅客吞吐量达到设计吞吐量百分之九十以上的机场个数
			实际航班起降架次达到设计标准的百分之九十以上的机场个数
			旅客周转量增长率与可用座公里增长率的比值
			主要专业技术人员增长率与飞行小时增长率的比值
		综合交通	建有综合交通换乘中心的机场个数
			乘坐公共交通抵离机场旅客的比例
			城市中心与机场之间的交通时间
			航空运输总周转量在综合交通体系中的比例
			综合交通换乘效率
		区域协调	中西部与东北地区吞吐量增长率与全国吞吐量增长率的比值
			支线机场吞吐量增长率与全国吞吐量增长率的比值
	绿色	节能减排	吨公里油耗
			机场每客能耗
			航线非直线系数
		噪音防治	机场噪音影响的居民户数

续表 6-2

开放	国际市场	国际航空通达性	
	国际投资	中国民航吸引外资金额	
		中国民航对外投资金额	
	国际贸易	民航领域服务贸易进出口额	
		民航领域货物贸易进出口额	
	国际地位	航空运输总周转量占世界航空运输总周转量的比例	
		重点领域国内标准转化为国际标准的数量	
共享	覆盖范围	百公里范围内享受航空服务的县级行政单元数量	
		新增航空人口数量	
	票价水平	国内航线平均票价占人均GDP的比重	
	经济贡献	民航对国家经济贡献	

资料来源：笔者根据资料整理所得。中国民航高质量发展指标框架体系（试行）[EB/OL].(2019-05-10)[2023-06-18]. http://www.caac.gov.cn/XWZX/MHYW/201905/t20190513_196121.html.《中国民航高质量发展指标框架体系（试行）[EB/OL].(2019-05-13)[2023-06-18]. https://www.fy.gov.cn/openness/detail/content/5cd8e1477f8b9a0d178b456d.html。

在新发展理念引领下，根据交通强国建设指标体系和《中国民航高质量发展指标框架体系（试行）》，结合指标数据的可得性和量化性，参照李晓津等学者（2022）的评价指标设置，笔者构建了符合中国民航业发展实际的指标体系（见表6-3）。

表6-3 民航高质量发展评价指标

维度	指标	方向
安全	运输航空百万小时重特大事故率十年滚动值	反向
	运输航空事故征候万时率	反向
	人为责任原因运输航空事故征候万时率	反向
	亿客公里死亡人数	反向
规模	运输总周转量	正向
	旅客运输量	正向
	货邮运输量	正向
	运输机场年起降架次	正向

续表6-3

维度	指标	方向
经济	行业总收入	正向
	行业净利润	正向
创新	研发及应用新技术投入占行业总收入的比重	正向
	科研成果数量	正向
	科研成果转化率	正向
	航空器及主要设备国产化率	正向
协调	旅客周转量增长率与可用座公里增长率的比值	正向
	主要专业技术人员增长率与飞行小时增长率的比值	正向
	建有综合交通换乘中心的机场个数	正向
	乘坐公共交通抵离机场旅客的比例	正向
	航空运输总周转量在综合交通体系中的比例	正向
	中西部与东北地区吞吐量增长率与全国吞吐量增长率的比值	正向
	支线机场吞吐量增长率与全国吞吐量增长率的比值	正向
绿色	吨公里油耗	反向
	二氧化碳排放量	反向
	航线非直线系数	反向
	飞行小时油耗	反向
开放	国际通达城市	正向
	国际航线	正向
	地区航线	正向
	民航领域货物贸易进出口额	正向
	航空运输总周转量占世界航空运输总周转量的比例	正向
	重点领域国内标准转化为国际标准的数量	正向
共享	百公里范围内享受航空服务的县级行政单元数量	正向
	新增航空人口数量	正向
	国内航线平均票价占人均GDP的比重	负向
	民航对国家经济贡献	正向

资料来源：评价指标的数据来源包括相关年份《民航行业发展统计公报》《从统计看民航》《中国能源统计年鉴》《中国统计年鉴》等，部分数据来自笔者调研所得。

6.3 基于交通强国的民航业高质量发展的评价模型建构

6.3.1 熵权法与 TOPSIS 法

熵权法是一种客观赋权的方法，根据各指标的数据分散程度，利用信息熵计算出各指标的熵权，再根据各指标对熵权进行一定修正，进而得出较为客观的指标权重。TOPSIS 法是一种根据有限评价对象与理想化目标的接近程度进行排序的方法，是在现有对象中进行相对优劣的评价。

第一步，对不同量纲的数据进行标准化处理：

$$X_{ij} = \begin{cases} x_{ij} - \dfrac{\min x_{ij}}{\max x_{ij}} - \min x_{ij}, & x_j \text{ 为正向指标} \\ \max x_{ij} - \dfrac{x_{ij}}{\max x_{ij}} - \min x_{ij}, & x_j \text{ 为正向指标} \\ i = 1,2,3,\cdots,m; \ j = 1,2,3,\cdots,n \end{cases} \quad (6-1)$$

式中，x_{ij} 表示第 j 项指标第 i 年的数据。

第二步，根据信息熵对指标进行赋权，根据熵的定义，第 i 年的第 j 个评价指标的信息熵计算公式为：

$$E_j = \frac{1}{\ln n} \sum_{i=1}^{n} f_{ij} \ln f_{ij}, \ i = 1,2,3,\cdots,m; \ j = 1,2,3,\cdots,n \quad (6-2)$$

式中，$f_{ij} = \dfrac{x_{ij}}{\sum\limits_{i=1}^{n} x_{ij}}$。

第三步，根据上式的计算，将结果代入公式（6-3）计算各评价指标的权重：

$$w_j = \frac{1 - E_j}{\sum\limits_{i=1}^{n}(1 - E_j)} \quad (6-3)$$

式中，$0 \leqslant w_j \leqslant 1, \sum\limits_{j=1}^{m} w_j$。

第四步，根据上式所计算出的各指标权重，计出加权矩阵：

$$(Z_{ij}) = (w_j X_{ij})_{m \times n} = \begin{bmatrix} w_1 X_{11} & \cdots & w_n X_{1n} \\ \vdots & \ddots & \vdots \\ w_1 X_{m1} & \cdots & w_n X_{mn} \end{bmatrix} \quad (6-4)$$

分别记 Z_j^+，Z_j^- 为指标 Z_{ij} 的正理想值和负理想值。

$$Z_j^+ = \{(\max Z_{ij} \setminus j \in J_1), (\min Z_{ij} \setminus j \in J_2)\} \quad (6-5)$$

$$Z_j^- = \{(\min Z_{ij} \setminus j \in J_1), (\max Z_{ij} \setminus j \in J_2)\} \quad (6-6)$$

式中，J_1 为正向指标，J_2 为负向指标。

第五步，计算该指标体系在 i 年的指标值到正理想解的距离 d_i^+，与其到负理想解的距离 d_i^-：

$$d_i^+ = \sqrt{\sum_{j=1}^n (Z_j^+ - Z_{ij})^2} \quad (6-7)$$

$$d_i^- = \sqrt{\sum_{j=1}^n (Z_j^- - Z_{ij})^2} \quad (6-8)$$

第六步，计算该指标体系在 i 年的指标值到理想解的贴进度 S_i：

$$S_i = \frac{d_i^-}{d_i^+ + d_i^-} \quad (6-9)$$

通过各指标值的贴进度可评判该指标该年的发展水平，贴进度越高，说明越接近理想解，则该年发展水平越高。

6.3.2 耦合协调度模型

本研究使用耦合的概念来反映安全、规模、经济、创新、协调、绿色、开放、共享八大维度之间互相影响、互相作用的程度，采用下述耦合度、耦合协调度指标测度该程度。耦合是指两个或多个事物之间的关联和结合。耦合协调度是指在多个系统或子系统之间进行协调和交互的过程，用以分析事物的协调发展水平。耦合及耦合协调度这两个概念已为学界广泛使用，分析两个及以上事物的关系。民航高质量发展各个维度之间不是单向的作用，而是一种多方互动，可以在各个维度之间建立一个动态关联界面，为衡量民航业高质量发展提供更具靶向作用的对措。借鉴廖重斌（1999）、刘定惠和杨永春（2011）、周成和金川及赵彪等（2016）、李晓津和徐畅（2022）、刘安乐和杨承玥及明庆忠等（2020）等人的研究成果，参考学术界普遍采用的"0—6""0—10"分割截点法确定耦合度和耦合协调度的类型和划分标准（见表6-4、6-5）。

表 6-4　耦合度等级划分

耦合度	发展类型
0.0	无关状态
0.0~0.3	低水平耦合

第6章 交通强国战略下民航业高质量发展的评价体系

续表6-4

耦合度	发展类型
0.3~0.5	颉颃时期
0.5~0.8	磨合时期
0.8~1.0	高水平耦合
1.0	良性共振耦合

表6-5 耦合协调度等级划分

耦合协调度	发展类型
0.00~0.09	极度失调
0.10~0.19	严重失调
0.20~0.29	中度失调
0.30~0.39	轻度失调
0.40~0.49	濒临失调
0.50~0.59	勉强协调
0.60~0.69	初级协调
0.70~0.79	中级协调
0.80~0.89	良好协调
0.90~1.00	优质协调

耦合度的计算公式如下:

$$C_8 = 8\left(\frac{U_1 \cdot U_2 \cdot U_3 \cdot U_4 \cdot U_5 \cdot U_6 \cdot U_7 \cdot U_8}{U_1 + U_2 + U_3 + U_4 + U_5 + U_6 + U_7 + U_8}\right)^{\frac{1}{8}} \quad (6-10)$$

式中:U_1、U_2、U_3、U_4、U_5、U_6、U_7、U_8分别代表中国民航高质量安全、规模、经济、创新、协调、绿色、开放、共享八大维度高质量发展的发展指数;C_8代表这五大维度的耦合度,$0 \leqslant C_8 < 1$。

$$D = \sqrt{C \cdot T} \quad (6-11)$$

$$T = \alpha U_1 + \beta U_2 + \gamma U_3 + \delta U_4 + \varepsilon U_5 + \lambda U_6 + \pi U_7 + \theta U_8 \quad (6-12)$$

式中:D代表耦合协调度指数,表示维度间的协调互动对总体发展的促进程度;T代表八大维度综合评价指数,反映八大维度的整体效益;α、β、γ、δ、ε、λ、π、θ等为待定权数,$\alpha + \beta + \gamma + \delta + \varepsilon + \lambda + \pi + \theta = 1$,在此耦合协调过程中,本研究认为八大维度在民航高质量发展中承担着同等重要的作用,所以$\alpha = \beta = \gamma = \delta = \varepsilon = \lambda = \pi = \theta = 0.125$。

6.4 基于交通强国的民航业高质量发展的评价结果分析

6.4.1 民航业高质量发展的评价结果

运用上述公式（6-1）至（6-9），笔者对我国民航业高质量发展的水平进行测度，详细情况如下（见表6-6、如图6-1所示）。

表6-6 近年来中国民航业高质量发展水平测度

年份	综合	安全	规模	经济	创新	协调	绿色	开放	共享
2012	0.438	0.712	0.612	0.412	0.488	0.332	0.216	0.364	0.365
2013	0.464	0.734	0.624	0.426	0.520	0.289	0.258	0.424	0.434
2014	0.503	0.765	0.648	0.435	0.547	0.272	0.365	0.471	0.518
2015	0.588	0.802	0.714	0.578	0.565	0.469	0.415	0.510	0.549
2016	0.631	0.825	0.716	0.652	0.517	0.517	0.549	0.542	0.631
2017	0.696	0.832	0.741	0.702	0.500	0.579	0.555	0.643	0.815
2018	0.772	0.864	0.773	0.765	0.536	0.629	0.619	0.981	0.911
2019	0.801	0.862	0.829	0.789	0.557	0.678	0.667	0.986	0.936
2020	0.625	0.868	0.661	0.424	0.578	0.702	0.712	0.152	0.942
2021	0.655	0.872	0.729	0.498	0.661	0.721	0.724	0.157	0.951
2022	0.654	0.643	0.583	0.407	0.663	0.814	0.773	0.263	0.964

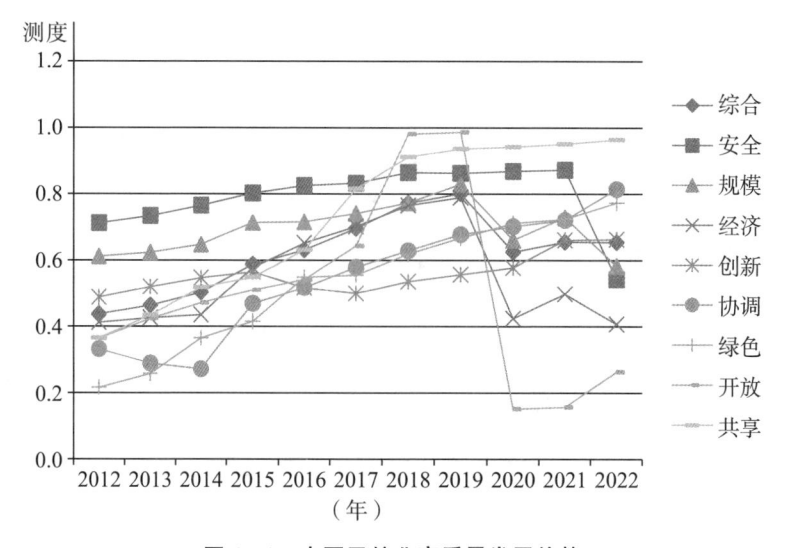

图6-1 中国民航业高质量发展趋势

第 6 章　交通强国战略下民航业高质量发展的评价体系

笔者对评价结果进行分析后可知。

第一，安全发展层面。得益于我国不断增长的综合国力和对民航安全的重视，国内民航业多年来保持了世界领先的安全水平。2010—2022 年，我国民航未发生过一起运输航空安全事故。据统计，2021 年，运输航空百万架次重大事故率十年滚动值为 0。2022 年，运输航空百万架次重大事故率十年滚动值为 0.011，通用航空事故万架次率为 0.0367。这些数据均明显低于世界民航平均水平。

第二，规模发展方面。我国民航业整体规模长期保持良好增长态势，直到 2020 年，我国民航无论是运输周转量还是运输量均稳步增长。但 2020—2022 年，民航业受到的冲击极为明显，其中尤以 2020 年和 2022 年为甚，2022 年民航运输总周转量仅为 599.28 亿吨公里，甚至低于 2012 年的数据指标。民航业需要有一定的时间来填补在此期间的损失。

第三，经济效益方面。民航业的经济效益和发展规模呈高度正相关关系。一直以来，我国民航业是一个盈利性较强的行业，但在此期间，民航业总计亏损 4000 多亿，成为国家纾困行业。以 2022 年为例，全行业累计实现营业收入 6328.9 亿元，比上年下降 15.8%；亏损 2174.4 亿元，比上年增亏 1374.6 亿元。其中，航空公司实现营业收入 3364.8 亿元，比上年下降 20.5%；亏损 1771.2 亿元，比上年增亏 1143.4 亿元。机场实现营业收入 770.1 亿元，比上年下降 18.5%；亏损 476.2 亿元，比上年增亏 228.0 亿元。保障企业实现营业收入 2194.0 亿元，比上年下降 6.2%；利润总额 73 亿元，比上年减少 3.2 亿元。[1] 从我们的测度也可以看出，在此期间民航业的经济效益出现了大幅滑坡，民航客运量的损失更为严重，货运量情况稍好。

第四，创新发展方面。创新发展尽管个别年份有所波动，但整体向好的趋势没有变化。近些年，中国民用航空局投入大量资金用于民航科教文化发展，具有民航特色的科教成果不断涌现，尤其是智慧民航路线的确立成为民航业创新发展的重要驱动。据笔者观察，民航系统的科研院所和高等学校获得的资金支持明显高于地方所属的同类单位，创新发展所需要的资金支持有保障。

第五，协调发展方面。民航业高质量发展离不开综合协调，干线航空与支线航空、运输航空与通用航空、民航与其他交通方式、民航与地区经济发展等都需要统筹协调。现阶段，交通强国建设和综合交通运输体系打造是交通运输工作的重点任务，民航与其他交通运输方式的融合度不断加大，民航内部结构

---

[1] 中国民用航空局. 2022 年民航行业发展统计公报［Z］. 2023：13.

不断优化，协调性在逐渐增强。

第六，绿色发展方面。民航业是绿色发展的"主战场"，近年来，中国民用航空局密集出台多项民航绿色发展相关规划文件，将实现"双碳"目标、建设智慧民航等作为行业发展的重中之重，观测期内，民航业总体绿色发展指标不断向好，表明其绿色发展水平逐年提升。计划到 2025 年，吨公里油耗达到 0.293 千克，吨公里二氧化碳达到 0.886 千克，可持续航空燃料五年累计消费达到 5 万吨等；到 2035 年，绿色低碳循环发展体系趋于完善，运输航空实现碳中性增长，机场碳排放逐步进入峰值平台期。需要注意的是，在民航业绿色发展过程中，具体指标可能出现波动，例如飞机燃放。2019 年，中国运输机队燃效为每吨公里油耗 0.285 公斤，机场每客能耗和二氧化碳排放分别较"十二五"末（2013—2015 年）均值下降约 15.8%和 43.2%。2021 年中国民航吨公里油耗 0.309 公斤，较 2000 年累计减少二氧化碳排放 4 亿吨；机场每客能耗较"十二五"末（2013—2015 年）均值上升约 2.3%，每客二氧化碳排放下降 22.1%。[①]

第七，开放发展方面。在综合交通运输体系中，民航业是最具国际比较性、最能在世界互联互通中发挥先导作用的行业。开放性是民航业的显性特征，在中国和世界交往中起着重要的桥梁作用。2020 年之前，我国民航的开放程度不断提高，除了本身的开放属性外，民航业国内标准转化为国际标准的数量持续增长，也做出了相应的贡献。但在 2020—2022 年，国际航班大幅削减，民航业的外联性严重受挫，在指标统计上反应也较为明显。

第八，共享发展方面。随着航空运输走向大众化，航空服务范围不断拓展，为了更好地满足了人民群众美好出行的需求。作为战略性产业，民航业由于产业链条长，带动就业面广，在助推区域经济发展中的贡献越来越大。

6.4.2 民航业高质量发展的耦合协调分析

通过公式（6−10）至（6−12），笔者计算得出 2012—2022 年中国民航高质量发展八大维度之间的耦合度和耦合协调度详情如下（见表 6−7 和如图 6−2 所示）。

[①] 中国民用航空局. 2022 中国民航绿色发展政策与行动［Z］. 2023：4. 民航局发布《2022 中国民航绿色发展政策与行动》［EB/OL］.（2022−09−25）[2023−06−18]. https://www.gov.cn/xinwen/2022−09/25/content_5711791.htm.

第6章 交通强国战略下民航业高质量发展的评价体系

表6-7 中国民航高质量发展耦合度与耦合协调度的等级划分

年份	耦合度	发展类型	耦合协调度	发展类型
2012	0.879	高水平耦合	0.536	勉强协调
2013	0.912	高水平耦合	0.573	勉强协调
2014	0.924	高水平耦合	0.595	勉强协调
2015	0.956	高水平耦合	0.676	初级协调
2016	0.931	高水平耦合	0.723	中级协调
2017	0.942	高水平耦合	0.802	良好协调
2018	0.954	高水平耦合	0.851	良好协调
2019	0.987	高水平耦合	0.893	良好协调
2020	0.721	磨合时期	0.561	勉强协调
2021	0.789	磨合时期	0.593	勉强协调
2022	0.781	磨合时期	0.574	勉强协调

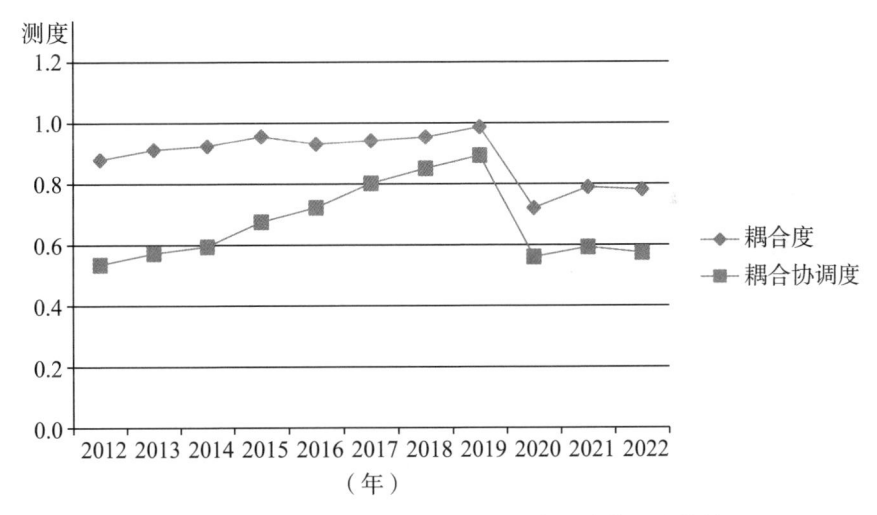

图6-2 中国民航高质量发展耦合度与耦合协调度趋势

由表6-7和图6-2可以看出，进入新时代以来，中国民航业高质量发展的八大维度呈现高水平耦合特征，但进入2020年后民航业发展因新冠疫情受到了严重制约，导致各个维度之间的耦合度急剧降低，重新进入了磨合阶段。从耦合协调度来看，民航高质量发展各个维度之间的协调度由低到高，从勉强协调到良好协调不断演进，2020—2022年，重新进入勉强协调阶段。当然，进入后疫情时期，我国民航业将触底反弹，再次进入高速发展轨道。可以预见，民航业高质量发展各个维度之间的耦合度和耦合协调度将再次向高水平演化。

6.5 本章小结

本章建立了我国民航业高质量发展的评价体系，包括评价由来、评价理念、评价模型和评价指标。基于相关统计数据，笔者对民航业高质量发展水平进行测度，认为进入新时代以来，我国民航业的发展态势良好，多数指标处于健康增长状态，但新冠疫情对我国民航业的影响显著且较深远，为民航业正在出现的"黄金局面"遮上了一层迷雾，使民航高质量发展进程出现波折，但笔者相信我国民航业发展将会迎来新的"春天"。

第7章 交通强国战略下民航业高质量发展的区域实践

我国民航业高质量发展离不开富有特色的地区实践。[①] 现阶段，国内不同地区不惜投入大量资源，助推民航业快速发展，将其作为区域经济发展的平台抓手。鉴于不同地区的区位特征、经济水平、人文历史等存在差异，国内民航业发展实践的探索路径和面临的问题既有普遍性，也有特殊性。基于要素禀赋结构，充分发挥地区比较优势，走出一条具有特色的民航高质量发展道路，这是摆在我国不同地区面前的一个重要议题。

7.1 东部地区民航业高质量发展的实践探索

7.1.1 江苏省民航业高质量发展的道路实践[②]

7.1.1.1 江苏省民航业发展成就

江苏省地处东部沿海，民航业较为发达。近年来，江苏省确立了民航优先发展战略，致力于打造民航强省，民航运输保障能力和运输规模显著提升。在"十三五"期间，江苏省民航客、货吞吐量年均增速4.8%、6.7%，200万量级以上机场数量共8家，居全国首位，9个运输机场全部实现一类口岸开放，江苏省省内运输机场年客、货运保障能力提升至7230万人次、170万吨。空域保障能力显著提升，苏南硕放国际机场成为国内中型机场中首家实现进近雷达管制的机场，提高了空域使用效率。

[①] 本章重点介绍了国内若干省份和城市民航业高质量发展的现状、存在的问题及举措路径。所涉省份和城市的民航业发展数据若无专门说明，均出自各省民航业"十四五"发展规划。
[②] 笔者根据相关资料整理。江苏省交通运输厅. 江苏省"十四五"民航发展规划[EB/OL]. (2021-08-23)[2023-05-24]. http://jtyst.jiangsu.gov.cn/art/2021/8/23/art_77131_10004462.html.

除了整体规模外，江苏省民航航线网络和机场集疏运体系不断得到优化和完善。在"十三五"期间，共有105家国内外航空公司在江苏运营定期、包机航班，其中基地航空公司6家，共投放110架客机和26架全货机。南京、无锡、南通等地探索多种方式筹建本土航空公司。至2019年年底，江苏省国内外通航城市共计178个，其中国际及地区通航城市54个，较2015年分别增加56个、11个，新增5条洲际客运航线，基本形成通达全国、连接国际四大洲的航线网络。自"十三五"以来，江苏省国际及地区全货机航线实现了新突破，南京、无锡等城市先后开通与欧洲和北美国家之间的洲际全货机航线，盐城、南通等城市开通了亚洲地区国际全货机航线。江苏省大力打造"轨道上的机场群"，江苏省省内机场全部联通快捷通道，对外集散效率进一步提升。南京禄口国际机场实现轨道S1号线接入，扬镇宁马铁路、宁宣铁路前期工作加快推进；徐宿淮盐、连淮高铁分别在徐州观音国际机场、淮安涟水国际机场周边设站，进一步扩大了机场的辐射范围；无锡轨道3号线已接入苏南硕放国际机场。同时，江苏省民航业服务质量显著提升。与2015年相比，2020年江苏省机场航班正常率提升了5%。江苏省省内9家机场共建城市候机楼94个，辐射苏、皖、鲁三省22个城市。江苏省省内机场基本实现国内航班"无纸化"出行。

除了运输航空外，江苏省通用航空体系也在逐步完善。在"十三五"期间，江苏省A1类通用机场建成3个、在建3个，投运的A1类通用机场达5个，通用机场总数位居全国第二。江苏省通用航空运营企业34家，各类通用航空器119架；通航飞行作业时间2.4万小时，飞行架次8.6万架次，年均增长26%、19%。通用航空公共服务能力逐步增强。在临空经济方面，到"十三五"末，南京临空经济区获批国家级临空经济示范区，南京空港保税物流中心实现封关运营，南京禄口国际机场大通关基地正式投入运行。南京、无锡等临空经济区建设初具规模，基本形成了航空运输、航空制造、航空物流三大主导产业。徐州临空经济区获批省级空港经济开发区，镇江等地加快建设航空产业园区，推动产业集聚发展。

在民航业快速发展的背景下，江苏省民航行业治理能力取得了新突破。在"十三五"期间，江苏省出台了相关文件对通用航空发展和航线培育提供了规划和政策支持。组建东部机场集团，在省级层面建立了机场航线发展统筹协调机制。各地建立完善了机场净空保护联席会议制度，民航业发展环境更加优化。

7.1.1.2 江苏省民航业发展存在的问题

近年来,江苏省民航业发展在取得显著成就的同时,也面临着一些问题,主要是基础保障、服务能力等方面还不能完全适应经济社会快速发展的需求。具体表现为以下几个方面:一是基础设施、空域资源保障能力仍然较为紧张。部分中小机场发展速度较快,基础设施规划建设进度未能及时跟进,机场开始提前饱和。空域资源保障能力持续紧张。二是枢纽机场的竞争力和辐射力与江苏省经济社会发展要求仍有一定差距。江苏省航空市场需求旺盛,但主要枢纽机场服务本省的能力相对较弱。三是国际航线、航空货运方面仍然存在突出短板。枢纽机场国际航线广度、厚度仍有不足,国际航线市场开拓能力有待提升。全货机航线数量少、密度低,运力和可运品种受限。四是通用航空和临空经济发展有待增强。通用航空作业结构单一,飞行作业总量占全国比重较低,低空飞行服务保障体系滞后。临空产业仍处于起步发展阶段,机场、临空经济区和腹地经济之间缺少有效联动与融合。

7.1.1.3 推动江苏省民航业高质量发展的主要路径

1. 优化运输机场功能布局和客运航线网络

优化江苏省运输机场功能布局,加快南京都市圈多层次机场群发展。打造南京禄口国际机场国际航空枢纽,推动扬州泰州国际机场打造旅游航空枢纽、区域航空旅游集散中心。按照专业货运机场的定位,全力推动淮安航空货运枢纽建设,与连云港海港、徐州国际陆港互为支撑,共同打造苏北"物流金三角"。南京都市圈内其他机场统筹合作、协同发展,共同构建都市圈多层次机场群。加强巩固环沪机场群发展。加快推进苏南硕放国际机场区域性枢纽建设和南通新机场及综合枢纽规划建设,积极融入上海国际航空枢纽。持续推动江苏省省内其他机场协调分工和特色发展。例如,常州奔牛国际机场重点打造公商务特色机场,徐州观音国际机场打造淮海经济区中心机场,连云港花果山国际机场建设"一带一路"重要支点,盐城南洋国际机场重点打造对韩特色机场。

同时,科学构建江苏客运航线网络。南京禄口国际机场重点提升至国内核心市场的通畅性,打造精品快线,提升航线厚度,加大对中西部支线市场的覆盖,扩大航线广度,提高南京辐射能级。苏南硕放国际机场围绕核心市场打造空中快线,侧重服务公商务出行,围绕粤港澳、成渝、京津冀等核心市场打造空中快线。南通兴东国际机场积极融入上海枢纽,快速拓展国内航线网络覆盖范围，巩固提升至国内枢纽机场的通达能力，加强对国内二三线城市及部分重点支线市场的辐射。

除了国内航线外，稳步发展国际及地区航线。南京禄口国际机场加强了对西欧、东欧、非洲和"一带一路"国家及地区的有效辐射。苏南硕放国际机场重点布局公商务航线，侧重打造公商务出行国际及地区快线，加快恢复布局与东北亚国家以及港澳台地区等航线。南通兴东国际机场与上海市场联动发展，重点布局东南亚、东北亚重点旅游市场航线，稳定运营台北航线，逐步培育国际和地区市场。支持盐城南洋国际机场全力打造面向东北亚的特色航线网络，加大对韩国、日本的航线密度和航班频次。其他机场重点以定期或包机方式发展至东南亚、东北亚等核心城市航线。

另外，加强基地航空公司引育，协同优化空域资源。强化与现有基地航空公司的合作，持续扩大机队规模，提升市场份额。吸引更多具有一定实力规模的航空公司在江苏设立运营基地，加大运力投入。充分依托江苏省空域统筹优化协作三方平台会商机制，优化空域结构，加大空域精细化管理工作力度，积极推动建立空域灵活使用机制。推动智慧空管建设，鼓励空管部门对现有空管设备设施进行智能化升级改造，提高空域资源利用效率。优化南京禄口国际机场双跑道独立运行，进一步提升双跑道独立运行效率。鼓励苏南硕放国际机场固化运行四条已开辟临时航线，争取新开临时航线，进一步完善苏南地区航路航线结构。

2. 推进航空货运发展

第一，统筹江苏省货运机场布局。打造以南京禄口国际机场、苏南硕放国际机场、南通兴东国际机场、淮安涟水国际机场为核心的航空货运机场体系，支持客货并举的航空枢纽机场建设，在服务本地需求的同时，积极参与上海枢纽分工协作，形成"3+1"的航空货运机场布局，全面提升航空货运能力。

第二，加大货运航线开辟力度。南京禄口国际机场加强与中国邮政航空有限责任公司合作，打造国际货邮综合核心口岸，拓展国际及地区航空货运业务，以全货机和邮政网络为基础，以腹舱带货为补充，全面优化航空货运枢纽网络布局。

第三，引育航空货运市场主体。探索组建国际航空货运平台，创新合作模式，着力引进国内外大型货运代理与物流企业，提升集散货及中转能力，强化货源组织集聚力度。引育综合物流服务商，提升江苏省航空货运的运行效率和专业化水平。

第四，优化航空货运发展环境。提升货运专业能力和效率。加强机场货运设施设备建设，完善货运服务设施保障体系，提升货运专业化水平。完善机场口岸联检设施，加强专用设备配套。建设航空物流公共信息平台，提升航空货运信息化、标准化水平。提升航空口岸货运服务能力，设立异地航空货站，推行7×24小时通关的长效机制。

3. 释放通用航空发展潜力，促进临空经济发展

着力打造江苏特色通航品牌。重点打造飞行培训品牌，发展固定翼航空器、旋翼机、无人机等多类型、多层次的飞行培训体系。打造"通航+体育"品牌，积极开展跳伞、滑翔等体育运动业务，构建航空运动服务综合体。打造"通航+教育"品牌，支持通用航空科普教育基地等文化基础设施建设，提供航空展示宣传与交流的平台。打造"通航+旅游"品牌，创新旅游新业态，提升通航旅游体验。打造"通航+农业"品牌，扩大农林航空作业面积，提升农林喷洒作业能力。加快构建"航空核心产业＋临空先导产业＋临空未来产业"现代临空产业体系。重点推进南京国际货邮综合核心口岸建设，打造华东地区全球性国际邮政快递枢纽集群，构建中国邮政全球航空货邮枢纽网络，积极打造全球跨境电商最优产业生态圈。加快推进无锡、徐州、淮安、南通等临空经济区发展。依托苏南硕放国际机场深化全国快递产业集聚发展示范园区建设。支持徐州打造省级空港经济开发区，统筹机场作业区与经济开发区规划，加快港产城融合发展。支持淮安发挥综合保税区的区位和政策优势，吸引国内外货运航空公司、大型物流集成商、电商龙头企业在淮安涟水国际机场建设航空物流基地，打造临空产业集群。支持南通同步启动新机场临空经济区规划建设。

4. 强化集疏运体系建设

第一，构建以机场为核心的综合交通枢纽。加强规划引领，支持各机场有序开展机场及周边地区综合交通运输规划编制工作，充分与地方国土空间规划相衔接。规划建设辐射都市圈的机场外围"快"系统，机场与都市圈和城市群核心城市形成2小时出行圈，与主枢纽形成1小时出行圈，与主城区0.5小时通达；覆盖空港地区的机场区域"畅"系统，实现区域内机动车10分钟内上快速路和地区干线公路，15分钟内通达国省干线公路，旅客步行5分钟内可达公交车站；涵盖本场全域的机场内部"便"系统，打造机场核心区一体化枢纽换乘体系，高铁站、地铁站10分钟到航站楼，实现"快、畅、便"的综合交通建设目标。

第二，构建高质量综合运输服务体系。加强旅客联程运输系统建设。打造"无缝衔接、中转高效"的空地联运服务产品。积极探索旅客联程运输电子客

票，为实现"一站购票""一票出行"创造条件。统筹规范城市候机楼规划建设，支持在主要交通枢纽站场、重点商务区、旅游集散中心合理布设城市候机楼，拓展远端值机和行李托运等功能，便捷旅客航空出行。积极发挥数字化手段，构建综合出行信息服务平台，提升旅客智慧出行体验。

第三，推动多式联运。支持航空货运企业与道路快运、高铁快递等合作，完善陆空联运、铁空联运等个性化、定制化服务产品。协同推动多式联运转运等物流设施标准衔接，完善货物装载要求等作业规范，加强物流票证单据、服务标准协调对接。推进多式联运信息服务共享化，提升多式联运服务效率。

7.1.2 广东省民航业高质量发展的道路实践[①]

自党的十八大以来，广东省民航业发展迅速，形成了布局合理、运营良好的机场网络。广州白云国际机场作为枢纽机场，旅客吞吐量从2012年近5000万人次提升至2019年的7000万人次。2021年广州白云国际机场货邮吞吐量突破200万吨，其中，国际及地区货邮吞吐量同比增幅超20%。从广州白云国际机场出发，两小时航程可以覆盖中国西南、华中、华南地区，四小时航程可覆盖中国及东亚、西亚、南亚、北亚地区，12小时航程可覆盖全球主要城市。广州白云国际机场三期扩建工程于2020年9月开工，将建成全国面积最大的单体航站楼，成为一座集机场、高铁、城际、地铁、高快速路等于一体的综合交通运输中心，进一步联通粤港澳大湾区，提升广州国际航空枢纽竞争力。

在民航运输规模不断壮大的基础上，广州市临空经济发展卓有成效，临空产业加速集聚。例如，广州空港经济区现有4个货站和4个快递中心，货物处理能力达272万吨/年，快递处理能力达120万票/年。联邦快递亚太转运中心辐射集聚效应逐步增强，一些国内外知名物流企业加速布局，均已在空港开工建设物流基地。在"十三五"期间，广州空港经济区企业总量迅速增长，已进驻企业近2万家，总部商务、临空制造业、飞机关联产业、航空运输、跨境电商等临空产业加速发展。以跨境电商为例，广州市印发了《广州空港粤港澳大湾区跨境电商国际枢港建设实施方案》，打造全球跨境电商优选地，已进驻跨境电商企业超一千家。2020年，广州白云国际机场口岸跨境电商业务量与进出口货值均实现上涨。其中，国际及地区航空公司约50家，广州白云国际

---

① 笔者根据相关资料整理。广州临空经济发展"十四五"规划[EB/OL].(2022-10-29)[2023-05-23]. https://www.gz.gov.cn/zwgk/fggw/sfbgtwj/content/post_7864480.html.

机场FBO投入运营。同时，广州市通过强化政策扶持引导，制订空港经济区产业发展鼓励政策等，推动汽车照明、运输制冷、智能家具、精细化工等临空制造业加快发展。至"十三五"末，广州空港经济区规模以上工业企业超100家，产值超200亿元，临空制造业初具规模。其中，飞机关联产业发展势头强劲。《广州飞机维修及客改货基地建设方案》编制完成，成为全国重要的飞机维修及客改货基地。飞机租赁业实现新突破，广州白云国际机场综合保税区成为国内两个具备飞机实际入区条件的海关特殊监管区域之一，累计进口保税租赁飞机超140架，货值超400亿元。

当然，广州市民航业快速发展的同时，也面临着发展中的一些共性问题。例如，广州白云国际机场容量趋于饱和，国际通达性有待加强，综合交通枢纽仍需完善提升。机场限高、噪音等因素影响较大，周边配套设施缺乏，环境品质欠佳，空港经济区开发建设力度仍需加大。临空高端产业聚集不足，临空经济总量不大、经济结构尚不完善，"港产城"正向交互作用有待加强。空铁融合经济发展程度不够，综合效应尚未全面体现。基于此，在"十四五"期间，广州市多措并举以加快打造全球领先的国际航空枢纽，推动临空经济示范区、空铁融合经济示范区加快建设，推动广州市成为"双循环"战略的链接城市。在此原则下，广州市坚持国际综合交通枢纽定位，增强全球高端资源要素集聚辐射能力。以数字经济、航空高端研发和先进制造为重点，对接粤港澳大湾区综合性国家科学中心建设和广深港澳科技创新走廊建设，促进临空产业链和临空创新链深度融合。以广州白云国际机场为核心，辐射带动周边相关产业和项目，优化国土和产业空间布局，打造功能互补、协同发展的临空经济圈。完善空港公共基础设施和综合服务体系，重点发展总部经济、现代航空物流、航空维修及制造、通用航空、航空金融、航空运营服务保障等航空核心产业，积极发展高端医药、新一代信息技术、先进制造等临空高新技术产业，加快发展总部经济、商贸会展、金融服务、商旅文创等临空现代服务业，基本建成国家临空经济示范区。

7.1.3　浙江省民航业高质量发展的道路实践[①]

7.1.3.1　浙江省民航业发展现状

在"十三五"期间，浙江省持续加强民航设施保障能力，实施了杭州、宁

[①] 笔者根据相关资料整理。浙江省民航发展"十四五"规划[EB/OL].(2021-06-29)[2023-05-25]. https://www.zj.gov.cn/art/2021/6/29/art_1229203592_2306931.html.

波、温州、衢州、义乌等城市机场项目改扩建，丽水机场开工建设。完成杭州、宁波、温州三个城市机场的新一轮总规修编。另外，大力提高航空服务质量。2020年，浙江省省内机场国内定期通航点共384个，国际地区通航点42个。浙江省省内口岸机场共运营国际地区定期全货机航线22条。机场综合交通服务能力稳步提升，杭州、宁波、温州等城市机场实现轨道交通联通，综合立体交通枢纽逐步形成。在"十四五"期间，浙江省运输机场重点项目包括加快建设杭州萧山国际机场三期、丽水机场、台州路桥机场改扩建等续建项目，有序推进嘉兴机场、宁波栎社国际机场四期扩建、温州龙湾国际机场三期扩建等开工项目，谋划推进义乌机场迁建、衢州机场迁建项目等。但同时，浙江省民航业发展存在着明显结构不均衡现象。例如，航空客货发展不平衡，存在重客运轻货运问题；相较于运输航空，通用航空发展相对滞后。其一，航空枢纽和临空产业能级不强。大型机场枢纽地位不高，链接全球能力不足，竞争能力有待提升；临空经济区产业带动能力不足，全产业链尚未完善。其二，地面基础和空中航线支撑不够。现有机场硬件设施滞后，大部分处于满负荷甚至超负荷状态运行；航线网络不够密集，与快速增长的航空客货运需求不匹配。其三，空域资源和发展政策供给不足。机场投融资、国际航线、航空货运、通用航空的扶持政策系统性、精准性不足。

7.1.3.2 浙江省民航业高质量发展目标

到2025年，总体上要围绕"123"目标，即1个枢纽——高水平打造杭州萧山国际机场国际枢纽，建成客货并举、服务一流的智慧机场；2个格局——推动运输航空和通用航空"两翼齐飞"，实现航空服务省域全覆盖、A类通用机场设区市全覆盖；3个体系——构建人民满意的航空客运体系，打造保障有力的航空物流体系，培育全国领先的航空产业体系。协同共建长三角世界级机场群。

1. 构建客货并举、适度超前的运输航空新发展格局

加快构建"一核引领、三极支撑、多点联动"的现代化运输机场体系。重点打造杭、甬、温空港综合交通枢纽，推动机场与铁路、城市轨道交通、高快速路等交通方式的高效衔接，构建智慧便捷、畅达高效的综合交通运输服务体系。打造长三角和华东地区的核心机场、国际航空枢纽和全球邮快集散中心。加快提升杭州萧山国际机场国际航空服务能级。构建具有突出比较优势的航线网络体系、航空物流体系和综合交通体系，提升机场时刻容量。强化机场与城市之间高速、快捷的地面交通联络，建设具有全国示范引领效应的杭州萧山国

际机场综合交通枢纽，与杭州萧山国际机场三期工程同步建成综合交通中心，实现30分钟通达中心城区，1小时覆盖杭州都市圈。引入杭黄、杭绍台、沪乍杭等高铁，加强空铁运行协同和流程优化，实现1小时高效覆盖浙江省及长三角主要城市。完善机场周边高快速路网体系，实现进出场东西畅通，与杭州环线快速路网紧密衔接。

2. 提升甬、温、金义航空枢纽能级，推进非枢纽机场协同发展

着力提升宁波栎社国际机场、温州龙湾国际机场长三角世界级机场群区域航空枢纽功能，加快推进金华义乌国际机场前期研究。宁波栎社国际机场主要承担宁波都市圈与国内其他地区主要城市之间的区间联络功能，也承担部分国际联络功能和浙江省省内联络功能。温州龙湾国际机场主要服务于浙江省南部和福建北部的部分旅客，承担通用航空服务功能，促进机场区域成为温州都市区的开放门户和经济增长引擎。金华义乌国际机场主要服务义乌国际贸易商都和金义都市区经济社会发展，打造辐射浙中和华东地区重要的航空物流基地。统筹浙江省域航空运输市场需求和机场功能定位，优化配置各类资源，强化与枢纽机场协调联动，增强面向全国乃至全球的辐射能力。加快提升非枢纽机场的保障能力和运输服务水平。建成嘉兴、丽水机场。将嘉兴机场建设成专业性航空货运枢纽和长三角航空多式联运中心，服务长三角核心区航空货运市场需求。将丽水机场建设成浙南地区重要的旅游机场，区域性通用航空基地，服务区域航空出行和地方特色旅游业发展。提升舟山普陀山机场、台州路桥机场服务水平。将舟山普陀山机场建设成浙东中型国际机场，长三角重要的通用航空基地和航空产业制造基地配套机场。将台州路桥机场建设成浙东南沿海地区中型国际机场，结合地区产业优势发展航空货运功能。加快衢州机场迁建工作，将衢州机场建设成浙皖闽赣四省边界地区的重要机场和浙西旅游特色机场，服务浙皖闽赣四省交界处旅游经济发展和航空出行。

3. 高质量推动"四型"机场建设

打造以平安、绿色、智慧、人文为核心，依靠科技进步、改革创新和协同共享，通过全过程、全要素、全方位优化，实现安全运行保障有力、生产管理精细智能、旅客出行便捷高效、环境生态绿色和谐的"四型"机场。

第一，建设平安机场。健全安全生产责任体系，压实安全生产主体责任，实行安全生产"一票否决"制度。建立安全隐患零容忍长效机制，推动各运输机场完善安全管理体系和航空安保管理体系建设，全面实施安全绩效管理。完善机场安全功能设计，把安全贯穿于机场建设工程全过程，全面提高机场安全

保障能力。加强安全新技术应用,各机场根据实际需要建设跑道状态灯、跑道异物监测系统、鸟击防范系统、无人机管控系统等,引入人脸识别等安检新技术,实施自助安检和差异化安检。

第二,建设绿色机场。打造资源节约型机场,优化运输机场平面布局和功能分区方案,节约集约利用土地;按照绿色建筑标准,实施航站楼建设;推动机场节能管理,积极应用节能新技术、新材料、新产品。打造低碳减排型机场,优化机场用能结构,提升清洁能源、可再生能源利用比重。打造环境友好型机场,推进"多规合一",加强机场总体规划与周边区域规划的协调对接;结合机场各功能区特点及当地自然条件,加强机场景观设计,提高绿化覆盖率,提升机场整体环境水平;加强枢纽机场的噪声监测和综合治理。

第三,建设智慧机场。发挥"数字浙江"先发优势,将杭州萧山国际机场打造成为全国智慧机场标杆,引领浙江省乃至全国智慧机场的发展方向。聚焦智慧运行,建设浙江省机场智慧大脑,打通机场各系统、各机场、机场内外之间的信息数据壁垒,推进数据共享复用。聚焦智慧出行,在值机安检、证件核对、改签中转、登机和行李追踪等重要环节开展全流程自助服务创新。聚焦智慧物流,加快航空物流综合信息服务平台、货物全流程跟踪系统、智能货站等建设。

第四,建设人文机场。加强文化彰显,在机场主题理念宣传、文化表达、形象系统设计方面融入具有浙江特色的吴越文化和江南文化。加强人文关怀,在机场空间环境、功能规划方面注重旅客出行体验。完善机场服务设施,健全机场服务质量标准及监管体系,提供全流程、多元化、高效率和高品质的服务产品,完善航班正常管理体系,稳步提升航班正常率。

7.1.3.3 浙江省民航业高质量发展的路径选择

1. 构建服务民生、融合创新的通用航空新发展格局

建设通用机场基础支撑网、低空航线网、航空救援网和飞行保障网,打造服务民生、融合发展的具有浙江辨识度的通用航空先行示范省。推动运输航空与通用航空融合发展,支持舟山普陀山机场打造成为华东地区通用航空特色基地,嘉兴、丽水等新建运输机场同步建设通用航空配套设施。建成20个A2级及以上通用机场。结合公共服务、市场消费、产业发展等需求,改扩建杭州建德、东阳横店等通用机场,完善通用机场集疏运道路、航油、机务维修等配套设施建设。布局建设一批其他起降场地。在偏远山区、海岛地区、三甲医院、旅游景区、高速公路服务区等布设一批起降点,在有条件的地方建设水上机场。

其一，构建交旅结合低空航线网。依托低空航路，以偏远山区和海岛等交通不便地区为重点，积极开辟舟山—文成（泰顺）、开化—舟山等航线，保持现有短途运输航班的常态化运行，逐步构建联通浙江省的低空航线网，打造浙江省空中1小时交通圈，满足公共服务、交通出行、应急救援等需求。依托浙江省省内及周边优质旅游资源，打造具有山、海、湖、景特色的航空旅游精品航线。根据市场需求支持东阳横店等机场有序发展公务航空。其二，有序发展无人机物流。构建航空应急救援指挥平台。加强体系规划建设、任务指挥调度、航空保障协调、飞行监控评价、资源动态监控，实现各种航空救援力量信息、资源同步化，搭建起协调联动的航空应急救援指挥平台，规范应急救援直升机的调度使用，实现航空应急救援需求的快速响应和受理。其三，建立应急救援航空网络。布局5架以上常年备勤直升机，建成1个航空应急救援主运营基地和10个常态化备勤基地，在浙江省高速公路和三甲医院等重要节点合理布设一批直升机临时起降点，支持丽水、衢州等山区县市建设通航应急救点，逐步形成覆盖浙江省、辐射浙闽赣边界区域、长三角区域的航空应急网络。搭建"空中120信息平台"，打造浙江省30分钟应急救援网络。其四，建立航空应急救援关键力量。以培育适合多灾种的航空应急救援力量为目标，采取政府购买服务等方式建立应急物资装备、救援人员快速投放的航空应急救援力量。加强和交通运输部、应急管理部、公安部、国家卫生健康委员会等各类救援基地合作，推动部省共建。加强地面航空应急救援专业队伍和航空技术支撑队伍建设。

2. 构建人民满意的航空客运体系

聚焦"双循环"新发展格局，以培育杭州萧山国际机场国际枢纽功能为重点，构建以精品快线为核心，全面覆盖的国内、国际航线网络。

第一，拓展国际国内航线网络。其一，加快拓展国际洲际航线网络。以"一带一路"沿线国家、洲际航线、亚运航线为重点，推进国际航线拓展力度，加密现有国际航线。着力优化提升中转服务功能，有效提高国际与国内、国际与国际航线航班衔接效率。着力缩短最小中转时间，积极发展跨航司中转，推进通程值机和行李直挂服务。浙江省机场国际地区通航点达到150个，其中杭州萧山国际机场达到80个。其二，提高枢纽机场国内航线覆盖。强化杭州萧山国际机场国内航线网络对腹地的覆盖能力，实现与国内主要枢纽机场之间的快线运输，构建北京、广州、深圳、成都、昆明、西安、重庆等7条精品快线（每日出港15班以上）和15条标准快线（每日出港10班以上），进一步挖掘国内航空市场，优化二三线城市航线网络布局，拓展国内新兴航点。着力提高宁波栎社国际机场和温州龙湾国际机场国内航线网络覆盖度，优先拓展中南、西南、华北地区航线，不断完善连通西北、东北地区枢纽机场航线，构建覆盖更为广泛的国内网络。其三，增强中小机场航线通达能力。加强中小机场航线培育力度，推动浙江省省内机场增加至国内主要机场的航线，提高航空运输对地方经济发展的带动能力。推动具备条件的浙江省省内机场开通航线，构建便捷高效的浙江省省内航线网。做好丽水、嘉兴等新建机场的航线开通前期筹备工作。至2025年，浙江省中小机场旅客吞吐量超1000万人次。

第二，培育主基地航空公司。强化与基地航空公司的战略合作。研究组建浙江航空公司，推动有实力的航司在杭州萧山国际机场建设主运营基地，加大运力投入，加强洲际航线开辟，建设枢纽航线网络，强化国际市场开拓能力，完善中转服务体系。鼓励各基地航司通过联盟合作、航线联营、股权合作、合并重组等方式，加强市场资源整合，提升航线可持续发展能力。推动枢纽机场时刻、机位、候机楼等资源分配向主基地航空公司倾斜。引导各航司加大在浙江省机场的运力投入，优化运力布局，提升航班计划执行率。协助航司做好航线市场营销工作，提高航班客座率，共同推动浙江省机场航线网络优化和航空服务品质提升。鼓励低成本航空公司在浙江省机场设立运营基地，推进航空服务多元化，提升航空大众化水平。

第三，提升枢纽机场服务品质。以提升旅客出行便利性为导向，打造运行高效、服务智能、体验最佳的空地一体运输服务。积极发挥数字化手段，推动航空领域多跨场景应用，实现数据共享、标准对接、运行协同、服务融合和管理联动，打造联运服务"出行一张脸、通关一次检、服务一键通"的浙江模式。按照出行即服务的理念，积极延伸民航出行服务链条，整合航空、铁路、城市轨道、高速公路等运输资源，推进行李门到门递送、移动值机等新模式。加强交通资源跨方式整合，在重点商务区、旅游景区、主要交通枢纽场站合理布设城市航站楼，实现远端值机和行李托运，便捷旅客航空出行。

3. 打造保障有力的航空物流体系

依托空港型物流枢纽，形成高效便捷的物流体系，提升航空运输服务能级，发挥好民航战略性、先导性作用。

第一，构建国际航空货运体系。其一，加强航空货运机场建设。打造"两枢两特一专"国际航空货运机场体系，构建形成布局合理、要素聚集、供需匹配、畅通高效的国际航空货运发展格局。打造杭州、宁波两个高地，杭州萧山国际机场形成以邮快跨为特色的国际航空货运枢纽机场，宁波栎社国际机场形成以普货和邮快跨均衡发展的区域性国际航空货运枢纽机场。发挥温州、义乌两地特色，温州龙湾国际机场结合外贸特点，提升温州龙湾国际机场国际航空货运能级，义乌机场重点建设义乌跨境航空集散中心。培育嘉兴机场专业性航空货运枢纽功能。加密国际航空货运航线。立足口岸机场优势，大力拓展以全货机航线为主的国际航空货运航线网络，持续提升浙江省口岸机场国际航空货运航线网络密度，打造"横向错位、纵向分工、国内通达、全球可达"的全球72小时航空货运骨干网络。杭州萧山国际机场依托邮快件和跨境货物特色优势，加密至比利时列日、俄罗斯莫斯科航线，开通至欧洲、美洲国家等方向5条以上洲际全货机航线；宁波栎社国际机场依托港口优势，加密至德国法兰克福，开通至东盟、中东欧等方向3条以上国际普货运输全货机航线；温州龙湾机场依托跨境电商综试区，开通至日韩和东南亚的全货机航线，实现国际全货机航线零突破；义乌机场依托国际小商品集散地优势，加密至日本大阪等国际航线班次，开通至东南亚方向2条以上国际全货机航线。浙江省新拓展国际全货机通航点18个以上。其二，巩固国内货运航线网络。在高效利用航班腹舱运力的基础上，持续拓展国内货运航线，构建全面连通国内货运枢纽机场的全货机航线网络，巩固杭州萧山国际机场的全国航空快件中心地位，支持宁波、温州、嘉兴、义乌、台州等城市机场加强货运网络建设。其三，培育壮大航空货运市场主体。坚持培育与引进相结合，进一步做强做大国际航空货运业务。

第二，提高航空物流服务品质。其一，提升航空物流设施保障和效率水平。加快国际货站基础设施扩容升级，建成国际货站20万平方米以上，货运收运通道40条以上。优化航空货运中转操作流程，推动安检互认，提升空空中转服务能力。其二，加大国际航空货运时刻供给。优化口岸机场的通关服务模式，支持杭州萧山国际机场国际邮件交换站、跨境电商及医药冷链等资质建设，扩充宁波、温州和义乌等城市机场口岸通关资质，提升口岸服务保障能力。推广杭州萧山国际机场"一次办理、随到随检、快速通关"的通关模式，推进宁波、温州和义乌等城市机场"7×24小时"无障碍通关。其三，推广异地货站集货模式。积极发展货物多式联运。以物流效率为核心，优化航空物流运输组织，减少物流转运环节，减少航空物流综合运输时间。大力发展卡车航班，强化与海关特殊监管区域和其他重要功能园区之间的衔接，打造航空货物"门到门"快速运输体系。加快货运运单电子化，推进航空货运多式联运载具标准化，加快"一单到底"联运服务，提升多式联运服务品质。加强与自贸试验区、重点产业园区和有关企业的物流需求对接，完善异地货站布局，打造专属航空物流专线服务品牌，增强航空物流供应链的安全性和可靠性。

4. 培育全国领先的航空产业体系

依托各类临空经济区、通航特色小镇、航空产业基地等航空产业发展平台，加快航空产业跨越式发展，为浙江省打造全国领先的航空产业奠定基础。

第一，支持航空制造业模块化发展。依托各类航空产业园区、基地良好的交通条件、产业环境，加快引进国内外高质量航空制造项目，形成干线飞机、通用飞机装配生产能力，开展机体大部件、客舱系统、机载系统的集成配套。以杭州、宁波、舟山为重点，全力争取大型干线飞机和支线飞机产业链重大项目布局。以台州、绍兴、嘉兴为重点，全力支持大中型通用航空器及其关键部件的生产基地建设。积极引进航空维修战略合作伙伴，发展航空维修市场，适应航空货运发展需要，拓展客改货市场。依托通用航空小镇建设，提供通用飞机维护、定检、飞机加改装服务，提升通航飞机维修能力。

第二，加快发展临空特色服务产业。依托口岸机场和临空经济综合保税区、保税物流中心等海关特殊监管区，积极争取离岸金融、电子结算、金融租赁、货运管制代理人等民航领域改革试点政策，促进航空金融、保税物流、保税维修、保税航材、电子商务等关联业务的发展，推动机场向产业发展支撑平台的转变。依托临空经济功能区，加快集聚物流仓储配送、邮政快递、航空会展、地面和空中服务产业。大力发展总部经济，培育壮大龙头企业，加快高端要素的集聚，鼓励企业利用空港优势设立财务中心、结算中心，加快推动杭州、宁波、温州、金义等临空经济功能区转型升级。

第三，大力培育通航新消费新业态。其一，推进通航消费市场发展。激发大众航空运动消费，打造航空运动飞行区、集聚区、飞行带，大力开展各类群众性航空运动休闲活动。大力培育低空旅游消费，加快低空游览、高空跳伞、旅游公务包机、"影视+低空游览"等新型航空消费，打造通航消费名片，促进通航消费市场的逐步成熟。其二，大力拓展无人机应用场景。支持开展架空高压线无人机巡检、抢险应用，加快推进在海岛、山区、乡村等交通不便地区无人机物流配送试点建设，支持在城市内开展无人机配送业务和综合执法。研究无人机或有人机融合空域运行方案，为无人机全面参与城市管理与建设提供基础保障。

7.2 中部地区民航业高质量发展的实践探索

中部地区区位优势明显，发展航空运输业具有得天独厚的便利条件。但长期以来，由于陆路交通占据主导地位，对航空运输的重要性重视不够，加之经济发展水平和人均收入有限，无法像东部地区那样具有强烈的航空出行需求，也无法像西部地区和边疆地区那样迫切需要航空运输拉近与腹地的距离，这使得中部地区的民航业发展一直处于不愠不火的状态。但近年来,中部地区相关省份愈加重视民航业的发展,将航空关联产业作为区域经济发展的重要驱动力,大力推动航空枢纽建设,发展航空经济、航空物流和通用航空,也取得了不菲成效。

7.2.1 河南省民航业高质量发展的实践探索①

7.2.1.1 河南省民航业高质量发展的现状

近些年,河南省高度重视综合交通运输体系建设,将交通基础设施列为重要议程,进一步巩固了河南省交通大省的地位。2012年,河南省政府明确提出"货运为先,以货带客;国际为先,以外带内;以干为先,公铁集疏"的"三为先"发展战略。2022年河南省委经济工作会议指出,统筹推进民航强枢增支、铁路拓展成网、公路加密提质、水运通江达海,提升枢纽能级。可见,民航业在河南省经济社会发展中扮演着"重头戏"的角色。②

第一,航线网络不断优化。截至2021年,在郑州新郑国际机场运营航空公司85家,开通航线245条,通达35个国家和地区170多个城市,基本形成了以郑州为中心,横跨欧亚美三大经济区、覆盖全球主要经济体的航线网络,货物集疏范围覆盖中国长三角等主要经济区。郑州—卢森堡"空中丝绸之路"加快建设,卢森堡货运航空公司航班量由每周2班加密至每周18班,"郑州—卢森堡"国际货运航线累计货运量占郑州新郑国际机场货运总量的一半以上。特别是2020—2022年期间,河南"空中丝绸之路"不断航、不停飞,为全球物资运输和外贸供应链稳定做出了积极贡献。截至2023年5月,郑州新郑国际机场新开通了郑州至土耳其、印度、韩国、匈牙利等国家的多条货运航线,国际航空货运枢纽的辐射能力持续增强。

第二,现代航空流通设施更加完善。郑州新郑国际机场二期工程建成投用,三期工程启动,具备年客运4000万人次和货运110万吨吞吐量的保障能力。国家战略叠加给郑州发展航空经济带来了巨大优势。2018年,《郑州国际航空货运枢纽战略规划》开始印发实施,2019年郑州入选首批空港型国家物流枢纽。2021年2月,中共中央 国务院印发了《国家综合立体交

---

① 笔者根据相关资料整理。河南省"十四五"航空经济发展规划[EB/OL].(2022-01-26)[2023-04-12]. https://www.henan.gov.cn/2022/01-26/2389073.html.

② 省委经济工作会议在郑举行[N]. 河南日报,2022-12-20(01)

通网规划纲要》，明确指出郑州新郑国际机场为国际航空货运枢纽。郑州新郑国际机场获批开展航空电子货运、海外货站、空空中转试点，试点任务已经完成，中国民用航空局将郑州新郑国际机场形成的海外货站标准发文向中国和全球推广。2022年6月，郑州航空港高铁站建成通车，建成集机场、高速铁路、城际铁路、城市轨道、高速公路等于一体的现代综合交通枢纽。

第三，航空客货运规模不断扩大。"十三五"时期，河南省运输机场客货运吞吐量增速明显，郑州新郑国际机场客货运排名分别由全国第17位和第8位上升至第11位和第6位。本土主基地货运航空公司取得重大突破，中原龙浩航空有限公司、中州航空有限责任公司①相继挂牌成立并快速发展，机队规模不断壮大。

第四，航空物流、生物医药等航空产业加速集聚发展。航空口岸"7×24小时"通关保障全面实施，新郑综合保税区、功能性口岸、联合签证中心等开放平台综合服务功能持续提升。科技型企业、高新技术企业、"专精特新"企业数量增长迅速，高新技术产业增加值占规上工业增加值比重较高。

郑州、安阳两个国家级通用航空产业综合示范区加快建设，上街机场开通三条短途运输航线，安阳市获批建设全国首批民用无人驾驶航空试验区，航空器研发制造、航空培训、低空旅游等通用航空新业态初步形成集聚；郑州上街航展、安阳航空运动文化旅游节连续多年成功举办，安阳航空运动文化旅游节连续两年被评为"中国体育旅游精品赛事""中国体育旅游十佳精品赛事"。

在"十三五"时期，河南省航空经济发展存在先发优势弱化、航空产业基础薄弱、自主可控的现代航空流通企业和大型物流集成商缺乏、航空高端专业人才匮乏等短板和不足。"十四五"时期，河南省重点加快布局发展航空经济，打造内陆开放高地；完善航空现代流通体系，实现产业链供应链现代化；形成经济发展新动能，促进产业结构升级和发展方式转变。

7.2.1.2 河南省民航业高质量发展的不足

作为一个内陆省份，河南省民航业发展取得了不菲成就，但在航空运输竞争激烈的市场格局下，其也面临着严峻挑战。一是全球产业链供应链面临冲击。世界经济面临的不确定性增多，经济全球化遭遇逆流，对全球经济造成较

---

① 中州航空有限责任公司于2016年6月30日完成工商注册，2019年2月26日获得中国民用航空局批准筹建，2020年1月3日获得经营许可，2020年4月26日获得运行合格证。2022年5月，中州航空有限责任公司完成主运营基地机场变更工作，由郑州新郑国际机场变更为海口美兰国际机场。

大冲击。在后疫情时期，全球航空运输业开始复苏，但要恢复至2020年之前的发展状态，还需要一定时间，存在较大不稳定性。二是国内临空经济竞争激烈。截至2022年，国家级临空经济示范区有17个，中国国内近百个城市提出了建设临空经济区的目标任务，同质化竞争加剧，河南省先发优势面临弱化。北京大兴国际机场、成都天府国际机场、青岛胶东国际机场等建成投用，湖北鄂州花湖机场建成，西安咸阳国际机场、广州白云国际机场、深圳宝安国际机场、武汉天河国际机场等国内大型机场已启动改扩建工程，主要枢纽机场之间的竞争日趋激烈。三是航空客货运发展面临制约。河南省和郑州市没有本土主基地客运航空公司，缺少大型物流集成商，现有本土主基地货运航空公司规模偏小、竞争力不足，适合航空运输的本地货源匮乏，空域资源紧张。四是航空货运补贴水平较低。成都、西安、合肥等地的航空货运补贴是郑州的两倍到四倍，补贴额较低意味着驻场航司盈利水平低，竞争力不够，导致其离开郑州的风险增加。

7.2.1.3 河南省民航业高质量发展的目标和路径

到2025年，河南省民航强省建设取得实质性进展，基本形成服务全国、畅达世界的航空现代流通体系；基本建成具有突出效率优势的国际航空货运枢纽、服务水平更加优质的航空客运枢纽和多式联运更加便捷的综合交通枢纽；基本建立以航空物流为基础，以高端制造业、现代服务业为支撑的航空经济产业体系。

1. 航空客货运输和航空产业发展

河南省航空客货运吞吐量力争全国排名位次实现跃位升级；形成多条以上国内客运快线和国际区域客运快线，国际及地区客运航线通达四十个城市以上；机场终端区形成"五进五出"航线格局，基本建成北、西货运区协同发展的货运保障体系，航空货运对河南省进出口的贡献率保持高位。航空设备制造及维修、电子信息、生物医药等航空高端制造业加快发展，形成多个航空高端制造业集群。培育多家全国知名的航空制造、维修企业。飞机租赁、商业保理等航空金融业实现突破，飞机租赁业务量居全国前列。加快航空物流数字化转型。在郑州新郑国际机场北货运区引入先进信息技术和高架智能货库、自动化设施设备，着力打造运单电子化、设备自动化、操作无人化的新型智慧货站。

2. 航空枢纽和机场综合交通建设

初步形成覆盖河南省及周边区域的中原机场群格局。建设郑州新郑国际机场三期工程，新建平顶山、周口、潢川等支线机场，改扩建洛阳、信阳等地机场，推进南阳姜营机场迁建。通用机场数量达到 15 个以上。在郑州新郑国际机场运营的基地航空公司达到六家，其中本土主基地航空公司达到三家以上，郑州新郑国际机场位居全球主要货运枢纽机场行列。机场综合交通运输体系更加完善，航空服务覆盖河南省 90％以上人口。实现"航空＋高铁""航空＋公路"联运服务，形成高速铁路、城际铁路、城市轨道、快速路网融合发展的客运地面交通网络，1 小时交通圈覆盖郑州大都市区，2.5 小时交通圈覆盖河南省范围，4 小时联运服务网络覆盖国内主要城市。

3. 航空大都市建设

按照"建设大枢纽、发展大物流、培育大产业、塑造大都市"的发展路径，以郑州—卢森堡"空中丝绸之路"建设为引领，郑州航空港经济综合实验区成功打造出"不靠海不沿边、一条跑道飞蓝天"的内陆开放品牌，形成了创新驱动引领、高端制造业支撑、深度参与国际合作的产业发展格局。现阶段，郑州航空港经济综合实验区高端产业快速集链成群，航空物流、电子信息、航空航天、生物医药、新能源汽车、现代服务业六大主导产业蓬勃发展。

【知识扩展】

郑州国际航空枢纽建设重点工程

枢纽设施：建成北货运区一期工程，升级改造 T1 航站楼，新建第三跑道、第四跑道、T3 航站楼和交通换乘中心等三期主体工程，配套建设维修机库、基地航空公司场站、航空油料库、边检查验场地和业务用房等各类设施。

货运航线：打造郑州－日韩－北美"东进"空中走廊，加快建设中美快线；打造郑州－欧洲、中东"西扩"空中走廊，加快建设中欧快线；打造郑州－东南亚－澳洲"南至"空中走廊。深化"双枢纽"战略合作，加密卢森堡、亚太地区货运航线，高频连通全球前 30 位货运枢纽航点。

客运航线：完善亚洲地区航点，加密覆盖日韩和东南亚热点城市航线；培育开辟北美、俄罗斯、欧洲、中东和北非、澳新"五个区域"各 2 个航点共 10 条航线，开通郑州－卢森堡等国际客运航线 40 条以上。

基地航空公司：增加南方航空河南分公司、西部航空有限责任公司郑州分公司、中原龙浩航空有限公司、中州航空有限责任公司运力投放，组建本土主基地客运航空公司，基地航空公司达到 6 家以上。

"四型机场"：平安机场，建设机场安全管理体系（SMS）、立体化运行安全防控体系和机场应急管理体系。绿色机场，推广应用绿色环保建筑材料，加强机场环境监测、管控和治理。智慧机场，布局建设城市货站，机场多跑道运行和以大数据为支撑的机场运行和决策支持体系。人文机场，积极探索人工智能、"互联网＋"、生物特征识别、人脸识别追踪等新技术应用，推行"无纸化出行"、全流程自助、外国人入境信息网上预申报等新模式，提升机场文化内涵，提供和谐优质服务。

资料来源：河南省人民政府 中国民用航空局 关于印发郑州国际航空货运枢纽战略规划的通知[EB/OL]. (2018-07-20)[2023-06-18]. https://www.henan.gov.cn/2018/07-20/664429.html. 笔者进行整理。

7.2.2 河北省民航业高质量发展的实践探索[①]

7.2.2.1 河北省民航业高质量发展的现状分析

"十三五"以来，河北省民航基础设施建设加速推进，机场布局体系基本形成。其一，运输规模快速增长，机场综合实力明显提升。"十三五"时期，河北省运输机场旅客吞吐量获得较快增长，石家庄正定国际机场旅客、货邮吞吐量年均增速均居全国枢纽机场前列。京津冀民航协同发展深入推进，空铁联运成效显著。其二，航线开发力度持续加大，航空通达能力显著增强。截至2020年年底，河北省运输机场运营航线、通航城市都有大幅提升。机场发展环境不断优化，驻场运力规模持续增加，基本形成了以河北航空有限公司为骨干，南方航空等为补充的驻场运力体系。其三，服务保障体系加快建设，通用航空发展初具规模。沧州、承德等地通用机场建成，张家口低空飞行服务站建成投用，石家庄、衡水低空飞行服务站加速推进。初步形成以航空培训为主，农林作业、航空旅游等多种业态共同发展的通航服务新格局。

与此同时，河北省民航业在高质量发展过程中也面临着若干障碍，制约了民航业的发展成就。一是航空运输市场规模总体偏小，自身发展能力较弱，航线网络仍需完善，机场服务区域经济发展能力有待提升；二是京津冀地区空域资源较紧张，航班时刻容量等关键发展资源短缺；三是通用机场规划建设缺乏空域、土地等要素保障，同时"重建设、轻管理"等问题依然存在（见表7-1）。

[①] 笔者根据相关资料整理。河北省民航发展"十四五"规划[EB/OL]. (2022-01-29)[2023-06-02]. http://info.hebei.gov.cn/hbszfxxgk/6898876/6898925/6899014/6907489/7015316/index.html.

表7—1 河北省运输机场布局及功能定位

区域	布局机场	功能定位
冀中南地区	石家庄正定国际机场	区域枢纽机场、京津冀世界级机场群主要机场、现代综合交通枢纽；新型临空经济自贸区建设示范区、河北省对外开放重要国际窗口、雄安新区对外合作桥头堡、北方快件集散中心，力争建成北方国际货运枢纽
	邯郸机场	支线机场。重点发展公务、商务及旅游航空客运，为建设区域中心城市、打造制造强省战略支撑区发挥作用。服务邯郸、豫北及周边地区大众出行
	邢台军民合用机场（在建）	支线机场。重点发展公务、商务及旅游航空客运，为打造制造强省战略支撑区发挥作用。服务于邢台及周边地区大众出行
	衡水机场（谋划建设）	支线机场。重点发展航空货运，兼顾航空客运，为打造制造强省战略支撑区发挥作用
沿海地区	秦皇岛北戴河机场	支线机场。重点发展航空旅游客运，为打造环渤海高质量发展新高地、建设国际一流旅游城市发挥重要作用，服务秦皇岛及周边地区大众出行
	唐山三女河机场	支线机场。重点发展公务、商务及旅游航空客运，为打造环渤海高质量发展新高地、曹妃甸自贸试验区建设发挥重要作用，服务唐山及周边地区大众出行
	沧州机场（谋划建设）	支线机场。重点发展公务、商务及旅游航空客运，为环渤海高质量发展新高地发挥重要作用，服务沧州及周边地区大众出行
冀西北地区	承德普宁机场	支线机场。重点发展航空旅游客运，为打造生态引领示范区、构建京承秦唐津精品旅游圈、开发国内其他旅游客源市场发挥重要作用，服务承德及周边地区群众出行
	张家口宁远机场	支线机场。重点发展公务、商务及旅游航空客运，为打造生态引领示范区、服务北京冬奥会发挥重要作用，服务张家口及周边晋蒙地区大众出行
环京津地区	北京大兴国际机场	为雄安、保定、廊坊及周边地区经济社会发展提供有力支撑

资料来源：笔者根据相关资料整理。河北省民航发展"十四五"规划[EB/OL]. (2022-01-29)[2023-06-02]. http://info.hebei.gov.cn/hbszfxxgk/6898876/6898925/6899014/6907489/7015316/index.html. 。

7.2.2.2 河北省民航业高质量发展的对策分析

1. 着力加快基础设施扩容提质，合力打造世界级机场群

第一，加快运输机场建设。完善运输机场"一枢多支"布局，以新型基础设施建设推动机场功能转型升级，提升保障能力和服务水平。推动石家庄正定国际机场改扩建，建成通航邢台军民合用机场，实施秦皇岛、承德、唐山、邯郸等地机场改扩建，谋划建设沧州、衡水机场。完善机场空管、航油等配套设施建设。第二，完善通用航空布局。规划引导通用机场布局布点，鼓励建设具有公益性服务功能的通用机场，支持建设具有产业培育和集聚功能的通用机场，建立适应京津冀一体化发展的通用机场网络体系。重点推进平乡、威县、魏县等一批通用机场建设，改扩建中捷等通用机场。第三，合力打造京津冀世界级机场群。依托北京首都国际机场集团托管机制，深化京冀一体化运营管理，推进京津冀机场协调运行。依托津兴城际、北京首都国际机场至北京大兴国际机场城际联络线等轨道上的京津冀项目，提升京津冀主要机场间互联互通水平，助力京津冀世界级机场群建设。

2. 着力培育枢纽机场国际化，构建对外开放大通道

第一，加大国际航线开辟力度。以石家庄正定国际机场为重点，积极争取开放第五航权。实施国际航线差异化经营策略，深度融入"一带一路"建设，以东南亚、东北亚、中亚、欧洲等国家和地区为重点，积极拓展北非等新兴国际市场。第二，增强国内航线支撑能力。支撑文旅、休闲、体育等消费新模式新业态发展，以石家庄正定国际机场为核心，增强河北省民航运输机场与热点城市间的网络通达性，加快构建辐射全国主要城市的国内干线网；发挥比较优势，构建覆盖国内国际主要旅游城市的"热点旅游网"。推进机场旅游集散服务体系建设，促进交通旅游融合发展。强化运输保障体系建设。增强驻场运力保障，支持基地航空公司做大做强，持续深化与河北航空有限公司、春秋航空股份有限公司的战略合作，推动中国联合航空公司发展壮大，积极引进新的基地航空公司，鼓励支持C919、ARJ21等国产飞机引进及运营基地建设。

3. 着力打造支线机场精品化，全面塑造发展新优势

提升机场建设运营品质。本着"小而精、优而美、个性化"的发展定位，通过全过程、全要素、全方位优化规划设计，实现功能性与地方特色的深度融合。其一，完善航空运输服务网络。满足多层次多元化出行需求，培育邯郸、唐山、邢台等地机场航空快线；构建"快旅慢游"交通体系，打造张家口、承德、秦皇岛等地机场的文旅精品航线。织密河北省省内航线，打造张石（张家口到石家庄）、承石（承德到石家庄）等河北省省内空中快线，研究开通河北省省内环飞航线，加快构建覆盖省域的"支线网"。推动秦皇岛北戴河机场口岸建设，开辟东亚、东南亚、俄罗斯、蒙古等国际航线。鼓励支持基地航空公司在承德、邯郸、张家口、秦皇岛等地具备条件的支线机场停放过夜飞机。其

二，建设高效便捷集疏运体系。加快推进支线机场综合交通重要节点建设，完善周边路网体系，研究推进轨道交通建设，强化机场与腹地城市间便捷联系，拓展延伸机场服务覆盖范围，提升机场多式联运服务效能，建设深度融合、运转高效的机场集疏运体系。

4. 着力推进通用航空差异化，实现通航产业新突破

统筹通用航空服务保障建设。大力发展通用航空应急救援、医疗救助和短途运输服务。依托丰富旅游资源，开发"多样化、特色化"航空旅游产品。巩固传统通航服务模式，推进无人机等新业态应用，做大做强飞行培训，鼓励支持中国航空工业集团有限公司石家庄飞机工业有限责任公司等通航企业依托"一带一路"建设、自由贸易试验区等政策优势，促进通用航空产品"走出去"。充分发挥资源禀赋和地缘优势，积极申请低空空域改革试点，加快通用机场及飞行服务站等基础设施建设，健全河北省通用航空服务网络，构筑规模适当、层次分明、服务优质的通用航空服务体系。

5. 着力促进航空物流规模化，带动临空经济发展

其一，加强航空物流保障能力建设。强化与大型快递企业合作，吸引更多航空货运企业入驻，积极引进航空货运机队，增加全货机运力投放，培育壮大现代航空物流。优化机场土地资源利用，保障货运设施建设用地，推进货运航空公司、物流企业生产生活配套设施建设。建设便捷高效的机场集疏运系统，实现货物便捷中转和快速集散。其二，构建通达便捷的货运网络。巩固加密既有货运航线，积极发展定期货运航线和包机航线，开辟国际国内航空快递专线，构建空运进出口快捷通道。大力推进客货协同发展，充分利用客机腹舱运力资源，拓展河北省航空货运网络，构建辐射全国的大容量"航空快件网"。探索"航空+高铁"货物联运新模式，拓展石家庄正定国际机场辐射全国的航空物流网络。其三，提升机场货运服务品质。完善机场口岸功能，申建水果、钻石、药品、食用水生动物等指定口岸，完善口岸24小时预约通关长效机制。推动货运单证简化和无证化，完善机场口岸联检设施，加强专用设备配套，不断提高通关效率。鼓励航空公司、邮政快递企业、货站等建立互通共享的物流信息平台。按照快捷高效、准时可控的要求简化货运流程，打造机场高质量货运服务体系，支撑临空经济区、自由贸易试验区发展。

6. 着力优化供给资源配置，推动行业发展新提升

其一，协调推进空域资源优化。立足京津冀世界级机场群建设，深化与京津机场密切合作，探索实施空域优化方案，推动将石家庄正定国际机场及河

省省内支线机场终端管制并入北京终端管制中心统一指挥,实现京津冀运行信息共享和航班统筹放行。加强与军方协调沟通,通过优化飞行程序、划设等待航线、理顺操作流程等有效提升空域使用效率,不断增加机场航班流量,满足河北省省内机场航线发展需求。努力提升航班时刻容量。积极向国家民航管理部门申请,争取深度参与航班时刻分配,实现时刻容量双提升。同时,通过"削峰填谷"、提高航班执行率、减少航空公司虚占航班时刻资源等方式,促进航班时刻资源有效使用,努力提高航班正常率,为机场发展壮大提供有力保障。

7.2.3 湖北省民航业高质量发展实践探索[①]

自"十三五"以来,湖北省航空产业特色化发展成效明显,特种飞行器、航空救生装备产品研发制造和航空维修总体能力在国内领先,但同时也面临着制约与挑战。一是航空航天产业规模总体偏小,缺少大飞机主机企业和大型分系统骨干企业。二是产业辐射带动能力不强,主机企业与配套企业、产品研发与商业应用、研发制造与运营服务等领域合作对接机制还不完善,配套产能释放不足。三是基础条件薄弱,通用航空机场等硬件设施数量较少,缺乏大型试验设施、商业卫星测控等基础条件。四是人才引进和保留难度较大,航空专业高端技术人才缺乏,飞行员、机务管理等专门人才不足。

基于此,湖北省将打造长江经济带航空产业聚集区作为航空产业的重要抓手和平台,充分发挥区位优势,加强与上下游省市航空产业衔接,积极参与大飞机配套生产,提升特种飞行器、通用飞机和大中型无人机整机研发制造能力,打造航空工业重要基地。加快航空基础设施建设,发挥航空维修整体优势,建设中部地区航空运营枢纽和区域航空维修保障中心。大力发展航空职业教育、航空运动、航空会展和航空消费。支持引导武汉、襄阳、荆门、荆州、鄂州等地发展航空应急救援技术装备,建立精干实效的救援机队和人员队伍,加强应急物资储备基地建设。

7.2.3.1 加大航空产品研发制造力度

构建特种飞行器、通用飞机的自主研发设计、试验、生产制造和试飞体系,大力发展无人机及地面设备,支持新能源飞机及相关系统研发,重点发展救生

[①] 笔者根据相关资料整理。中共湖北省委军民融合发展委员会办公室 湖北省发展和改革委员会. 湖北省航空航天产业发展"十四五"规划[EB/OL].(2022-01-11)[2023-05-13]. http://www.hbjmrh.gov.cn/gk/xxgk/zcfg/24191.htm.

救援、环控、燃油、防/除冰、液压等机电系统和机载系统，深入推进湖北省与中国商用飞机有限责任公司的战略合作，加大大飞机产业链零部件供应商培育力度，积极争取国产大飞机关键部附件项目，建设以武汉为核心，以襄阳、宜昌、荆门等地为辅助的航空器、零部件研发制造产业集群（见表7-2）。

表7-2 湖北省重点航空产品发展概况

航空产品	发展内容
特种飞行器	依托中国特种飞行器研究所等，开展水面飞行器、浮空飞行器系列产品谱系规划、总体设计、分系统设计、关键技术突破和自主可控能力建设，拓展试验、总装集成、试飞等业务。推进地效飞行器产业化发展，拓展系留气球和中小型对流层飞艇产品市场，研制重载飞艇、平流层飞艇。大力发展热气球、降落伞、热气飞艇、三角翼、动力伞等航空器材制造和配件加工
通用飞机	支持重点企业提升飞机生产能力，实现多用途、规模化、系列化发展。推动AG50、JA600等型号系列化发展。支持发展小型通用飞机和小型公务飞机，开展电动飞机整机、动力装置、推力控制以及储能技术的研发、生产。拓展物流快递、空中出租、航空运动、医疗救护等应用
无人机	支持中国特种飞行器研究所工业级无人机研发制造。鼓励高校与企业开展智能仿生集群、多领域应用等关键技术联合攻关，探索建设无人机测试场。加快针对无人机的各类探测、跟踪、识别、反制装备研发及应用。支持无人机培训，促进无人机规范安全发展。结合地理空间信息产业优势，大力促进无人机在航空测绘、灾害应急侦察、电力和道路巡线等方面应用，构建完整的无人机应用产业链
航空应急救援产品	发挥航宇救生装备有限公司等企业在航空救援产品上的研发基础与产业优势，促进军用航空救生器材向民航、通航领域扩展，大力加强航空应急救援产品研发，将襄阳打造成国内航空应急救援产业研制基地
航空配套产品	提升航空产品市场份额，进入国产大飞机工程配套体系。巩固发展防/除冰系统、传感器、航空电源、先进复合材料螺旋桨、新型推进系统、特种导线等配套产品研制生产，重点发展航空座椅、环控系统、燃油系统、液压系统等关键机电系统和机载系统，支持十堰发展飞机牵引车、航空燃油车等机场地勤装备

资料来源：中共湖北省委军民融合发展委员会办公室，湖北省发展和改革委员会. 湖北省航空航天产业发展"十四五"规划[EB/OL].（2022-01-11）[2023-05-13]. http://www.hbjmrh.gov.cn/gk/xxgk/zcfg/24191.htm. 笔者进行整理。

7.2.3.2 重视航空器维修

重点发展包括飞机整机维修、部附件维修和发动机维修等全产业链航空维修业务，鼓励航空维修骨干企业向高精尖维修服务项目发展，打造全国重要航空维修基地。支持湖北鄂州花湖机场、宜昌三峡机场、襄阳刘集机场、荆州沙市机场、荆门漳河机场建立以整机维修为核心的飞机维修基地,开展机体维修、发动机维修、部附件维修、飞机整机/发动机/部件改装、飞机拆解及翻新等项目。支持重点企业在部附件维修、复合材料研究、计量检测能力拓展等方向深入发展。加快推进特种修理技术成果转化,拓展民品再制造市场。鼓励在鄂通用飞机维修企业开展航线维修、定检和大修资质升级,提升整机改装、翻新、大修和关键零部件的维修能力,开展飞机拆解、再制造业务。

7.2.3.3 健全通用航空运营服务

支持加快通航机场网络建设,完善各类配套设施,构建符合湖北省特点和需求的低空空域管理体系,促进通用航空与旅游观光、农林植保、电力巡护、医疗救援、航空运动等产业衔接,促进新一代信息技术与通用航空产业链深度融合。巩固通用航空工农林业飞行作业领先优势,支持通用航空公司发展壮大。推进公务航空、短途运输、航空物流运营项目。支持构建覆盖湖北省、空地联动的航空应急救援网络,支持通航运营企业发展应急救援业务,组建航空应急救援机队和应急救援专业人员队伍,重点开展航空医疗救护、抢险救灾、森林防火、山地旅游救援等业务,打造若干省级通用航空应急救援基地。支持武汉、襄阳、宜昌、黄冈、荆门、荆州、仙桃等地开展包括飞行器驾驶、机务、机场管理、空管、航空经营等多领域的职业资格培训教育及民用航空器维修人员执照培训、航空职业技能人才培训,努力建设国家级航空职业教育基地。

7.2.3.4 打造航空航天产业有序发展格局

推动形成"一核引领、四极支撑、多地协同"的航空产业布局,即以武汉为核心,襄阳、宜昌、孝感、荆门为支撑,省域协同联动的发展格局。"一核引领"是指武汉市建设湖北省航空航天产业核心区。武汉国家航天产业基地重点打造商业航天核心产业链,突出发展航天运载火箭及发射服务、卫星平台及载荷、空间信息应用服务、航天材料及配件制造。武汉临空港经济技术开发区重点发展航空维修保养及航空运输。武汉经济技术开发区重点发展航空运动、休闲、培训、通用飞机和工业级无人机研发制造及卫星产业。"四极支撑"是指立足襄阳、宜昌、荆门产业基础,打造航空产业发展支撑点。襄阳市依托襄阳航空航天产业园和刘集航空产业园,大力发展航空防护救生、航空内饰等产品制造和配件加工,打造航空应急救援高地。宜昌市依托远安工业园区和宜昌三峡临空经济区,大力发展飞机维修和客改货业务。荆门市依托荆门漳河机场、爱飞客航空综合体基础设施优势和中国特种飞行器研究所技术人才优势，重点发展水面飞行器、浮空飞行器和通用飞机，积极培育新兴航空消费市场，提升国家通用航空产业综合示范区建设水平。"多地协同"是指发挥"一核四极"产业优势，推动航空航天产业生产要素优化配置，辐射带动湖北省新材料、新能源、电子信息、先进装备等关联产业发展，推动各市州应急救援、低空旅游等产业的协同发展，逐步形成地区间优势互补良性互动格局。

7.3　西部地区民航业高质量发展的实践探索

成渝地区双城经济圈位于"一带一路"和长江经济带交汇处，是西部陆海新通道的起点，具有连接西南、西北，沟通东亚与东南亚、南亚的独特优势。区域内生态禀赋优良、能源矿产丰富、城镇密布、风物多样，是我国西部人口最密集、产业基础最雄厚、创新能力最强、市场空间最广阔、开放程度最高的区域，在国家发展大局中具有独特而重要的战略地位。2021年10月，中共中央　国务院印发了《成渝地区双城经济圈建设规划纲要》，其中指出，"强化城市群机场协同运营，合力打造世界级机场群。优化空域结构，提升空域资源配置使用效率。深化低空空域管理改革，加快通用航空发展"（中共中央　国务院，2021）。《关于加快成渝世界级机场群建设的指导意见》中指出，"到2025年，成渝世界级机场群初具规模，国际服务能力、综合保障实力、市场发展活力、创新发展动力大幅提升，多领域协同发展水平明显提高，成为支撑我国民航发展的第四极，对成渝地区增强基础设施互联互通水平、打造内陆开放战略高地、构建现代经济体系和建设世界级休闲旅游胜地的战略支撑作用显著增强，具体目标为国际枢纽功能迈上新台阶、综合保障能力实现新提升、便捷高效服务达到新水平、创新协同发展形成新局面。到2025年，运输机场达到12个，年客货保障能力分别约为2.1亿人次和370万吨，年起降保障150万架次左右。到2035年，全面建成双核引领、便捷通达、安全可靠、智慧先进、绿色集约、协同高效的成渝世界级机场群，有力促进成渝地区构建高水平开放型经济体系和打造高品质生活服务圈，为成渝地区建成具有国际影响力的活跃增长极和强劲动力源发挥战略支撑作用"（中国民用航空局，2022）。在构建"双循环"新发展格局中，四川省和重庆市的民航业发展大有可为。

7.3.1 四川省民航业高质量发展的实践探索[①]

四川省地处西南地区，也是我国民航业发展的重要省份，航空运输、航空制造、通用航空等产业基础均较雄厚。2021年6月，成都天府国际机场正式投运，成都成为继北京、上海之后国内第三个拥有两个大型枢纽机场的城市，正式进入"一市两场"时代。民航业已成为成都市和四川省的支柱产业。

7.3.1.1 优化机场体系和航线网络建设

近些年，四川省加快完善"干支结合、客货并举"的民用运输机场体系，提升成都国际航空枢纽能级。除了成都天府国际机场投入运营外，进一步提升成都双流国际机场保障能力，实施"两场一体"运营模式，加快成都航空货运枢纽建设，完善航空货运专用设施。加密支线机场布局，促进机场间功能互补、差异化发展、一体化协作。进一步做大、做强枢纽基地航空公司。深化成都双流国际机场和成都天府国际机场与基地航空公司的战略合作，协调民航管理部门在航班时刻安排、机场管理机构在候机楼设施等资源配置上向枢纽主导航空公司倾斜。积极支持基地航空公司实施枢纽运营战略，通过代码共享、航线网络互补、共同打造中枢航班波、互相自由签转等合作方式，实现市场的统一协调、市场的适当错位竞争、资源的整合共享，携手合力打造成都国家级国际航空枢纽。争取开通更多国际长程直飞航线，加密干线，扩展支线，构建层次清晰、连接有序的国际航线、国内省际干线和支线航线网络，提升枢纽运行品质和效率。

7.3.1.2 重视支线航空和通用航空发展

四川省极其重视支线航空发展。例如，完善支线机场网络布局，进一步理顺和完善机场管理体制，推进支线机场体制改革，积极培育四川省省内及周边省市对成都航空枢纽形成支撑作用的跨区域支线航空市场，建立和完善地方政府对支线机场和支线航班的补贴政策，积极支持支线航空公司和低成本航空公司进入支线运营，有效降低支线运价。同时，政府还引导鼓励航空公司开辟更多的支线业务，完善支线航线网络，促进干线、支线机场协调发展。另外，

[①] 笔者根据相关资料整理。四川省人民政府. 四川省"十四五"综合交通运输发展规划[EB/OL]. （2021-10-29）[2023-06-04]. https://www.sc.gov.cn/10462/zfwjts/2021/10/29/602da2a8aca9495fb114dc226a256ff7.shtml.

2017年，四川省获批成为全国第一个低空空域管理改革试点省份，在低空空域协同管理方面积累了大量的经验和模式机制，形成了一整套低空空域协同管理的政策法规和标准体系，为国家深化空域管理体制改革积累可复制可推广的"四川经验"。低空空域的管理改革有助于通用航空的深度发展，除在运输航空之外，四川省加快构建通用机场群，按需布局用于农林、警巡、防灭火、旅游、应急救援的通用机场或停机坪。鼓励和支持支线机场增设通用航空设施，兼顾通用航空服务和保障。统筹推进固定运营基地、飞行服务站、通用航空油料储运等配套基础设施建设。积极拓展商务出行、飞行培训、低空旅游、应急救援等通航服务。加快布局和建设通用航空机场和直升机起降点，支持有条件的地区尽早建设通勤机场或通勤点，使用小型航器在一定范围内从事短途客、货、邮件业务，与支、干线航空运输有效衔接。鼓励通用航空企业和社会力量投资通用航空产业，参与通用航空机场以及运行保障设施建设。

7.3.1.3 提升航空货运规模和扶持力度

除航空客运外，四川省及成都市重视航空货运发展。加快全球航空货运网络布局，吸引全货运航空公司在四川省设立基地，鼓励开行全货机国际航线，新增北京、上海、拉萨、广州、乌鲁木齐等地全货机航点，形成"腹舱＋全货机"协同发展的航空货运格局。

加快发展航空物流。鼓励设立基地货运航空公司，引导航空货运企业开辟国际货运航线，加入国际航空货运联盟，扩展国际货运网络。加强与海关等联检部门的协作，实行便利通关、异地清关，提高货物通关效率和国际货运能力。鼓励货运航空公司与铁路、公路、水运和物流企业开展各种形式的合作，完善地面物流网络，开展多式联运，促进航空货运企业由单一货运向物流转型。引导建立航空物流公共信息平台，支持航空企业建立货运信息系统和电子商务平台，促进航空企业与其他物流企业实现信息对接，推动航空快件绿色通道建设。支持和鼓励航空货运企业建设航空货运枢纽、货运集散地和快件处理中心，积极争取民航管理部门在航线经营权、航班时刻等方面给予支持，加强货运枢纽建设。

大力拓展航空货运，积极引进货运基地航空公司和知名货运代理商，加大全货机投放规模，增开国际货运航线，重点围绕国内外知名快递物流集成商，培育以成都天府国际机场为总部基地的西南航空货运超级承运人，增强货物分拨集散和国际一体化供应链服务功能。积极发展航空冷链，聚焦医药、生鲜、农产品等领域，规划建设区域智能分拨中心、航空冷链物流中心等产业载体，完善冷链物流服务生态，建设高端冷链物流集散中心。加快发展保税物流，引导企业在综合保税区设立仓储分拨中心，完善保税仓储、配送分拨、中转通关、分拣包装、出口加工、产品展示、国际采购等增值服务。

围绕成都国际定期直飞客货运航线规划，持续加密国际航线，加快形成"欧洲—成渝—日韩""成渝—东盟、澳新"的Y字形国际货运网络，全力保障现有国际客运航线全部平移至成都天府国际机场。重点布局京津冀、长三角和粤港澳大湾区等国内精品航线，开通至国内重要物流枢纽节点全货机航线，巩固既有航线运力。重点支持基地航空公司在成都天府国际机场发展，引入有实力的低成本航空公司在成都天府国际机场设立基地。加快与成都双流国际机场协同运行，提升航线网络干支衔接水平，做强国际枢纽中转业务。推进与重庆江北国际机场在国际航线、中转联程等方面合作，提升机场群国际航线服务水平。加强空港型、陆港型国家物流枢纽间业务联动，延伸陆上物流网络，强化国际空陆中转功能。

7.3.1.4 重视空港建设，推动港产城一体化运营

提升空港景观风貌和环境品质，大力推进绿色智慧空港建设，构建功能配套完善、服务优质高效的发展环境，加快打造全国现代化生态智慧空港样板城。建设生态低碳型空港。加大清洁能源推广应用，加强节能减排技术和设备应用，积极应用环保新材料、雨水循环再利用、地面车辆"油改电"等技术，实现机场污染物"零排放"。鼓励航空公司引进节能环保机型，淘汰高耗能老旧飞机，支持飞机节油改造。严格实施噪声治理方案，建立空气质量监测点和噪声监测系统，实施高噪声区绿化工程，降低机场和进场公路周边噪声影响。建设现代智慧型空港。推动"智慧机场"建设，促进互联网、大数据等信息技术与机场融合发展，积极建设智能航空平台，全面提升机场服务水平和旅客体验。推行"智慧交通"建设，实现各系统交通信息共享。提速"智慧城市"建设，适度超前部署新一代信息基础设施，推动以航空为主题的应用场景数字化，建设万物互联的国际一流信息港。构建智慧城市管理运行体系，打造汇聚城建、环保、气象等领域数据和统筹管理运营的"城市大脑"。建设国际高端型空港。积极培育国际化、时尚化、现代化消费业态，吸引国内外知名企业和高端人才入驻，打造时尚消费新商圈。全面升级公共服务体系，建立与国际化相适应的医疗卫生、教育服务、就业体系，完善商务楼宇、酒店等城市配套设施，加快建设集公共服务、行政服务等功能于一体的临空服务中心。优化国际化语言环境，加快实施国际化标识改造工程，试点建设国际化社区。

7.3.1.5 设立专项资金，拓宽投融资渠道

四川省高度重视航空产业的重要地位，不断拓展投资渠道，形成多元化的资金投入机制。一是组建产业基金、实现协同发展。围绕航空航天、高端制造、电子信息等先进制造业的关键环节和价值链高端，政府和企业共同设立专项资金扶持其发展，进一步放大了省、市、区三级国有资本联动效应，推动产业集群打造和区域经济升级发展。二是发挥体系优势、打通关键环节。充分发挥"1+N"统筹协调制度优势，与四川航空集团有限责任公司深度合作，投资设立国内首个空客 A321 客机改装货机业务平台，成功组建四川赛德航空科技公司。为实现航空产业"一核两翼"战略规划打下坚实基础。三是优化融资结构、完善资本运作。依托四川发展惠誉主体信用评级优势，着力降低融资成本，旗下发展国际进一步打通跨境资本双向流通通道，正在加快融入以国内大循环为主体、国内国际双循环相互促进的新发展格局。四是聚焦对外合作、拓展国际业务。面对国内市场下行疲软的被动局面，四川发展危中寻机、克难奋进，紧紧扭住对外开放合作这个抓手，主动与多家境外公司对接洽谈，推动国际飞机租赁业务稳步发展。截至 2022 年 7 月月底，旗下国翔国际与九家境外公司开展务实合作，国际飞机租赁业务利润同比增长 22.94%，实现向外破局、逆势发展。

7.3.2 重庆市民航业高质量发展的实践探索[①]

7.3.2.1 重庆市民航业发展现状

近年来，重庆市民航基础设施不断完善。重庆江北国际机场被中国民用航空局定位为国内十大国际航空枢纽之一，以机场为主体的一体化综合交通网络进一步完善，国际航空枢纽功能和保障能力显著提升。巫山、武隆民用机场建成投用，重庆新机场选址（已批复）、万州机场改扩建工程、黔江机场航站区改扩建工程加速推进。龙兴、大安通用机场投入运行。以重庆江北国际机场为核心，万州、黔江、巫山、武隆支线机场为支撑，部分通用机场为补充的多层次机场体系基本形成，航空服务覆盖范围持续扩大。重庆市域内的机场功能各

---

① 笔者根据相关资料整理。重庆市交通局. 重庆市民航发展"十四五"规划（2021—2025 年）[EB/OL]. (2021-12-15)[2023-05-13]. https://jtj.cq.gov.cn/zwgk_240/zfxxgk/fdzdgknr/ghjh/sjgh/202112/t20211215_10169102.html.

有定位：重庆江北国际机场定位为重庆国际航空枢纽的核心机场，重点打造国际客运枢纽。重庆新机场定位为区域航空枢纽和航空货运枢纽，初期以国内客运为主，重点保障全货机货运，积极打造国际航空物流转运中心。重庆江北国际机场、重庆新机场与成都双流国际机场和成都天府国际机场共同打造双核驱动、内陆引领的国际航空门户枢纽体系。提升万州、黔江、巫山和武隆机场在机场体系中的地位和作用；万州机场依托万州建设全国性综合交通枢纽的契机，充分发挥好辐射渝东北三峡库区城镇群的枢纽功能；黔江、巫山和武隆等地机场定位为以旅游特色为主的支线机场，兼顾通用航空功能，改善当地交通出行条件，促进地方旅游业和通用航空发展；完善机场地面集疏运体系，加强万州机场与巫山机场、黔江机场与武隆机场，以及各运输机场与通用机场之间的联动合作。在民航基础设施不断完善的条件下，重庆市航空业务规模也在快速增长，航线网络覆盖水平不断完善，航空货运稳步增长，"一核五区"空间布局（临空经济示范区核心区、临空物流区、临空保税区、临空制造区、临空商务区、临空会展区）基本形成。通用航空全产业链初步形成，通用航空制造水平不断提高，基本形成"直升机＋固定翼＋无人机、制造＋运营＋服务"的全产业链通航产业发展格局。

但同时，重庆的民航业发展不平衡不充分现象仍然突出。例如，机场综合保障能力不足，重庆江北国际机场设施容量趋于饱和，地区空域资源紧张；缺乏具有战略一致性和较强竞争力的基地航空公司，国际客运量占比相对偏低；以机场为中心的综合交通集疏运体系有待完善；支线机场基础设施保障能力不足，航空服务水平有待提高；重庆江北国际机场国际旅客吞吐量占比和枢纽中转占比较低，支线机场航线网络较分散、航班频次低，对重庆江北国际机场补给作用发挥不足；低空航线未实现网络化，渝东北三峡库区城镇群、主城新区和渝东南武陵山区城镇群部分地区航空出行便捷度不足，运输机场布局体系有待完善，通用航空发展和业务市场培育水平相对滞后，公共服务和商业运营业态规模较小，低空空域改革试点推进较为缓慢，低空空域管理平台和低空飞行服务平台等通用航空综合保障体系不够完善（见表7-3）。

表7-3 重庆市民航业"十四五"发展目标

目标类别	目标内容
航空覆盖水平	到2025年，基本航空运输服务普惠性更加凸显。新增布局重庆新机场，研究万盛、城口、石柱、开州、秀山等支线或通用机场布点；按照运输机场70公里的服务半径、通用机场30公里的服务半径，覆盖重庆市95%的区县和93%的人口

续表7-3

目标类别	目标内容
航空运输规模	到2025年，全市运输机场保障能力显著提升，运输机场总体客货运输保障能力达到8000万人次和120万吨；重庆江北国际机场实现旅客吞吐量6350万人次、货邮吞吐量60万吨；支线机场旅客吞吐量占比由3.6%提升至7%以上，对重庆江北国际机场的补给作用进一步增强
航线网络布局	巩固盈利性航线，拓展战略性航线，积极构建枢纽中转航线网络。到2025年，国内客运通航点达到185个，国际（地区）航线数量达到115条
通用航空发展	通用航空基础设施保障能力显著提升，新开工建设一批通用机场，完善支线机场通航设施；深入推进低空空域管理改革，全面提高空域使用效率；加快完善通用航空运营和服务保障体系，构建通用航空产业协同发展体系，加快通用航空全产业链发展
临空经济发展	到2025年，基本建成开放引领、特色明显、动力强劲的国家级临空经济示范区，"一核五区"产业空间和"一轴三核九廊"（一轴：生态景观主轴；三核：航空文化公园、重庆中央公园、湿地科普公园；九廊：九条线性生态景观廊道）的生态空间格局基本形成，聚集一批具有全球影响力的知名航空物流、高端制造、商务会展企业，临空经济示范区地区生产总值达1000亿元，临空制造业和临空服务业增加值占GDP比例超过70%；具备条件的支线机场和通用机场特色临空产业园起步建设

资料来源：笔者根据资料整理。重庆市交通局. 重庆市民航发展"十四五"规划（2021—2025年）[EB/OL]. (2021-12-15)[2023-05-13]. https://jtj.cq.gov.cn/zwgk_240/zfxxgk/fdzdgknr/ghjh/sjgh/202112/t20211215_10169102.html.

7.3.2.2 重庆市民航业高质量发展的路径

1. 加快构建现代化的民航基础设施体系

第一，加快基础设施建设，提升综合保障能力。研究新增支线机场布点，进一步提升航空服务覆盖水平。支持有条件的区县规划布局通用机场，实现对运输机场网络的有效补充，形成"覆盖广泛、结构合理、功能完善、便捷通达"的"干支通、全网连"的现代化机场体系。开工建设一批市场有需求、资源有保障的通用机场。加快推进重庆江北国际机场T3航站楼及第四跑道建设项目，提升国际航空枢纽竞争力。推进万州机场改扩建、机场总体规划修编及口岸设施完善工作，推进黔江机场航站区扩建工作。

第二，加快完善航线网络布局，壮大基地航司。构建高质量、高效率的国内直达和枢纽中转航线网络，强化枢纽机场快线业务，巩固提升重庆至北京、上海、广州、深圳等地的精品商旅快线市场；扩大市场腹地，完善和加密西南地区干支线机场航线网络的衔接，提升高原航线网络的通达性和连接度，打造西南地区的中转枢纽；构建旅游环飞航线，促进"航空+旅游"的融合发展。培育壮大主基地航空公司。研究整合基地航空公司，积极培育壮大与国际航空枢纽战略相契合的主基地航空公司，加强战略合作和政策扶持，给予主基地航空公司在航站楼和停机坪使用、航权时刻安排和资源配置等方面的优先保障。鼓励主基地航空公司搭建航班波、开设联程联运航线、提升中转效率。依托中新（重庆）战略性互联互通示范项目合作平台，加强重庆江北国际机场与新加坡樟宜国际机场的合作，开展东南亚至东北亚航线的联运联程业务。

2. 推动航空货运发展

其一，充分利用既有货运设施。进一步发挥重庆江北国际机场货运设施作用，合理规划东西航站区业务规模和保障功能，优化货运区功能布局，推进货运设施集约化发展。积极推动运单电子化，优化简化场内服务流程，提高安检、联检及通关运行效率。其二，拓展全货机业务市场。巩固"地空中转"业务，积极开拓"空空中转"业务，整合客机腹舱、卡车航班、货运航班等资源，优化运输组织实施方案，构建信息共享平台，提高航空货运网络化和信息化水平。推进全货机航线网络纵深发展，加密现有定期货运航班，增加经停和串飞航点；加强与临时执飞货运航班的航空公司合作，争取转变为定期航班航线。其三，积极打造航空货运枢纽。推进航空货运枢纽建设，引入专业化航空物流企业设立基地，引导航空物流网络与制造业协同发展，保障区域产业链供应链持续稳定，加快融入国家"全球123快货物流圈"，支撑重庆内陆国际物流枢纽建设。

3. 打造临空经济发展新高地

其一，优化临空经济空间布局。进一步优化临空经济发展空间格局，形成"1+1+N"（重庆江北国际机场+重庆新机场+N个支线及通航机场）的布局体系。优化拓展重庆江北国际机场临空经济示范区核心区航空服务功能，进一步加大对航空总部、航空客货运输、机务维修、航食配餐等重点产业的招商引资力度，吸引国内外优质龙头企业进驻；合理规划核心区土地资源，保障交通基础设施、航空服务配套等产业的发展。加快完善重庆新机场临空经济区规划，并力争起步建设。积极促进支线机场、通用机场所在区县结合当地产业体系发展基础和优势，打造临空产业园。其二，完善重庆江北国际机场临空经济示范区产业体系。发挥江北国际机场客货运优势，积极发展航空物流、跨境电商、临空制造、电子信息、生物医药、航空维修、国际会展、总部经济等航空关联产业，提升临空经济示范区产业发展水平。吸引大型航空物流企业入驻，构建规模化、网络化航空快递服务体系，推进航空物流分拨中心建设。建立跨境电商公共服务平台，完善跨境电商服务功能。加快培育通用航空器核心零部件及整机研发与设计，积极发展工业微生物、活性疫苗、生物制药等医药产业。积极引入国内外大型机务维修企业落户重庆江北国际机场，支持基地航空公司发展机务维修业务。依托悦来国际会展城，争取部分国际性会议会展永久落户，打造西部国际会展中心。吸引国内外龙头企业在渝设立总部或分支机构，发展临空总部经济。

4. 强化民航协同发展

促进成渝世界级机场群协同发展。依托成渝地区双城经济圈建设的沟通协商机制，加强成渝两地在机场规划建设、运行管理、空域协同等方面的交流合作，推动区域民航重大布局、关键资源配置的统一规划、统筹布局、协同审批，在解决空域资源、互联互通、口岸通关、市场开拓等方面形成发展合力。

7.4 东北地区民航业高质量发展的实践探索[①]

近年来，吉林省民航基础设施建设扎实推进，运输业务量稳步增长，服务能力持续提高，通用航空起步发展较快，枢纽功能不断完善。

7.4.1 吉林省民航业发展现状

1. 民用机场建设稳步推进

"十三五"期间，长春龙嘉国际机场二期扩建工程竣工并投入使用，白城长安机场开通运营，松原查干湖机场竣工并开通运营，白山长白山机场扩建工程全面开工建设。启动了长春龙嘉国际机场三期扩建、通化三源浦机场扩建、延吉朝阳川机场迁建等项目前期工作。同步完成了长春龙嘉国际机场、通化三源浦机场总体规划的修编工作。截至 2021 年，吉林省已有长春龙嘉国际机场、延吉朝阳川国际机场、白山长白山机场、通化三源浦机场、白城长安机场、松原查干湖机场六个运输机场，吉林省"一主多辅"的机场布局逐步加强，民航基础设施支撑能力不断提升。

[①] 限于资料的可得性，本部分内容以吉林省为例，探究东北地区民航业高质量发展概况。吉林省发展和改革委员会. 吉林省民航发展十四五规划[EB/OL].（2022—01—29）[2023—05—04]. http://jldrc.jl.gov.cn/zcfb/zcfg/202201/t20220129_8390178.html 笔者整理所得。

2. 航空枢纽网络初步形成

"十三五"期间，吉林省重点打造长春航空枢纽，航线网络规模不断扩大。长春龙嘉国际机场跃入全国大型繁忙千万级机场行列。国内航线，长春龙嘉国际机场航线网络已基本覆盖国内省会城市，以及环渤海、长三角、珠三角三大经济圈等主要经济发达和旅游热点城市。国际航线，保持通航韩国、日本和俄罗斯远东地区，以及东南亚地区的新加坡、泰国和越南等，开通了长春至俄罗斯莫斯科、叶卡捷琳堡及美属塞班岛等季节性旅游航线。航空货运网络、全货机航线持续运营，顺丰航空有限公司、中国邮政航空有限责任公司等相继运营。

3. 空铁联运比重保持高位运行

打造机场多式运输一体化衔接，强化航空枢纽功能，围绕长春龙嘉国际机场形成了以轨道交通和高速公路为骨干的多模式、一体化交通集疏运系统，强化了机场的综合交通枢纽地位。在"十三五"期间，长春龙嘉国际机场不断拓展以轨道交通为主的"大容量"公共交通对周边地市的辐射，吉林省省内长春、吉林、四平、松原、白城、延吉、蛟河、珲春、敦化等地区的旅客均可通过铁路运行方式到达长春龙嘉国际机场。长春龙嘉国际机场空铁联运旅客量2015年至2019年年均增长21.8%，占机场旅客吞吐量36%以上，空铁联运业务总量比重在国内同层级机场中处于较高水平。

4. 通用航空全面启动

吉林省现有四个通用机场和九个通用机场项目启动了前期工作。"十三五"期间，吉林省明确了通航产业发展目标和总体布局。长吉图区域纳入国家首批通用航空短途运输网络示范工程，松原市哈达山、长春市乐山及长春市榆树被列为国家航空飞行示范营地。通用航空维修制造产业形成良好基础，具备通用飞机维修、零部件精制等较为成熟的通用航空制造维修的产业链条，拥有一批具有鲜明特色和技术优势的本地通用航空制造企业。吉林市被列为全国首批通航产业综合示范区，加速航空维修、零部件制造等产业集聚。

7.4.2 吉林省民航业高质量发展思路

1. 进一步完善机场网络布局

加强长春龙嘉国际机场和延吉朝阳川国际机场的建设。按照长春龙嘉国际机场引领内陆开放的区域性东北亚国际枢纽，东北地区重要的物流基地，辐射东北的现代综合交通枢纽，临空经济融合发展等定位，推进打造长春东北亚地区国际航空枢纽。按照辐射东北亚地区国家和军民融合发展示范的定位，建设延吉朝阳川国际机场。按照吉林省旅游资源和旅游产业带开发布局，加强旅游特色机场建设，打造白山长白山机场成为吉林省全域旅游的航空平台和东北亚重要的旅游集散中心。按照支持地方经济开发和社会发展、特色产业带及城市发展空间布局需求，改善提升既有支线运输机场基础设施保障能力。适时推进新建运输机场，加快形成吉林省中东西布局均衡的机场体系。

2. 强化航空运输服务能力建设

第一，完善干支及国际航线网络布局。提升长春龙嘉国际机场网络覆盖能力，基本覆盖至国内所有省会城市、计划单列市、重要旅游城市及经济发达城市航线。大力发展吉林省省内支线航线网络，持续打造"经长飞"品牌航班中转产品，鼓励干线、支线、通用机场共同发展短途运输。推进长春龙嘉国际机场、延吉朝阳川国际机场国际快线，以首尔、曼谷、东京、符拉迪沃斯托克等重点城市为节点，进一步拓展与日本、韩国、俄罗斯远东地区的直飞国际航线，争取长春龙嘉国际机场、延吉朝阳川国际机场作为国内城市与东北亚航线的重要中转枢纽，打造辐射东北亚的区域性国际航空网络。适时开通白山长白山机场和通化三源浦机场的国际航线。在吉林省推广实施跨航司通程航班，积极开展国内中转旅客跨航司行李直挂服务试点，激活支线机场的通达性，提升支线机场的航班密度，推动形成"干线－支线－通用"机场协同发展的良性格局，实现吉林省省内机场群网络协同。同时，加快引进基地航空公司，增加运力保障。积极引进基地航空公司，促进长春龙嘉国际机场成立2~3家基地航空公司。提高吉林省航空运力保障数量，优化运力结构，鼓励在吉林省运营的航空公司、通航公司增加运力投放。

第二，开发空地一体的客运联运产品。充分利用机场综合交通枢纽优势，积极统筹推动开发机场与轨道交通有机连接。推动机场城际铁路龙嘉站至长春站、吉林站区间公交化运营，加密白城、松原、四平等地至龙嘉站车次；完善城市候机楼体系，探索构建安检互信、高效换乘体系，推进实现"一票到底、行李直挂"；建立机场综合交通枢纽信息公共服务平台及协调机制，增强客流、班线、时刻等资源的共享及协调，满足旅客便捷出行和货邮高效运输需求。

第三，建设航空物流体系，提升航空货运服务能力。以长春龙嘉国际机场三期扩建工程建设为契机，优化机场货运功能区布局及货运保障设施，加强与长春临空经济示范区、长春新区国际港、长春兴隆国际陆港之间的货运一体无缝衔接。完善货运多式联运运行机制，推进民航、公路和铁路在服务流程、技术标准、信息系统、票务结算等方面的对接。扩大航空货运服务网络，积极建设以东北亚为核心的国际航空货运大通道，适时开辟全货机跨境物流专线；引入大型物流服务和航空快递企业,打造长春龙嘉国际机场成为东北地区的跨境电商物流中转基地。

【知识拓展】

"十四五"时期吉林省民航运输机场重点工程

在"十四五"期间新建、迁建、改扩建项目预计总投资 350 亿元。着力强化"一主多辅"机场布局,继续完善长春龙嘉国际机场区域枢纽功能,提高支线运输机场地级城市覆盖水平,推进县级城市通用机场建设,进一步提升航空运输服务能力。到 2025 年,吉林省基本构建资源配置合理、枢纽功能突出、社会效益显著、经济效益提升、带动作用明显的现代航空发展体系,大大促进吉林省社会经济和对外开放发展。

长春龙嘉国际机场三期扩建工程:主要建设飞行区等级为 4E 的第二条跑道、平行滑行道、快速出口滑行道及垂直联络滑行道;新建 T3A 航站楼及相应的站坪机位、站坪滑行道;建设停车楼及停车场、陆侧交通系统;建设货运设施、机务维修设施及相关配套基础设施;供油工程、空管工程等。项目总投资预计为 260 亿元。

改扩建机场工程:白山长白山机场、吉林二台子机场、通化三源浦机场、松原查干湖机场,总投资 39 亿元。

迁建机场项目:延吉朝阳川国际机场迁建工程,总投资 61.7 亿元。

前期工作项目:四平、珲春、榆树、敦化、白山、集安、辽源、长白机场。

展望 2035 年,吉林省机场综合保障能力大幅提高,空域资源环境得到改善,机场运行效率和服务质量达到国内先进水平,基本建成"辐射东北亚、服务东北地区"的区域机场群以及具有核心竞争力的东北亚区域航空枢纽。机场群与城市群实现联动发展,成为驱动区域经济发展的强大动力源。

注:当机场设施容量趋于或达到饱和状态,方可考虑开展扩容前期工作。

资料来源:吉林省发展和改革委员会. 吉林省民航发展十四五规划[EB/OL].(2022-01-29)[2023-05-04]. http://jldrc.jl.gov.cn/zcfb/zcfg/202201/t20220129_8390178.html. 笔者进行整理。

7.5 边疆地区民航业高质量发展实践探索

7.5.1 西藏自治区民航业高质量发展实践探索

西藏自治区是我国极为特殊的边疆民族地区,在国家发展大局中占有十分重要位置。长期以来，受自然地理、经济发展、历史制度等多方面因素的影响，西藏自治区民航业发展较为滞后，但由于地处边陲，民航业在西藏自治区综合交通运输体系中又具有独特优势，有超过30%的进出藏客运量均由其承担。自进入新时代以来，西藏自治区民航业无论是从运输规模、结构还是从基础设施建设方面均有明显提升。

7.5.1.1 西藏民航运输规模成倍增长

2012—2021年，西藏自治区区内机场累计保障航班起降43.8万架次、旅客吞吐量4560万人次、货邮吞吐量36.8万吨，远超2021年之前的西藏通航47年的总和，分别达到3.4倍、2.8倍和1.4倍。其中，年均飞机起降架次由2012年的2.15万架次增加到2021年的5.99万架次，年均增长率为12.1%。年旅客吞吐量由2012年的221.7万人次增长到2021年的603.1万人次，年均增长率为11.8%。年货邮吞吐量由2012年的1.65万吨增长到2021年的5万余吨，年均增长率为13.1%。与此同时，民航在西藏自治区综合交通运输体系中的占比成倍提升。民航客运量在西藏自治区客运总量中的占比由2012年的15.28%增长到2020年的32.15%。民航旅客周转量在西藏自治区旅客周转总量中的占比由2012年的19.07%增长到2020年的68.40%。[①] 2023年一季度，西藏自治区民航总体运行平稳、安全、顺畅，运输生产有序、迅速恢复，共保障航班起降12058架次，完成旅客吞吐量123.4万人次，货邮吞吐量8775吨。生产形势已接近2022年同期水平，旅客吞吐量还略有增长。[②]

7.5.1.2 西藏民航基础设施升级换代

2012—2021年，中国民用航空西藏自治区管理局累计实施重点项目10个，项目建设投资200亿元。

其一，机场建设方面。一是新建拉萨贡嘎机场航站楼、改扩建林芝米林机场航站楼。其中，2021年投入使用的拉萨贡嘎机场T3航站楼，是西藏自治区目前最大的单体建筑，能满足年旅客吞吐量900万人次、货邮吞吐量8万吨的使用需求。二是新建了昌都邦达机场第二跑道、林芝米林机场平行滑行道。三是投资136.43亿元，启动了西藏民航建设史上规模最大、投资最多的"3+2"

[①] 十年来西藏民航运输规模快速增长[EB/OL].（2022-10-09）[2023-06-03]. http://www.xizang.gov.cn/zwfw/jrgz/202210/t20221009_323075.html.

[②] 杨小娟. 西藏民航一季度旅客吞吐量123.4万人次 货邮吞吐量8775吨[N]. 西藏日报，2023-04-17（01）.

机场建设项目（指三个新建机场项目和拉萨贡嘎机场第二跑道建设工程、日喀则和平机场常规备降升级改造工程）。"1干4支"的运输机场体系将升级为"1+7+N"，形成以拉萨贡嘎机场为区域枢纽，各机场相互协同发展的新局面。[①] 四是深入实施平安、绿色、智慧、人文机场的建设。先后引入了智能生产运行系统、智慧安防系统、人脸识别系统、智能交通系统、行李自动分拣系统等。

其二，航线网络方面。一是继续以"干支通、全网联"为目标，加快建设以拉萨区域航空枢纽为核心、林芝米林机场为重要支点的进出藏空中运输大通道，形成辐射全国的五小时航空出行交通圈。二是以提升航线直达率为导向，构建重点通达省会城市、经济中心城市、重点旅游城市的国内航线网络，开通两条国际及地区航线，打造以成都、重庆、西安、昆明为重点的航空快线。三是力争实现省会城市空中直连，基本形成以拉萨贡嘎机场为区域枢纽，辐射区内、畅达区外、连通国际的客货运输网络。

其三，空管设施建设方面。一是以"四强空管"建设为牵引，加快实施远程集中塔台、高高原机场集中气象预报、数字化航行情报系统项目建设，逐步开展拉萨区域管制中心、拉萨航行情报中心建设的先期研究。加快建设灾备应急场所及设施设备，探索建立中国民用航空西藏自治区管理局运行数据异地灾备中心及高原空管培训基地。二是在西藏自治区进行全覆盖选址，新建通信导航监视台站13个，建成中国民航首条广播式自动相关监视系统管制航路，实现了航路通信信号全覆盖，彻底解决了管制员与飞行员对话中"看不见、听不到、叫不着"的难题。三是开通"成拉复线"，成都—拉萨航路由单通道的"乡间公路"升级为双通道的"高速公路"，飞机在空中飞行实现了"来去分开"。四是持续改善辖区空域环境，优化完善进出藏航路和机场进离场航线，提高空域运行效率，进一步缩短管制间隔，建设辖区空域空管一/二次雷达、广域多点定位等系统。在西藏自治区区内机场全部实现RNP（导航性能）程序运行的基础上，进一步实施了公共RNP程序，不同航空公司的飞机进出机场，使用同一套程序和标准，类似在"管道"中精准起降，受天气影响更小，安全裕度更大。

[①] 笔者根据相关资料整理。西藏举行党的十八大以来民航事业发展成就新闻发布会[EB/OL].(2022-10-08)[2023-06-03]. http://www.scio.gov.cn/xwfbh/gssxwfbh/xwfbh/xizang/Document/1731577/1731577.htm.

7.5.1.3 西藏民航经济社会效应显著

1. 为西藏自治区经济社会发展提供了动力支撑

机场旅客吞吐量与 GDP 具有极强的关联性和同向性。有关研究表明，2019年西藏自治区航空客运对 GDP 的贡献达180多亿元，占比11%。带动了就业增长。2021年，西藏自治区五个机场产生的相关就业岗位超过三万个。2020年，西藏接待旅游人数达3505万人次，是2012年3.3倍；实现旅游收入366.4亿元，是2012年的2.9倍。① 机场所在地均是当地经济发展的桥头堡，带动了农业、加工业、装潢业及其他运输业的快速发展，松茸、藏香猪、牛羊肉、大棚蔬菜水果等西藏自治区特色农畜产品、本地手工艺品通过航空运输，远销国内外。

2. 为促进民生改善注入了活力

一是民航出行更加便捷、舒适，大幅提升了旅客的获得感。2021年，西藏自治区内机场平均放行正常率达到90%。西藏自治区内机场航站楼总面积由4.4万平方米增加到14.2万平方米，是2012年的三倍。拉萨贡嘎机场值机柜台由16个增加到40个、安检通道由8条增加到22条，新增18条登机廊桥，实现了旅客乘机无纸化通关、快捷办理临时乘机证明。② 加入了全国民航旅客遗失物品统一查询平台，提高了旅客找回遗失物品的成功率。二是航空运输改善生活品质，大幅提升了西藏各族人民的幸福感。通过航空运输，西藏各族人民不仅更加便捷地享受到医疗、教育、邮政等基本公共服务，加速了西藏各族群众进入现代化的步伐。拉萨贡嘎机场与多家物流快递公司签订了运输协议，各类商品通过航空渠道快捷进入西藏市场，深刻改变了西藏人民的购物习惯。同时，越来越多的西藏人民飞往内地就业、求学、旅游，极大地促进了民族之间的交往、交流、交融和中华民族共同体意识的铸牢。

3. 为通用航空和应急救援搭建了平台

《西藏自治区通用航空发展规划（2021—2035年）》（下文简称《规划》）

---

① 笔者根据相关资料整理。西藏举行党的十八大以来民航事业发展成就新闻发布会[EB/OL].(2022-10-08)[2023-06-03]. http://www.scio.gov.cn/xwfbh/gssxwfbh/xizang/Document/1731577/1731577.htm.

② 笔者根据相关资料整理。西藏举行党的十八大以来民航事业发展成就新闻发布会[EB/OL].(2022-10-08)[2023-06-03]. http://www.scio.gov.cn/xwfbh/gssxwfbh/xizang/Document/1731577/1731577.htm.

中指出,力争到2035年全区通用机场总数达59个,按需建设停机坪若干,基本实现每个县级行政单元均拥有1个以上通用机场,航空服务覆盖全区95%以上的人口(西藏自治区发展和改革委员会,2022)。《规划》中将西藏自治区通用航空划为四大业务类型。一是以短途运输为主的交通服务类型,二是以农牧业航空作业、航空探矿等为主的生产服务类型,三是以空中游览、航空培训为主的消费服务类型,四是以应急救援、医疗救护、航空护林等为主的公共服务类型。受特殊的地理环境影响,西藏自治区的民航业在应急运输方面发挥着不可替代的作用。许多先天性心脏病儿童、危重病患者,通过民航"绿色通道"第一时间赶到医院得到救治。2012—2021年,民航累计运送危急病人800余例。通用航空是应急救援不可或缺的组成部分。2012—2021年,西藏自治区内通用航空实现了零突破并快速发展,累计完成作业起降200余架次,在医疗急救、森林防火、应急救援、自然勘探、科学考察等方面得到了广泛应用。

4. 航空安全得到极大保障

西藏自治区内的机场全部为高高原机场,自然条件恶劣、保障设备降效严重,加之运输生产需求旺盛,确保安全生产面临很大挑战。2012—2021年,西藏自治区民航未发生责任原因严重征候及以上事件,机场原因征候万架次率十年均值为0.04,低于行业核定的0.08的安全指标。创造了连续保障飞行安全57年的新纪录,刷新了在世界平均海拔高度最高、保障飞行难度最大地区安全飞行时间最长的纪录,成为世界民航高高原安全运行的典范。在长期的探索过程中,西藏自治区积累了大量的民航安全管理经验。一是着力健全安全制度体系。先后制定了《安全生产党政同责暂行办法》《安全生产管理责任实施细则》《安全从业人员工作作风管理办法》等一系列制度体系,全面规范安全管理各项工作。二是着力构建更为完善的安全治理体系。全面加强危险源识别、风险分析、隐患排查等工作,通过定期排查、定期复核、定期汇总等手段,确保各项风险隐患得到识别和管控。同时,加大深化改革力度,尽快组建民航西藏机场集团、民航西藏空管中心、民航西藏监管局,形成机场运营、空管运行、安全监管相对独立的框架体系。三是着力打造并严格执行高高原运行标准。从适航维修、管制指挥、通导保障、气象服务等专业进行梳理总结,为《民航西南地区高高原运行指导意见》的出台贡献了西藏自治区民航业的力量。四是着力推进新技术应用。广播式自动相关监视系统、导航性能等的应用,解决了地空通信质量差、飞机起降阶段易受低云、风切变影响等危及飞行安全的难题。各机场通过科学的鸟情调研及人防、物防、技防相结合的手段,有效降低了鸟击航空器风险。拉萨贡嘎机场应用道面健康检测设备,实现了对跑道的实时监测，有效降低了跑道安全风险。林芝米林机场在高高原机场率先使用特性材料拦阻系统，有效提高了安全保障能力。

7.5.2　云南省民航业高质量发展实践探索[①]

7.5.2.1　云南省民航业发展现状分析

近年来，云南省民航业发展现状有以下几个特点：一是机场网络体系建设不断完善。在"十三五"期间，云南省建成了沧源佤山机场和澜沧景迈机场，推动实施了昆明、芒市、腾冲、文山等地机场改扩建项目，共运营民用运输机场15个，机场数量排名全国第3位，仅次于新疆维吾尔自治区和内蒙古自治区，机场密度达到3.9个/十万平方公里，高于全国2.5个/十万平方公里的平均水平，形成了以昆明长水国际机场为枢纽，以丽江、西双版纳、芒市等地机场为重要节点，其他支线机场为支撑的机场网络体系。保山、普洱、丽江、临沧四个地级市拥有一市两场，有昆明、丽江、西双版纳三个国际机场和芒市一个口岸机场。二是航线网络通达性进一步提升。在"十三五"期间，云南省机场客货航线基本实现了南亚东南亚国家首都和重点旅游城市客运全覆盖，南亚东南亚的航空辐射中心加速成型。支线机场航线网络通达性进一步加强，共开通云南省省外直飞航线192条，开通云南省省内环飞航线10条。三是临空经济初具规模。依托不断完善的机场体系和航线结构，云南省航空运输业规模不断增大。在此基础上，昆明长水国际机场综合保税、航空物流、电子信息、生物医药、现代服务业、高端装备制造等产业逐步聚集，临空产业培育成效显著。此外，西双版纳、丽江等地依托旅游等优势产业，打造特色临空经济。

在取得显著发展成效的同时，云南省民航业高质量发展也面临着短板和不足。例如，国际航空枢纽建设亟须加快推进。昆明长水国际机场现有航站楼保障能力不足，至南亚东南亚国际航班频次少、密度低，中远程航线不足，基地航空公司规模普遍不大，运力投放不足。尚未实现与高速铁路的有效连接，综合交通集疏运体系和运输机场空间布局有待进一步优化。航线网络有待进一步完善，云南通达国内航线主要集中在发达城市和东南沿海地区，通往东北、西

---

① 笔者根据相关资料整理。云南省交通运输厅. 云南省民航"十四五"发展规划[EB/OL]. (2022-02-06)[2023-05-04]. https://www.yn.gov.cn/ztgg/ynghgkzl/sjqtgh/zxgh/202202/t20220206_235755.html.

北和新疆地区的航线网络尚有较大拓展空间。国际航线以旅游客源为主，票价水平普遍不高，运营效益不稳定。云南省省内航线结构有待进一步优化，丽江、西双版纳、芒市直通云南省省外的航线航班有待优化加密，云南省省内机场间环飞航线有待进一步培育（见表7-4）。

表7-4 云南省民航业"十四五"发展目标

目标类别	目标内容
总体目标	民航基础设施补短板强弱项成效显著，开创航空支撑经济社会发展和对外开放的民航强省新格局
机场建设	到2025年，云南省在建和运营运输机场总数量达到20个，基本实现每个州、市均有运输机场。规划建设通用机场29个，在运输机场100公里半径范围内、通用机场50公里半径范围内基本实现对云南省面积90%的服务覆盖，基本航空运输服务普惠性更加凸显。迁建、改扩建项目顺利推进实施，支线机场综合保障能力显著提升
运输规模	到2025年，云南省实现旅客吞吐量1.08亿人次，年均增长16.73%。货邮吞吐量60万吨，年均增长10.21%。昆明长水国际机场实现旅客吞吐量7000万人次，年均增长16.24%，其中国际旅客吞吐量达到800万人次，年均增长68.27%。货邮吞吐量53万吨，年均增长10.28%，其中国际货邮吞吐量8万吨，年均增长26.19%。中转旅客量突破800万人次，占比超过10%
服务能力	到2025年，云南省航线数量达到750条，通航城市达到210个。昆明长水国际机场航线数量达到500条，其中国际航线突破120条，国际和地区通航城市超过70个。洲际直飞航线突破5条，力争达到10条。引进1~2家基地货运航空公司

资料来源：云南省交通运输厅. 云南省民航"十四五"发展规划[EB/OL].（2022-02-06）[2023-05-04]. https://www.yn.gov.cn/ztgg/ynghgkzl/sjqtgh/zxgh/202202/t20220206_235755.html. 笔者进行整理。

7.5.2.2 云南省民航业高质量发展的对策分析

1. 进一步完善民用机场体系建设，提升运输保障能力

打造昆明国际航空枢纽，加快机场改扩建工程。加快完善货运、机务维修、航空公司基地、航油、口岸等各类配套设施，提升昆明长水国际机场基础设施保障能力和运行效率。其一，推进新（迁）建机场建设。实施红河蒙自机场续建工程，新开工昭通机场迁建，规划新建元阳、楚雄、宣威、玉溪、怒江等地机场，优化支线机场布局，提高云南省运输机场密度，扩大基本航空运输服务覆盖范围。推进普洱思茅机场迁建和景东、丘北、勐腊、永善等地新建机场的前期工作。完善支线机场建设布局，提升枢纽功能和支线机场保障能力。加快实施丽江、西双版纳、芒市、大理、腾冲、保山、普洱、迪庆、临沧、澜沧、沧源、宁蒗、文山等地既有支线机场基础设施提升改造。支持支线机场在新建或改扩建过程中增设和完善通用航空设施,兼顾通用航空服务和保障。其二,促进区域机场协调发展。支持实施"保腾芒"空地保障一体化建设,积极推进设立滇西机场群(保山、腾冲、芒市等地机场)进近管制区,提高机场协调保障效率,继续强化空铁、空路联运产品设计和服务保障,创新协同发展体验新模式。进一步推动在滇西、滇西北、滇西南等机场群间开展"空铁通""空巴通"等协同运行业务,拓展区域机场群协同发展创新实践。加快培育丽江、西双版纳、芒市等地机场的区域次枢纽功能,有序疏解昆明长水国际机场云南省省内支线航班。促进各支线机场合理定位和特色化发展,提高区域机场资源整体利用效率。

2. 壮大基地航空公司规模,提升基地航空公司竞争力

扶持基地航空公司壮大运力配置,优化机队结构,推进航空公司机型升级,提高基地航空公司的运营规模、网络拓展、运行效率、服务质量、风险抵抗和盈利能力。鼓励和引进多元化航空公司,强化低成本航空基地公司的骨干作用,吸引国内外知名低成本航空公司入驻,在云南建立基地和开辟始发航线,丰富航空公司类型和航线类型。构建具有云南特色的航空旅游服务产品体系。深入推进跨航司中转业务,引导、推动航空公司开展跨航司通程航班业务,持续做优易中转品牌。推动机场跨航司中转流程优化和设施配套,加强同国内外机场合作,丰富跨航司中转内涵,增强枢纽建设支撑力。

3. 大力发展航空货运,加强航空货运运力和货运航线网络建设

重点引进货运基地航空公司,吸引实力强劲的航空物流集成商和货运航空公司,积极引导在昆明开辟全货运航线和设立运营基地。充分发挥客机腹舱运力资源优势,开展腹舱载货业务。其一,鼓励航空公司客运飞机执飞货运运输。加强昆明与京津冀、长三角、粤港澳、成渝等四大城市群的货运联系,推进与南亚东南亚以及环印度洋国家和地区全货机航空货运航线建设,开发连接南亚东南亚货运枢纽和重点港口的全货运航线,逐步建设经南亚延伸至西亚和非洲、经东南亚延伸至澳新地区的货运网络,并逐步拓展至欧洲的货运航线,构建国际贸易大通道。聚焦航空物流细分市场,打造南亚东南亚航空物流集散中心、跨境物流中心和生鲜产品转运中心。发展云南高原特色农产品、生物医药等传统优势产品物流,创新发展冷链物流,全力发展跨境电商物流,加快发展保税物流,依托南博会、旅交会、农博会等特色会展品牌,发展专业会展物流。加强基础设施和协调机制建设,增强应急物流保障能力。其二,积极拓展

航空货源。鼓励外商投资设立航空货运代理企业,加快推动航空货运代理企业集聚发展,强化与快递、电商、大型商贸企业的合作力度,不断拓展航空货运上下游市场。发挥跨境电商综合试验区政策优势,吸引国内外跨境电商龙头企业入驻,深挖航空物流新兴市场潜力。其三,夯实航空物流服务保障基础。依据市场需求,稳步有序申请冰鲜水产品、肉类、医药、国际邮件经转等特种商品进口指定口岸,推进进口指定口岸相关服务配套设施的建设。完善航空货运基础设施建设,积极购置和配备货运发展相关硬件设施设备,保障货邮安全、高效操作。其四,创新发展多式联运服务产品。依托卡车航班,发展陆空联运。创新发展空空联运服务产品,重点发展国内与南亚东南亚的空空联运服务。借助自贸区优势,拓展"国际转国际"业务,积极发展"国内转国内"业务。

4. 提升枢纽集疏运水平

优化枢纽航线网络,完善集疏运体系,巩固南亚东南亚优势航空市场。建设昆明长水国际机场综合交通枢纽,搭建昆明长水国际机场快速路网系统,推进渝昆高铁昆明长水国际机场端建设和昆明长水国际机场综合交通枢纽轨道群建设。优化旅客动线及换乘流程,增强多种交通方式的融合程度和集疏运效率。建立跨部门协调机制,有效协同航空、铁路、水运、公路等运输方式。拓展昆明长水国际机场空地联运集疏运模式,优化空地换乘流程。以完善城市候机楼行李服务、货运服务功能为基础,全力开辟客货多式联运大通道。

7.6 本章小结

中国不同区域的民航业发展基础、发展方式和面临的环境条件均有差异,其高质量发展路径自然有所不同。本章以东部地区、中部地区、西部地区、东北地区和边疆地区五个区域板块为例,分别选取其中的1~3个省区民航业发展情况进行探视,发现不同板块和地区的民航业发展既有很强的共同性,也有明显的差异性,其面临的问题、对策和路径多是建立在本省(区)情和比较优势等基础之上的。笔者通过对不同区域民航业高质量发展的路径进行观察,进一步了解了民航业促进地区经济社会发展的价值本真,有助于加深对重要战略产业的定位认识。

第8章 交通强国战略下民航业高质量发展的路径保障

交通强国战略下的民航业高质量发展需要清晰的路径和有力保障。必须完善综合交通运输体制机制，着力推动构建综合运输服务体系，推进基础设施网络衔接一体化，加强各种运输方式的衔接和融合。重视航空物流发展，推进民航业与现代物流业融合发展。转变"重客轻货"思想，以支撑产业链、供应链为目标，以降本增效提质为核心，打造具有较强竞争力的航空物流企业，构建高质高效、自主可控的航空物流网络。重视民航业与区域经济协调发展和有效融合，打造民航业高质量发展合力。

8.1 完善综合交通运输体制机制，为民航业高质量发展提供制度保障

交通运输业高质量发展离不开现代化的交通运输通道建设和综合运输体系打造。这需要建设安全、便捷、高效、绿色、经济的现代化综合交通运输体系，打造高品质的快速交通网、高效率的普通干线网、广覆盖的基础服务网，布局更多功能完备、效应强大的综合交通枢纽，加快形成立体互联的综合交通网络化格局和横贯东西、纵贯南北、内畅外通的综合交通主骨架。以需求特征为导向，充分发挥航空、高铁的比较优势和集成发展优势，推进基础设施一体化、运输服务一体化、技术标准一体化、信息平台一体化，打造多元化的空地联运服务产品，构建符合中国国情的"航空+高铁"大容量、高效率、现代化的快速交通运输服务体系。要着力加强综合运输大通道建设，进一步打通国家运输大动脉，有力保障国土和能源安全，强化区域间政治经济联系。以交通通道和综合运输体系为主要内容的基础设施建设离不开综合交通运输体制机制的形成和完善。

必须推动综合交通运输管理体制机制不断走向成熟。以深化供给侧结构性改革为主线，并以提升行业治理能力为重点，持续深化交通运输体制机制改

革。经过 2008 年、2013 年两次交通运输"大部门制"改革，形成了由交通运输部管理国家铁路局、中国民用航空局、国家邮政局的"一部三局"体制架构，交通运输大部门制主体组织架构基本建立，加快相关部门企业化改革，深入推进中国铁路总公司、中国邮政集团公司的公司制改革，这两家公司分别更名为中国国家铁路集团有限公司、中国邮政集团有限公司，现代法人治理结构和中国特色现代国有企业制度得到建立健全。同时，各个地区的综合交通运输体制机制也在有序形成。在省一级层面，综合交通运输体制改革加快推进，大部分省份基本建立了综合交通运输管理体制或运行协调机制，一些省份的铁路、民航组织协调功能纳入交通运输厅。组建国家铁路局、中国国家铁路集团有限公司，实现了铁路政企分开。民航体制机制改革持续深化，机场公安体制、运输价格、民航业投资准入机制、空管系统体制机制等改革有序推进。邮政体制改革有序推进，邮政改革配套措施不断完善。交通运输综合行政执法改革稳步推进，整合执法队伍，理顺职能配置，减少执法层级，权责统一、权威高效、监管有力、服务优质的交通运输综合行政执法体制逐步形成。综合交通运输发展规划协调机制初步建立，铁路、公路、水运、民航、邮政等专项规划之间的衔接平衡不断加强。通过改革，综合交通运输发展的体制机制进一步优化，各种运输方式进一步融合，交通运输发展内生动力进一步增强，行业现代化治理水平进一步提升。

8.2 强化民航基础设施建设，为民航业高质量发展提供物质保障

《交通强国建设纲要》和《国家综合立体交通网规划纲要》赋予了民航业新的历史使命，对民航基础设施建设和发展提出了更新和更高要求。必须围绕上面两个《纲要》总体要求和规划目标，加快构建现代化民航基础设施体系。

8.2.1 以"四型机场"为抓手，打造综合机场体系，提升航空枢纽能级

四型机场是以"平安、绿色、智慧、人文"为核心，依靠科技进步、改革创新和协同共享，通过全过程、全要素、全方位优化，实现安全运行保障有力、生产管理精细智能、旅客出行便捷高效、环境生态绿色和谐，充分体现新时代高质量发展要求的机场。其中，"平安"是基本要求，是安全生产基础牢固，安全保障体系完备，安全运行平稳可控的机场；"绿色"是基本特征，是

在全生命周期内实现资源集约节约、低碳运行、环境友好的机场；"智慧"是基本品质，是生产要素全面物联、数据共享、协同高效、智能运行的机场；"人文"是基本功能，是秉持以人为本，富有文化底蕴，体现时代精神和当代民航精神，弘扬社会主义核心价值观的机场（中国民用航空局，2020）。"四型机场"定位为我国机场建设提供了总体遵循（见表8-1）。

表8-1 "四型机场"建设路线

阶段	任务
2020年	顶层设计。明确"四型机场"建设的目标、任务和路径，为全行业描绘四型机场建设蓝图
2021—2030年	全面推进。"平安、绿色、智慧、人文"发展理念全面融入现行规章标准体系。保障能力、管理水平、运行效率、绿色发展能力等大幅提升，支线机场、通用机场发展不足等短板得到弥补，机场体系更加均衡协调。示范项目的带动引领作用充分发挥，多个世界领先的标杆机场建成
2031—2035年	深化提升。机场规章标准体系健全完善，有充分的国际话语权。建成规模适度、保障有力、结构合理、定位明晰的现代化国家机场体系，干支结合、运输通用融合、有人无人融合、军民融合、一市多场等发展模式"百花齐放"。安全高效、绿色环保、智慧便捷、和谐美好的四型机场全面建成

资料来源：笔者根据相关资料整理。中国民用航空局．中国民航四型机场建设行动纲要（2020-2035年）[EB/OL].（2020-01-03）[2023-06-13]. http://www.caac.gov.cn/XXGK/XXGK/ZCFB/202001/t20200110_200302.html2020.

在"四型机场"基础上，完善机场网络体系。从机场网络建设来看，布局完善、功能完备的民用机场网络是国家综合立体交通网的重要组成部分，是建设交通强国民航新篇章的基础支撑。截至2022年，我国已建成254座民用运输机场，定期航班通航城市或地区249个，颁证通用机场数量399座。[1] 对标民航较为发达的美国、欧盟和日本，中国在机场数量尤其是通用航空机场数量、服务覆盖水平和范围等方面差距较大。在新形势下，要以提升航空出行便捷性、航空服务均衡性为目标，充分考虑人口分布、地理环境等因素及国家战略、国家安全等要求，进一步优化完善机场布局，构建国家综合机场体系。国家综合机场体系是国家综合立体交通网的重要组成部分，由国际航空（货运）枢纽、区域航空枢纽、非枢纽机场和通用机场有机构成。要着力优化布局结构，巩固北京、上海、广州、成都、昆明、深圳、重庆、西安、乌鲁木齐、哈

---

[1] 2022年民航行业发展统计公报[EB/OL].（2023-05-10）[2023-10-25]. http://www.caac.gov.cn/PHONE/XXGK_17/XXGK/TJSJ/202305/t20230510_218565.html.

第8章 交通强国战略下民航业高质量发展的路径保障

尔滨等国际航空枢纽地位，推进郑州、天津、合肥、鄂州等国际航空货运枢纽建设，加快建设一批区域航空枢纽，建成以世界级机场群、国际航空（货运）枢纽为核心，区域航空枢纽为骨干，非枢纽机场和通用机场为重要补充的国家综合机场体系。需要进一步扩大民用机场数量规模。按照构建新发展格局需要以及综合交通运输体系发展的要求，统筹考虑资源环境承载能力和人民群众便捷出行需求，到2035年国家民用运输机场数量应达到400个左右（中共中央国务院，2021），实现地市级行政中心1小时到机场。要以提高航空服务均等化水平为导向，重点布局加密中西部地区机场，引导地方政府完善通用机场网络体系，加快构建覆盖广泛、分布合理、功能完善、集约环保的机场运输网。

从航空枢纽建设来看，航空枢纽是国家综合交通枢纽系统的重要组成，是民航基础设施的核心节点。长期以来，我国10大国际航空枢纽和29个区域航空枢纽承担了全国84%的客运量和95%的货运量，在航空运输网络中发挥了核心骨干作用。总体上，我国航空枢纽已具备了较好的发展基础，但与全球领先发展的航空枢纽相比，依然存在基础设施容量偏低、运行效率不高等问题。要加快以枢纽机场为核心的世界级机场群建设，着力提升枢纽机场保障能力和运行效率。贯彻国家区域协调发展的战略要求，需要着力推动京津冀、长三角、粤港澳大湾区、成渝地区世界级机场群建设，实现城市群和机场群联动发展。探索建立全面、系统的运行协调与融合发展机制，统筹机场群基础设施布局建设、航线网络规划、地面交通设施衔接，完善机场间快速交通网络，优化航权、时刻等资源供给，形成优势互补、互利共赢的发展格局。

从枢纽机场建设来看，应实施枢纽机场功能提升工程，适度超前调整完善枢纽机场总体规划，扩大枢纽机场终端容量。接近终端容量且有条件的城市研究建设"一市多场"（一个城市内多个机场运行），扭转枢纽机场容量普遍饱和的局面。贯彻"四型机场"的建设要求，加强机场规划设计方法和技术手段创新，完善机场设计规范和评价指标，充分体现以旅客为中心、效率优先的理念，在立项、可研、设计、建设、验收等各个环节强化落实。按照"精品工程、样板工程、平安工程、廉洁工程"建设要求，实施枢纽机场建设工程。推进枢纽机场提质增效，加强多机场、多跑道、多航站楼运行模式研究，探索运行新标准、新模式，充分挖掘设施潜力。支持有条件的机场优化完善跑滑系统，缩短飞机滑行时间和距离，提高近机位使用率，提升飞行区运行效率。适应旅客出行方式和需求变化，针对捷运系统、安检系统、行李系统等效率短板和流程堵点，推进既有机场航站楼空间重构和流程再造，进一步提升航站楼保障效能。

从打造综合交通枢纽来看，交通运输是一盘大棋，推动各种运输方式统筹融合和互联互通是构建国家综合立体交通网的重要内容。2018年，中国民用民航局与中国国家铁路集团有限公司签署推进空铁联运战略合作协议，开启了综合交通融合发展新阶段。我国已有超过30个机场引入了城市轨道、城际铁路或干线铁路，建成了以机场为核心的综合交通枢纽，积极开展了空铁联运的全面探索。新形势下，要进一步加快推动枢纽机场与其他运输方式的统筹融合，打造机场综合交通枢纽，构建一体化的综合交通运输服务。其一，打造以机场为核心的现代综合交通枢纽。按照分类施策、有序建设原则，推动枢纽机场与铁路、城市轨道交通、高（快）速路网等有效衔接。国际航空枢纽基本实现两条以上轨道交通的衔接，有效辐射周边800~1000公里范围内的地区，区域航空枢纽应尽可能联通铁路或轨道交通，国际航空货运枢纽在更大空间范围内统筹集疏运体系规划，建设快速货运通道。加快形成一批以机场为核心的现代综合交通枢纽，为旅客联程运输、货物多式联运提供集约高效的设施支撑和畅通通道。加强机场综合交通枢纽站场的统筹规划，按照统一规划、统一设计、统一建设、协同管理原则，推动各种运输方式集中布局、空间共享、便捷换乘。

8.2.2 强化空地资源匹配，增强空域资源保障

空中交通管理是民航业安全高效运行的"神经中枢"。受多种因素制约，国内多个枢纽机场终端区和部分繁忙航路航点容量趋于饱和。预计到2035年，我国民航飞行量还将增加一倍以上，在有限的空域环境内容纳巨大的航班量并确保准点安全，是整个民航业运行链条亟待突破的关键问题。空中交通管理建设要以强安全、强效率、强智慧、强协同"四强空管"为目标，以保障安全为底线，以智慧升级为主线，实施空管运行效率和容量提升工程，加快建设现代化空中交通管理体系。国家航路网是国家综合立体交通网的重要组成部分，按照突出枢纽、辐射区域、分层衔接、立体布局的原则，以先进导航技术为主、传统导航技术为辅，加快繁忙地区终端管制区建设，加快构建结构清晰、衔接顺畅的国际航路航线网络，构建基于大容量通道、平行航路、单向循环等先进运行方式的高空航路航线网络，构建基于性能导航为主、传统导航为辅的适应各类航空用户需求的中低空航路航线网络。在国家空管体制改革背景下，建立健全空域资源配置体系，促进空域管理使用军民融合发展，建成安全高效的现代化空域管理体制。

基于此应提高空域运行效能。发展新一代空管系统和装备,推进空中交通服务、流量管理和空域管理协同运行。建立全国、区域、机场多级飞行流量管理体系和空管、机场、空域用户等多方协同决策机制。全面推广空域精细化管理,建立空域使用效率评估机制,不断改善空域管理工作。实施空管强基工程,完善区域管制中心、终端管制中心、塔台管制室的建设。建成空天地一体化、网络化的数据通信、精密导航、综合监视系统,完成陆基向星基导航转变。建设智慧气象工程和航空情报自动化系统,构建空管安全风险管理平台,完善空管应急管理体系,推动国产空管技术和装备产业化发展,实现空管设备安全与技术自主可控。

8.2.3 强化科技赋能,推进智慧民航建设

新型基础设施建设是一项系统工程,涉及法律法规、规章标准、新技术迭代、人才保障、政策配套、项目组织等多方面内容。推动民航新型基础设施建设要以数字化、智能化、智慧化为主线,以提效能、扩功能、增动能为导向,围绕安全、效率、服务、质量和效益,以理念创新、制度创新和流程再造为着力点,统筹推进民航业传统与新型基础设施建设。新型基础设施建设是智慧民航的核心支撑条件,是促进民航业基础设施高质量发展的关键因素之一。从现实来看,我国民航基础设施核心资源不足和巨大发展需求之间的矛盾尚未根本缓解,环境资源约束趋紧,科技创新能力不强、治理水平不高,制约了民航业可持续发展和高质量发展。《国家综合立体交通网规划纲要》提出到2035年基本实现国家综合立体交通网基础设施全要素全周期数字化的发展目标,"智慧民航"在其中的作用十分巨大。

从实践看,民航坚持纵向联动、横向协同,安全运行管理水平不断提升,出行服务产品不断丰富,运行效益效率不断提高,数据治理实践不断拓展。但同时,深入推进"智慧民航"建设还面临着不少问题和挑战,包括数据共享和数据流通水平、资源统筹协同、标准规范制定修订、自主可控程度、人才队伍建设和创新能力等都有待提升和加强。从发展形势看,数字中国建设的持续推进和民航业恢复发展,为深入推进"智慧民航"建设提供了难得的机遇。

由上可知,建设以新型基础设施为核心条件的智慧民航,既是补齐民航业高质量发展面临短板的需求,又是民航业推动创新驱动发展战略、培育扩大发展新空间、新生态的需要。基于智慧民航建设思路,需要构建智慧监管体系,加快推进智慧监管服务项目建设,以监管模式转型推动安全管理水平提升。按照"大平台共享、大系统共治、大数据慧治"的要求,实现安全监管从硬件到

软件升级、从经验到模型构建、从被动管理到主动预判的智慧监管转型。

同时，加强技术创新和信息网络建设。加快推进新一代移动通信系统建设及多网融合，提供广覆盖、低时延、高可靠、大带宽的网络通信服务。加快北斗导航在机场自动化作业、精准定位等领域的应用。逐步推进各项设施全面物联，使状态可感知、数据可获取，为实现网络协同、智慧运行创造条件。实现重大交通基础设施工程的全生命周期性能监测，推广应用基于物联网的工程质量控制技术。深化数据治理，推动数据共享交换，充分释放数据要素价值，形成推动数据开放共享的高效运行机制，更好地营造公平有序的数据共享、交易、流通发展环境。再者，完善规章标准体系。此外，重视智慧机场建设。大型枢纽机场要立足实际，统筹规划信息基础设施建设，以全面实现数字化。中小机场要因地制宜，合理评估投入与产出，规划建设必要的信息基础设施，将有限的资源集中在业务端，充分利用行业共享资源，部署低成本、模块化的信息基础设施，有效降低升级改造和运维成本。

8.3　提升航空物流"三能力"建设，深化航空经济产业链供应链融合

8.3.1　民航业发展过程中的不足

近年来，在我国民航业运输规模持续增长的同时，民航业在创新驱动、基础保障、综合服务等方面的能力建设相对滞后，成为制约我国航空经济规模壮大和民航业高质量发展的重要因素。

1. 创新驱动能力不足

尽管我国民航业的科技含量在不断提升，也已成为"智慧交通"的重要场域，但与高质量发展的要求相比尚有一定差距，其重要表征之一即其智慧化水平有待提升。现阶段，国内大部分枢纽机场在货物打板、装卸、仓储等环节仍然主要依靠人工，对智能仓储、智能场站、无人车等新型设备的利用率不高。货运单证电子化尚未普及，安检、机场货站、航空货运企业、货代公司等之间的物流信息系统相对独立，无法实现全流程信息交互与资源共享。由于信息化建设滞后，航空物流各主体信息系统相对独立，数据接口、格式及信息交换标准不统一，信息孤岛现象严重。而符合航空物流发展规律的法规标准体系没有形成，航空物流安全、特种货物运输服务、新业态等法规需要进一步完善。

2. 基础保障能力不足

自新中国成立以来，尤其是改革开放以来，我国的民用机场运输业务量持续快速增长，机场数量在持续增加、密度也在持续加大、规模也在持续扩大，运行保障能力也实现了质的飞跃。但与世界民航强国相比，在安全管理、保障能力、运行效率、服务品质和管理水平等方面仍有一定差距，资源环境约束增大、发展不平衡不充分等问题愈加凸显。一个明显的事实是我国大多数机场货运基础设施投入重视程度不够、设计理念滞后，货运保障能力不强，装备智能化自动化程度不高，机场地面保障服务对物流发展支持偏弱，尤其对医药、冷链生鲜、快递、电子产品等货物的专业化保障短板突出。同时，国内多数枢纽机场货运航班时刻获取难度较高，限制了航空货运规模的壮大。同时，航空物流专业化设施设备保障能力有待提高。对医药、冷链生鲜、快递、电子产品等货物的专业化保障能力短板较突出，如航空冷链运输所涉及的冷库、航空冷藏集装设备、航空恒温箱等运输设备保障不足，效率有待提升。

3. 综合服务能力不足

这可以体现在主体服务能力和核心服务能力两个方面。在主体服务能力方面，我国航空物流企业全货机规模偏小，仅占全部运输飞机数量的4%左右。同时，航空物流专业化、全链条服务仍滞后，海外服务保障支撑不足，国际全货运网络尚未实现自主可控，不能较好地满足跨境电商、冷链运输等新兴消费需求，与先进制造业等协同联动性不够。航空物流企业规模小，服务产品单一，业务范围狭窄，主要以运输仓储、被动执行、分段接力为主，货物跟踪、信息服务、金融结算、落地配送等先导性、综合化服务不多。全链条物流效率有待提升，航空物流企业与货运机场、货代企业、其他交通方式等合作关系较为松散，战略协同能力不足，缺乏一体化组织和一站式履约能力，航空物流链条上各主体之间的协同效率有待提升。航空货运代理企业在货源组织能力、服务质量等方面与国际水平相比存在较大差距。在核心服务能力上，符合航空物流发展规律的法规标准体系尚未形成，航空物流安全、特种货物运输服务、新业态等法规需要完善，新技术应用、多式联运等标准亟须建立。一些口岸服务能力不足，通关效率不高。一些地区对航空物流认识不够，政策执行不到位。民航业内外与央地财经等政策协同不够，尚未形成合力。

8.3.2 提升航空物流"三能力"建设的举措

因此，在新发展格局下推进航空物流持续发展壮大，使其成为民航业高质量发展的重要支撑，必须提升航空物流创新驱动、基础保障、综合服务"三能力"建设（如图 8-1 所示）。

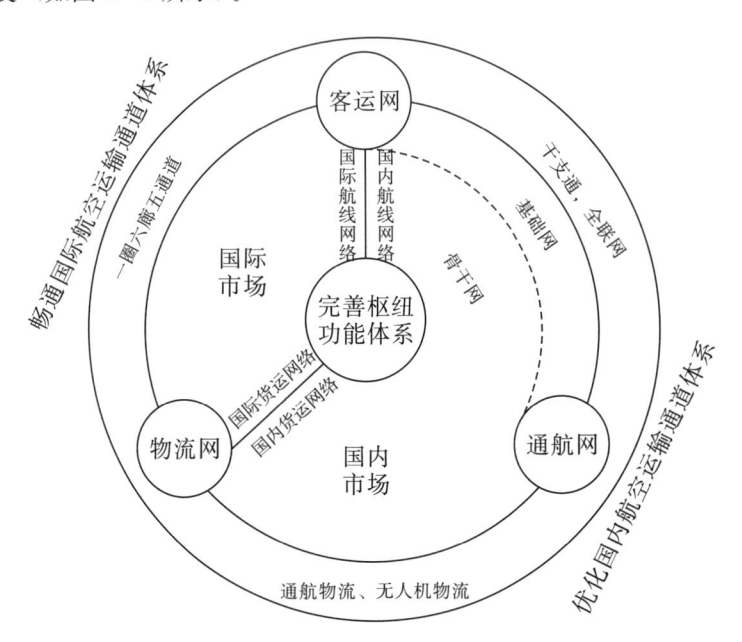

图 8-1 现代化的航空服务体系架构

1. 提升航空物流创新驱动能力

统筹综合性枢纽机场和专业性货运枢纽机场布局，基于"干－支－通"机场基础设施建设便捷高效的集疏运系统，促进航空物流专业化、集中化、绿色化、智慧化发展。强化"智慧民航"建设，提升智慧发展水平。加强航空与物流新技术、新业态、新模式的深度融合，提升航空货运供给质量，培育航空运输的新增长点，形成新动能。建设智慧货运，加快现代化技术装备研发。推广应用智能设施。加强智能作业设施设备建设，支持智能分拣、智能装载、智能仓储等航空物流设施建设，提升自动化作业效率。依托航空物流枢纽打造物流信息组织中枢，推动物流设施设备全面联网，打破信息壁垒。鼓励建设物流订单、货物追踪、多式联运等一站式信息发布渠道和查询窗口，加强产业链上下游企业信息共享，提高货物资源精准匹配能力。

2. 提升航空物流基础保障能力

第一，完善以枢纽机场为代表的航空物流基础设施，整合优化存量设施。推进货站、仓库、立体库、停机坪等现有货运设施改扩建，推动专业设施设备建设，完善快递、冷链、医药、危险品等设施设备，支持建设邮件快件处理中心、保税仓、转运中心。加强应急配套保障，推动航空物流枢纽应急物资储备、应急运输转运等专业设施建设，完善机场周边应急物资生产与储备、检测等产业配套。加强机场内外设施的协同联动，推进物流园区建设，支持航空货运业务规模较大且具备条件的机场在货运区周边设立物流园区，集聚发展航空物流产业。第二，培育优质市场主体强化多元力量统筹。支持专业型航空货运企业规模化、集约化发展，支持快递、跨境电商、冷链企业特色化发展，提升专业化服务能力，打造全链条航空物流企业。支持大型物流企业延伸航空物流链条，引导航空货运企业与上下游企业实现从单一承运人向物流集成商转型。第三，提升核心保障能力。以培育国际竞争力为主要目标，培育优质航空市场主体。构建全球可达、安全可靠的航空物流网络。提升服务品质，延伸拓展服务领域，推动规模化、产业化、融合化、多元化发展，提升航空物流对产业链供应链的支撑功能。

3. 提升综合服务能力

推动建立贯通产业链上下游的航空物流企业联盟，推动"航空物流企业＋枢纽"发展模式，打造轴辐式航线网络，完善货物集散、存储、分拨、转运等多种功能。优化物流组织模式，以航空物流网络推动国内物流网络畅通高效。提高腹舱运力资源利用效率，打造全货运航线网络布局，完善北京、上海、广州、深圳、杭州、郑州等地综合性枢纽机场货运设施，推进专业性货运枢纽机场建设。鼓励有条件的支线机场强化和提升货运功能，稳妥有序推进专业性货运枢纽机场建设。加强综合性枢纽机场和专业性货运枢纽机场的分工协作和有效衔接。优化枢纽布局，增强综合性枢纽物流服务功能。完善京津冀、长三角、粤港澳大湾区、成渝地区等国内重点城市群和航空枢纽间全货运航线网络。综合利用腹舱和全货运资源，提高货运航班频率和衔接效率，支持航空货运快线和空空联运，提高航空物流网络组织效率。

推动国际航空物流网络自主可控，优化国际航线网络布局，加快面向"一带一路"国家的航线网络布局，打造国际航空物流通道。完善集疏运体系，实施枢纽机场集疏运系统改造。提高一体化转运能力。加快机场高速公路连接线建设，通过"航空＋卡车航班""城市货站"，打通"最后一公里"。支持"航空＋高铁""航空＋中欧班列"等联运，提升物流设施增值服务能力；加大多式联运航空集装运输设备应用与推广，建设空铁、公空等联运转运场站和装卸设施，提高航空物流设施的系统性、兼容性，打造立体化多式联运物流体系。延伸拓展服务领域，提升应急保障能力。建立健全航空物流应急联动响应机制，提高应急组织效率。优化应急物流信息系统，完善航空应急物流调度体系，高效衔接国家和地方应急平台与系统。引导航空物流企业主动对接军事需求，在运力引进、运输配送、仓储管理、物资采购、信息融合等方面提供服务，提高军队后勤保障能力和效率，促进军民物流融合发展。

4. 注重两链融合，深入推动产业分工与合作

强化产业链供应链支撑效应。加强航空物流通道、航空物流枢纽与制造业园区统筹布局，引导航空物流企业与制造企业设施共建、资源共享，支持航空物流企业有效承接制造业物流需求。完善供应链服务，鼓励航空物流企业围绕集成电路、生物制药、高端电子消费产品、高端精密设备等领域，形成覆盖制造业原材料到产品供应、生产、运输、仓储等环节的全流程物流集成服务，为重点航空物流企业提供定制化、个性化服务。

8.4 增强民航业运营主体的协同运行，打造高质量发展的效能合力

协同是指协调两个及以上不同资源或个体，一致完成某一目标的过程或能力。民航业高质量发展是一个复杂系统，离不开民航行业管理部门、航空公司、机场以及相关主体的协同运行。推进民航系统有效运转需要系统内部各组成部分通力协作，形成协同运行机制和平台，进而推动民航业高效有序运行。

就行业管理部门来说，中国民用航空局及地区管理局要加大对行业监管、运行监控信息系统的建设与投入力度，加强关键运行信息统一集中管控。统筹推进机场协同决策机制，实现机场和航空公司、空管、运行保障及监管等单位间核心数据的互联共享，建立高效的空地协同决策和运行控制系统，形成基础全域协同及智能决策能力。逐步建立以机场运行为核心的大数据信息平台，覆盖旅客出行全流程、货物运输全链条、运行监控全系统、机场管理全领域。

机场作为公共基础设施，基于其促进地方经济发展和产业结构升级及支撑所在城市和地区在国家战略中的功能定位，依托机场构建的航空网络具有极强的准公共产品特点。加强机场建设与运行的一体化协同，加强机场内部、机场与各驻场单位、机场与机场、机场与其他交通方式、机场与城市之间的体系化协同，对民航系统的高效运转和地区经济发展都具有重要意义。

以航空快线为例，我国部分航空公司和机场纷纷将航空快线市场培育和建设作为航空运输产品创新、打造差异化竞争优势的重要手段加以推进，推进了国内航空运输网络高质量发展。在传统航空市场格局中，航空快线更多是作为一种产品形态停留在单一航空公司、单一机场等微观运行主体层面，呈"点、

散、乱"的特征。单一航司或机场有限的资源难以有效支撑航空快线品牌打造,必须站在国家航空快线网络角度多方协同配合才能真正培育和打造出旅客认可的"航空运输网络",以行业打造品牌才能具有更大的影响力。航空公司与机场在航空快线功能诉求上的差异,决定了机场重在围绕枢纽功能建设需要推动航空快线网络建设,而航空公司基于盈利能力因素的考虑需要进行航空快线产品设计,由此决定了机场、航空公司之间需要围绕枢纽功能,强化协同力度,共同完善航空快线网络。

其一,跨航空公司协同运行机制设计。不同航空公司间在安全管理、运行效率、服务品质等方面存在天然的差异,在多航空公司协同运行方面必然面临着跨航空公司运行、服务差异化带来的挑战及由旅客选择偏好差异引发的航空公司之间的竞争。未来中国同一航空快线可能存在不同类型的快线产品,而不同的航空快线可能由同一水平下的不同航空公司协同打造,未来航空快线网络可能由多种"不同水平"航空快线产品联合组成。

其二,跨机场协同运行机制设计。OD机场(起点和终点机场)间航空快线航班保障差异化也必然引发旅客出行体验感知差异,而OD机场间航班保障资源基础差异、保障资源投入意愿差异、保障能力发展差异等都将极大地影响航空快线服务品质。因此,应如何确保航空快线OD机场间保障品质的一致性或者趋同性依然是有待解决的现实问题。

其三,"机场+航司"协同运行机制设计。航空快线的培育及运行离不开机场与航空公司间的协同配合,特别是航班保障资源的"资产专用性"使得机场与航司间必须通过建立战略联盟的方式明确双方未来承诺,甚至通过"锁定"彼此的方式避免或者减少各自的机会主义倾向。

因此,只有推进多机场、多航空公司协同运行才能有效打造航空快线网络,在支撑国内航空运输骨干网及稳住国内航空运输市场基本盘中发挥有效作用。

其一,以国产民机发展为例。以C919为代表的国产民机从立项、研制到试飞和投入运营离不开民航部门、工信部门、企业主体等多方参与,推动国产民机高质量运行,必须强化不同部门和主体间的协同配合,为国产民机运营提供良好环境。例如国产民机的适航审定,就需要在战略、理念、机制等多方面协同。在战略协同上,围绕制造强国交通强国建设,推动从国家层面加强顶层规划,力争形成覆盖国产民用航空产品全产业链全生命周期安全运行的政策环境。在理念协同上,与航空制造业共同强调适航审定在安全运行中的重要性。在机制协同上,持续发挥好联动协同机制的作用,推进重点型号适航取证,强化工业标准支撑，协调推进国产化进程，完善客户服务机制。在工作协同上，强化适航审定部门、制造企业、航空公司的协同，强化与供应商管理层面的协同。

其二，以智慧民航建设为例。深入推动智慧民航建设，需要完善顶层设计，强化工作协同。必须充分发挥民航局智慧民航建设领导小组统筹作用，发挥各地区管理局协调作用，发挥智慧民航建设领导小组专家咨询委员会、行业科研院校等智库作用，确保顶层设计和实践探索有机结合、制度创新和技术创新双轮驱动。机场协同决策（A-CDM）是智慧民航的一个重要体现（如图8-2所示）。《关于进一步统筹推进机场协同决策（A-CDM）建设的通知》中要求各单位进一步统筹推进机场协同决策（A-CDM）建设，旅客吞吐量3000万以上机场A-CDM数据要与中国民用航空局运行监控中心运行数据共享平台及空管CDM系统完成对接，全面实现机场、航空公司、空管和监管单位之间的信息互通互联。A-CDM系统建设由机场牵头组织，航空公司、空管以及其他相关单位共同参加，以构建提升地面运行效率为核心的机场保障管理体系为指导，以提高航空公司、机场、空管等部门之间信息及时有效共享为目标，通过优化资源利用和改善时间节点可预测性，保证各单位间信息畅通，进一步充分调动保障资源，提升资源利用效率和机场整体运行效率，尤其是进一步提升机场地面运行效率和大面积航班延误下的快速响应和处置能力。

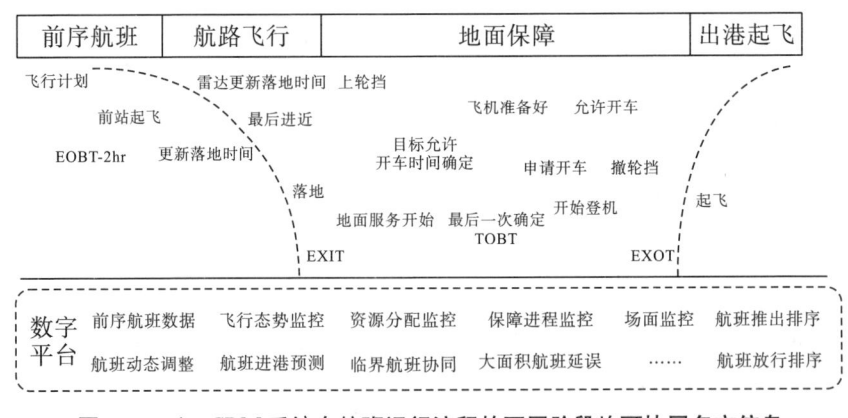

图8-2 A-CDM系统在航班运行流程的不同阶段均可协同多方信息

8.5 推动民航业与区域经济协同发展，形成临空与腹地相互支撑格局

便捷高效的航空快线网络，既是航空枢纽功能建设的重要支撑，更是以航

空经济为平台实现由航空经济向枢纽经济转变的重要依托。枢纽城市通过融入航空快线网络可以实现通达性品质的根本性改变，为实现生产要素高效、低成本的快速流通及产业资源集聚发展提供了有力保障。进一步地，航空快线网络的融入将极大增强枢纽城市的开放性和融合性，打破行业和区域壁垒，为快速融入国内国际双循环发展格局、强化其在现代市场分工体系中的地位，实现航空网络优势向产业优势转化提供"助推剂"。

现代社会的特征之一是规模经济让位于速度经济，在速度经济时代，城市的发展往往依托同时代最先进的交通方式和基础设施。机场作为城市间瞬时连接网络，已不仅仅是一个航空集散点，而是全球生产和商业活动的重要结点，在某种程度上代表了城市地位，加速了所在城市多中心化。空港形态的演变一般经历了客运机场、客货兼顾机场、临空经济区、航空城等若干阶段，航空枢纽经济发展的终极形态是打造以航空产业为支撑的航空都市。也可以说，发展业态较为成熟的航空都市将港、产、城、人四要素黏合在一起，是航空枢纽经济高质量发展的城市化结果。美国学者约翰·卡萨达（2013）首次提出航空大都市的概念，认为其是产业集聚、经济发展和人才集中形成的一种新型城市空间，将其作为区域经济发展和城市建设的重要前景，对国内众多航空港建设具有指导意义。当前国内航空港一般特征为综合高效的开放枢纽、临空产业的效益磁极、区域发展的动能引擎和政策赋能的示范高地。例如，成都市航空经济基础较强、体系完整。随着成都天府国际机场的投入运营和成都双流国际机场扩能改造，成都"一市两场"的航空发展格局正式形成，航空枢纽地位进一步稳固，城市框架不断拓展，城市能级持续提升。天府临空经济区即将开始建设，为航空枢纽经济发展提供了良好契机，航空经济、空港建设和地区发展形成了互促局面。枢纽机场通过综合交通发展，从一个单一的航空港演化为综合性的航空大都市，是一段时期内航空枢纽经济发展及航空港城市建设的重要趋势。

航空都市实质上是产业新城的一种形态，即在中心城区外围，以新兴产业导入城镇化建设，推动片区开发，打造中心城市的卫星城和新的城市中心，达到产城融合的目的。在航空都市布局和建设过程中，枢纽机场及其周边地区日益演化为一个航空经济高度活跃的区域，机场不只是服务城市运行的交通基础设施，同时也是带动周边地区高质量发展的城市商务中心区，从而将城市中转站变成城市目的地。以航空港为战略支点发展外向型经济，匹配高端城市功能，不断进行着要素整合和资源重组，构造新的产业发展和环境宜居空间。同时，城市核心区和航空港之间通过轨道交通、城市快速通道等交通走廊连接，促进港城之间要素的自由高效流动,实现核心区、联动区和辐射区的一体化发展。

因此,航空都市的形成实质是"港—产—城—人"融合发展。其中,机场或航空港是载体,航空枢纽产业是核心,所在城市是支撑,人力资源是关键。"港—产—城—人"融合发展从运行机理上具有天然的自组织属性,得益于航空港综合交通枢纽开发、航空产业体系不断完善、空港新城与城市腹地规划建设、人居环境持续改善四者之间的有机互动。在发展初期,航空港产业多集中在航空物流相关产业上,主要为航空运输服务。随着机场规模和吞吐量增长,其周边逐渐聚集大量的临空制造业,以机场为核心的空港形态也演进为制造型空港。随着航空规模愈加壮大,吸引了大量人流、物流汇聚,航空港消费业态和创新要素不断升级,形成了以人为本、以科技创新为驱动的创新型空港。这一进程也是以机场为核心的航空港与城市腹地生成化学反应并逐步耦合、嵌套、共生的过程,实现了"1+1+1+1>4"的效果。

例如,河北省廊坊市依托北京大兴国际机场临空经济区积极推动产城融合,对全域规划空间进行系统梳理和产业分析,按照不同产业聚集业态和空间结构形态划分为航空创新区、国际商务区、高端制造区、生物医药区、生态文旅区五个功能分区,通过基准产业布局,为产城融合、港城融合、多元融合形成基础支撑。浙江省杭州市临空经济示范区按照"核心区—联动区—辐射区"三个圈层推进产城融合,以空港为核心,匹配高端城市功能,聚焦未来产业业态,打造航空都市区。

8.6 本章小结

本章阐述了在交通强国建设过程中,民航业高质量发展的有效路径和对策保障。民航业高质量发展离不开综合交通基础设施建设的支撑,应统筹规划无缝衔接的新型综合交通枢纽。应辩证地看待基础设施建设与民航业治理能力现代化的关系:提升民航业治理能力是现代化民航基础设施建设的必备条件,完善的民航基础设施也是实现行业治理能力现代化的基础保障。同时,着力拓展国际航空市场和推进航空服务大众化。依托国际航空枢纽,构建覆盖全球的空中客货运输网络。统筹制定民航国际化发展战略,逐步推进与全球主要航空运输市场及新兴市场的准入开放,实现国际航空运输市场自由化。积极开辟国际航线,打造"空中丝绸之路"。强化主要城市群之间的航空快线联系。大力发展支线航空,推进干支航线的有效衔接。推进低成本等航空服务差异化发展。充分发挥通用航空的微循环作用,发展城市直升机运输服务,构建城市群内部快速空中交通网络，改善偏远地区居民出行条件。另外，需要深化民航业体制机制改革，以建设人民满意的服务型、法治型政府为目标，全面深化民航业体制机制改革，不断提高行业治理效率效益。创新和完善宏观调控方式，推进民航领域中央与地方财政事权和支出责任划分改革，深化价格改革，提高行业投资效率，逐步有序放松行业准入。

参考文献

Collis，D. J.，1994. Research Note：How Valuable are Organizational Capabilities？［J］. Strategic Management Journal（15）：143－152.

Eisenhardt K. M.，Martin J. A.，2000. Dynamic Capabilities：What are They？［J］. Strategic Management Journal（21）：1105－1121.

Luo Yadong，2000. Dynamic Capabilities in International Expansion［J］. Journal of World Business，35（4）：355－378.

Penrose E.，2009. The Theory of the Growth of the Firm［M］. New York：Oxford University Press.

SubbaNarasimha P. N.，2001. Strategy in Turbulent Environments：The Role of Dynamic Competence［J］. Managerial and Decision Economics（22）：201－212.

Teece D. J.，Pisano G.，Shuen A.，1997. Dynamic Capabilities and Strategic Management［J］. Strategic Management Journal，18（7）：509－533.

Zott C.，2003. Dynamic Capabilities and the Emergence of Intraindustry Differential Firm Performance：Insights from A Simulation Study［J］. Strategic Management Journal（24）：97－125.

"十四五"航空物流发展专项规划［EB/OL］.（2022－02－16）［2023－06－01］. http：//www. caac. gov. cn/XXGK/XXGK/FZGH/202202/t20220216_211785. html.

《加快建设交通强国五年行动计划（2023－2027年）》全文［EB/OL］.（2023－04－10）［2023－06－19］. http：//www. ciltchina. cn/index. php？case＝archive&act＝show&aid＝451.

阿罗（Arrow，K. J.），2010. 社会选择与个人价值：第二版［M］. 丁建锋，译. 上海：上海人民出版社.

波特，2007. 国家竞争优势［M］. 李明轩，邱如美，译. 北京：中信出版社.

参考文献

布坎南，1988．自由、市场和国家：20世纪80年代的政治经济学［M］．吴良健，桑伍，曾获，译．北京：北京经济学院出版社．

曹红军，赵剑波，2008．动态能力如何影响企业绩效——基于中国企业的实证研究［J］．南开管理评论，11（6）：54-65．

曹文瀚，张雪永，2021．历史、理论与实践：解读交通强国战略的三重逻辑［J］．社会科学研究（3）：34-40．

曹允春，踪家峰，1999．谈临空经济区的建立和发展［J］．中国民航学院学报（3）：60-63．

陈璟，刘晨，孙鹏，2022．新发展阶段交通强国建设理论探讨［J］．综合运输，44（12）：23-27．

陈林，2008．航空运输经济学［M］．北京：中国民航出版社．

陈轩棋．创新驱动 让发展之路更智慧［EB/OL］．（2022-11-20）［2023-11-07］．http://www.caacnews.com.cn/1/tbtj_/202211/t20221120_1357895.html

陈学云，江可申，2008．航空运输业规制放松与反行政垄断——基于自然垄断的强度分析［J］．中国工业经济（6）：67-76．

崔国强．我国综合交通服务能力大幅提高［EB/OL］．（2022-06-11）［2023-03-15］．http://www.gov.cn/xinwen/2022-06/11/content_5695238.htm．

崔国强．智慧民航建设迈向新台阶［N］．经济日报，2022-09-21（6）．

打造交通强国建设的新动能新优势［N］．光明日报，2022-11-24（15）．

方建国，2010．基于动态能力观的企业技术创新能力研究——以我国高新技术产业上市公司为例［J］．科技进步与对策，27（16）：72-77．

冯正霖，2018．推动民航高质量发展 开启新时代民航强国建设新征程［J］．人民论坛（5）：6-8．

冯正霖，2019．以新发展理念引领新时代民航高质量发展［J］．人民论坛（5）：6-9．

冯正霖，2021．推进民航业高质量发展［J］．大飞机（6）：12-14．

傅志寰，孙永福，2019．交通强国战略研究（第一卷）［M］．北京：人民交通出版社股份有限公司．

傅志寰，孙永福，2019．交通强国战略研究（第三卷）［M］．北京：人民交通出版社股份有限公司．

高友才，何弢，2020．临空经济对区域经济发展影响研究［J］．经济经纬，37

(4)：20—27.

耿明斋，张大卫，2017. 论航空经济［J］. 河南大学学报（社会科学版），57(3)：31—39.

耿彦斌，刘长俭，孙相军，2022. 新发展阶段加快建设交通强国的宏观特征与优化路径［J］. 科技导报，40（14）：31—40.

关于进一步深化民航改革工作的意见［EB/OL］. （2016—05—25）［2023—06—01］. https：//www.gov.cn/home/2016—05/25/content_5076575.htm.

关于印发《中国民航四型机场建设行动纲要（2020—2035年）》的通知［EB/OL］. （2020—01—03）［2023—06—13］. http：//www.caac.gov.cn/XXGK/XXGK/ZCFB/202001/t20200110_200302.html.

管驰明，2008. 从"城市的机场"到"机场的城市"——一种新城市空间的形成［J］. 城市问题（4）：25—29.

郭钏，黄娴静，覃子岳，2023. 数字经济与数字金融耦合协调发展研究［J］. 现代财经（天津财经大学学报），43（5）：19—33.

国家发展改革委、民航局印发《关于推进京津冀民航协同发展的意见》［EB/OL］. （2017—12—07）［2023—06—18］. http：//www.caac.gov.cn/XWZX/MHYW/201712/t20171207_47915.html.

国家发展改革委 民航局 关于促进航空货运设施发展的意见［EB/OL］. （2020—09—04h［2023—06—01］. https：//www.ndrc.gov.cn/xxgk/zcfb/tz/202009/t20200904_1237640.html.

国外交通跟踪研究课题组，2017. 美国2045年交通发展趋势与政策选择［M］. 北京：人民交通出版社股份有限公司.

国务院办公厅关于促进通用航空业发展的指导意见［EB/OL］. （2016—05—17）［2023—06—01］. https：//www.gov.cn/zhengce/content/2016—05/17/content_5074120.htm.

国务院关于促进民航业发展的若干意见［EB/OL］. （2012—07—12）［2023—06—01］. https：//www.gov.cn/zhengce/content/2012—07/12/content_3228.htm.

国务院新闻办就"奋力加快建设交通强国 努力当好中国现代化的开路先锋"举行发布会［EB/OL］. （2023—02—24）［2023—06—13］. https：//www.gov.cn/xinwen/2023—02/24/content_5743133.htm.

哈贝马斯，1999. 公共领域的结构转型［M］. 曹卫东，王晓珏，刘北城，等译. 上海：学林出版社.

虹桥HUB大会：虹桥国际开放枢纽建设开局良好［EB/OL］．（2022－11－06）［2023－03－11］．https：//www.chinanews.com/cj/2022/11－06/9888553.shtml.

交通运输部加快建设交通强国领导小组办公室，2022．加快建设交通强国［J］．红旗文稿（23）：22－26＋1.

截至2022年底 综合交通运输网络总里程超600万公里［N］．人民日报，2023－02－27（1）．

卡萨达，林赛，2013．航空大都市：我们未来的生活方式［M］．曹允春，沈丹阳，译．郑州：河南科学技术出版社．

李国政，2015．基于动态能力导向的战略性新兴产业政策分析——以通用航空产业为例［J］．湖南财政金融学院学报（6）：90－97．

李国政，2021．枢纽经济：内涵特征、运行机制及推进路径［J］．西南金融（6）：26－35.

李家祥，2010．中国民航人要为建设民航强国而努力奋斗［J］．中国民用航空（3）：12－20.

李建华，2009．公共政策程序正义及其价值［J］．中国社会科学（1）：64－69＋205．

李军，林明华，2019．中国民用航空史［M］．北京：中国民航出版社．

李连成，2020．交通强国的内涵及评价指标体系［J］．北京交通大学学报（社会科学版），19（2）：12－19．

李晓津，徐畅，2022．基于新发展理念的中国民航高质量发展指标体系研究［J］．综合运输，44（5）：28－33．

连文浩，褚衍昌，严子淳，2022．中国航空物流业高质量发展效率影响因素组态与路径研究——基于中国31个省份的fsQCA分析［J］．资源开发与市场，38（12）：1468－1474．

廖重斌，1999．环境与经济协调发展的定量评判及其分类体系——以珠江三角洲城市群为例［J］．热带地理，19（2）：171－177．

林毅夫，2017．产业政策与我国经济的发展：新结构经济学的视角［J］．复旦学报（社会科学版），59（2）：148－153．

刘安乐，杨承玥，明庆忠，等，2020．中国文化产业与旅游产业协调态势及其驱动力［J］．经济地理，40（6）：203－213．

刘定惠，杨永春，2011．区域经济－旅游－生态环境耦合协调度研究——以安徽省为例［J］．长江流域资源与环境，20（7）：892－896．

卢春房，卢炜，2022. 综合立体交通运输体系发展策略［J］. 铁道学报，44（1）：1—7.

卢春房，张航，陈明玉，2021. 新时代背景下的交通运输高质量发展［J］. 中国公路学报，34（6）：1—9.

民航局对航权时刻分配放权　拟引入市场竞争［EB/OL］.（2010—07—01）［2023—06—02］. http：//www.chinanews.com/gn/2010/07—01/2373752.shtml.

民航局关于加快成渝世界级机场群建设的指导意见［EB/OL］.（2022—02—22）［2023—06—02］. https：//www.gov.cn/zhengce/zhengceku/2022—03/15/content_5679156.htm.

民航局印发《"十四五"通用航空发展专项规划》［EB/OL］.（2022—06—13）［2023—06—18］. https：//www.gov.cn/xinwen/2022—06/13/content_5695523.htm.

民航局印发《中国民航高质量发展指标框架体系（试行）》［EB/OL］.（2019—05—10）［2023—06—13］. http：//www.caac.gov.cn/XWZX/MHYW/201905/t20190513_196121.html.

乔晓楠，李宏生，2011. 中国战略性新兴产业的成长机制研究——基于污水处理产业的经验［J］. 经济社会体制比较（2）：69—77.

邱铁鑫，2019. 新时代"交通强国"战略的理论探析［J］. 北京交通大学学报（社会科学版），18（4）：58—62+92.

孙百亮，宋琳，2020. 交通强国建设的历史、理论和实践逻辑［J］. 人民论坛（36）：70—72.

唐晓华，张欣珏，李阳，2018. 中国制造业与生产性服务业动态协调发展实证研究［J］. 经济研究，53（3）：79—93.

田利军，王丹阳，王杏文，等. 航空公司高质量发展水平测度与驱动因素研究［J］. 会计之友（6）：40—47.

田利军，于剑，2018. 绿色民航发展影响因素研究［J］. 价格理论与实践（6）：155—158.

王海杰，孔晨璐，2021."双循环"视角下临空经济对区域经济增长的空间溢出效应研究［J］. 管理学刊，34（3）：23—35+125.

王俊豪，2001. 政府管制经济学导论：基本理论及其在政府管制实践中的应用［M］. 北京：商务印书馆.

王利君，刘金林，蒙思敏，2022. 红色文化与铸牢中华民族共同体意识的耦合协调度：基于百色市的实证分析［J］．民族学刊，13（8）：40−50+157．

王全良，2017．基于动态空间模型的中国临空经济区与腹地区域经济关系研究［J］．地理研究，36（11）：2141−2155．

王毅，吴贵生，2007．基于复杂理论的企业动态核心能力研究［J］．管理科学学报，10（1）：18−28．

我国建成世界最大的高速铁路网 十年来130多个县结束不通铁路历史［EB/OL］．（2023−01−13）［2023−06−01］．https://m.gmw.cn/baijia/2023−01/13/1303254123.html．

吴凤飞，1997．发展临空经济 建设国际空港卫星镇［J］．党政论坛（2）：40−42．

吴汉洪，周炜，张晓雅，2008．中国竞争政策的过去、现在和未来［J］．财贸经济（11）：102−110+127．

西藏民航一季度旅客吞吐量123.4万人次 货邮吞吐量8775吨［N］．西藏日报，2023−04−17（1）．

西藏自治区通用航空发展规划（2021—2035年）［EB/OL］．（2023−02−16）［2023−06−03］．http://www.xizang.gov.cn/zwgk/xxfb/ghjh_431/202302/t20230216_342120.html．

习近平出席投运仪式并宣布北京大兴国际机场正式投入运营［EB/OL］．（2019−09−25）［2023−06−13］．https://www.gov.cn/xinwen/2019−09/25/content_5433171.htm．

熊彼特，2012．熊彼特：经济发展理论［M］．邹建平，译．北京：中国画报出版社．

徐飞，2018．中国建设交通强国的综合基础与战略意义［J］．人民论坛·学术前沿，（11）：70−79．

杨传堂，李小鹏，2018．奋力开启建设交通强国的新征程［J］．中国水运（3）：6−8．

翟国方，何仲禹，顾福妹，2019．日本国土空间规划及其启示［J］．土地科学动态（3）：48−53．

张蕾，陈雯，2012．空港经济区产业结构演变特征——以长三角枢纽机场为例［J］．地理科学进展，31（12）：1685−1692．

张维烈，翟斌庆，2022．空间正义视阈下中国交通发展的战略选择［J］．人文杂志（6）：115−123．

张艺璇，2021．基于共生理论的临空经济区发展机理及其模型构建研究［J］．

河南大学学报（社会科学版），61（6）：33—38.

张占仓，陈萍，彭俊杰，2016. 郑州航空港临空经济发展对区域发展模式的创新［J］. 中州学刊（3）：17—25.

赵玮萍，2010. 中国民航业放松管制改革效果的实证分析［J］. 中南财经政法大学学报（3）：81—86.

中共中央　国务院印发《扩大内需战略规划纲要（2022—2035年）》［EB/OL］.（2022—12—14）［2023—06—01］. https：//www.gov.cn/zhengce/2022—12/14/content_5732067.htm.

中共中央　国务院印发《国家综合立体交通网规划纲要》［EB/OL］.（2021—02—24）［2023—01—23］. http：//www.gov.cn/zhengce/2021—02/24/content_5588654.htm.

中共中央　国务院印发《成渝地区双城经济圈建设规划纲要》［EB/OL］.（2021—10—21）［2023—06—02］. https：//www.gov.cn/zhengce/2021—10/21/content_5643875.htm.

中共中央　国务院印发《交通强国建设纲要》［EB/OL］.（2019—09—19）［2023—06—01］. https：//www.gov.cn/zhengce/2019—09/19/content_5431432.htm.

中共中央宣传部举行新时代加快建设交通强国的进展与成效发布会图文实录［EB/OL］.（2022—06—9）［2023—06—01］. http：//www.scio.gov.cn/xwfbh/xwbfbh/wqfbh/47673/48346/wz48348/Document/1725264/1725264.htm.

中国民航局：今年我国民航运输市场有望迎来显著复苏［EB/OL］.（2023—01—06）［2023—06—01］. https：//www.gov.cn/xinwen/2023—01/06/content_5735379.htm.

中国民用航空局关于印发智慧民航建设路线图的通知［EB/OL］.（2022—01—21）［2023—06—01］. https：//www.gov.cn/xinwen/2022—01/21/content_5669771.htm.

中国民用航空局　国家发展和改革委员会　交通运输部关于印发《"十四五"民用航空发展规划》的通知［EB/OL］.（2021—12—14）［2023—06—16］. http：//www.caac.gov.cn/XXGK/XXGK/FZGH/202201/t20220107_210798.html.

周成，金川，赵彪，等，2016. 区域经济—生态—旅游耦合协调发展省际空间差异研究［J］. 干旱区资源与环境，30（7）：203—208.

周叔莲，吕铁，贺俊，2008. 新时期我国高增长行业的产业政策分析［J］. 中国工业经济（9）：46—57.

附录1：《交通强国建设纲要》[①]

建设交通强国是以习近平同志为核心的党中央立足国情、着眼全局、面向未来作出的重大战略决策，是建设现代化经济体系的先行领域，是全面建成社会主义现代化强国的重要支撑，是新时代做好交通工作的总抓手。为统筹推进交通强国建设，制定本纲要。

一、总体要求

（一）指导思想

以习近平新时代中国特色社会主义思想为指导，深入贯彻党的十九大精神，紧紧围绕统筹推进"五位一体"总体布局和协调推进"四个全面"战略布局，坚持稳中求进工作总基调，坚持新发展理念，坚持推动高质量发展，坚持以供给侧结构性改革为主线，坚持以人民为中心的发展思想，牢牢把握交通"先行官"定位，适度超前，进一步解放思想、开拓进取，推动交通发展由追求速度规模向更加注重质量效益转变，由各种交通方式相对独立发展向更加注重一体化融合发展转变，由依靠传统要素驱动向更加注重创新驱动转变，构建安全、便捷、高效、绿色、经济的现代化综合交通体系，打造一流设施、一流技术、一流管理、一流服务，建成人民满意、保障有力、世界前列的交通强国，为全面建成社会主义现代化强国、实现中华民族伟大复兴中国梦提供坚强支撑。

（二）发展目标

到2020年，完成决胜全面建成小康社会交通建设任务和"十三五"现代

[①] 中共中央 国务院印发《交通强国建设纲要》[EB/OL].（2019-09-19）[2023-11-16]. https://www.gov.cn/zhengce/2019-09/19/content_5431432.htm.

综合交通运输体系发展规划各项任务，为交通强国建设奠定坚实基础。

从 2021 年到本世纪中叶，分两个阶段推进交通强国建设。

到 2035 年，基本建成交通强国。现代化综合交通体系基本形成，人民满意度明显提高，支撑国家现代化建设能力显著增强；拥有发达的快速网、完善的干线网、广泛的基础网，城乡区域交通协调发展达到新高度；基本形成"全国 123 出行交通圈"（都市区 1 小时通勤、城市群 2 小时通达、全国主要城市 3 小时覆盖）和"全球 123 快货物流圈"（国内 1 天送达、周边国家 2 天送达、全球主要城市 3 天送达），旅客联程运输便捷顺畅，货物多式联运高效经济；智能、平安、绿色、共享交通发展水平明显提高，城市交通拥堵基本缓解，无障碍出行服务体系基本完善；交通科技创新体系基本建成，交通关键装备先进安全，人才队伍精良，市场环境优良；基本实现交通治理体系和治理能力现代化；交通国际竞争力和影响力显著提升。

到本世纪中叶，全面建成人民满意、保障有力、世界前列的交通强国。基础设施规模质量、技术装备、科技创新能力、智能化与绿色化水平位居世界前列，交通安全水平、治理能力、文明程度、国际竞争力及影响力达到国际先进水平，全面服务和保障社会主义现代化强国建设，人民享有美好交通服务。

二、基础设施布局完善、立体互联

（一）建设现代化高质量综合立体交通网络。以国家发展规划为依据，发挥国土空间规划的指导和约束作用，统筹铁路、公路、水运、民航、管道、邮政等基础设施规划建设，以多中心、网络化为主形态，完善多层次网络布局，优化存量资源配置，扩大优质增量供给，实现立体互联，增强系统弹性。强化西部地区补短板，推进东北地区提质改造，推动中部地区大通道大枢纽建设，加速东部地区优化升级，形成区域交通协调发展新格局。

（二）构建便捷顺畅的城市（群）交通网。建设城市群一体化交通网，推进干线铁路、城际铁路、市域（郊）铁路、城市轨道交通融合发展，完善城市群快速公路网络，加强公路与城市道路衔接。尊重城市发展规律，立足促进城市的整体性、系统性、生长性，统筹安排城市功能和用地布局，科学制定和实施城市综合交通体系规划。推进城市公共交通设施建设，强化城市轨道交通与其他交通方式衔接，完善快速路、主次干路、支路级配和结构合理的城市道路网，打通道路微循环，提高道路通达性，完善城市步行和非机动车交通系统，提升步行、自行车等出行品质，完善无障碍设施。科学规划建设城市停车设施，加强充电、加氢、加气和公交站点等设施建设。全面提升城市交通基础设施智能化水平。

（三）形成广覆盖的农村交通基础设施网。全面推进"四好农村路"建设，加快实施通村组硬化路建设，建立规范化可持续管护机制。促进交通建设与农村地区资源开发、产业发展有机融合，加强特色农产品优势区与旅游资源富集区交通建设。大力推进革命老区、民族地区、边疆地区、贫困地区、垦区林区交通发展，实现以交通便利带动脱贫减贫，深度贫困地区交通建设项目尽量向进村入户倾斜。推动资源丰富和人口相对密集贫困地区开发性铁路建设，在有条件的地区推进具备旅游、农业作业、应急救援等功能的通用机场建设，加强农村邮政等基础设施建设。

（四）构筑多层级、一体化的综合交通枢纽体系。依托京津冀、长三角、粤港澳大湾区等世界级城市群，打造具有全球竞争力的国际海港枢纽、航空枢纽和邮政快递核心枢纽，建设一批全国性、区域性交通枢纽，推进综合交通枢纽一体化规划建设，提高换乘换装水平，完善集疏运体系。大力发展枢纽经济。

三、交通装备先进适用、完备可控

（一）加强新型载运工具研发。实现3万吨级重载列车、时速250公里级高速轮轨货运列车等方面的重大突破。加强智能网联汽车（智能汽车、自动驾驶、车路协同）研发，形成自主可控完整的产业链。强化大中型邮轮、大型液化天然气船、极地航行船舶、智能船舶、新能源船舶等自主设计建造能力。完善民用飞机产品谱系，在大型民用飞机、重型直升机、通用航空器等方面取得显著进展。

（二）加强特种装备研发。推进隧道工程、整跨吊运安装设备等工程机械装备研发。研发水下机器人、深潜水装备、大型溢油回收船、大型深远海多功能救助船等新型装备。

（三）推进装备技术升级。推广新能源、清洁能源、智能化、数字化、轻量化、环保型交通装备及成套技术装备。广泛应用智能高铁、智能道路、智能航运、自动化码头、数字管网、智能仓储和分拣系统等新型装备设施，开发新一代智能交通管理系统。提升国产飞机和发动机技术水平，加强民用航空器、发动机研发制造和适航审定体系建设。推广应用交通装备的智能检测监测和运维技术。加速淘汰落后技术和高耗低效交通装备。

四、运输服务便捷舒适、经济高效

（一）推进出行服务快速化、便捷化。构筑以高铁、航空为主体的大容量、高效率区际快速客运服务，提升主要通道旅客运输能力。完善航空服务网络，逐步加密机场网建设，大力发展支线航空，推进干支有效衔接，提高航空服务能力和品质。提高城市群内轨道交通通勤化水平，推广城际道路客运公交化运行模式，打造旅客联程运输系统。加强城市交通拥堵综合治理，优先发展城市公共交通，鼓励引导绿色公交出行，合理引导个体机动化出行。推进城乡客运服务一体化，提升公共服务均等化水平，保障城乡居民行有所乘。

（二）打造绿色高效的现代物流系统。优化运输结构，加快推进港口集疏运铁路、物流园区及大型工矿企业铁路专用线等"公转铁"重点项目建设，推进大宗货物及中长距离货物运输向铁路和水运有序转移。推动铁水、公铁、公水、空陆等联运发展，推广跨方式快速换装转运标准化设施设备，形成统一的多式联运标准和规则。发挥公路货运"门到门"优势。完善航空物流网络，提升航空货运效率。推进电商物流、冷链物流、大件运输、危险品物流等专业化物流发展，促进城际干线运输和城市末端配送有机衔接，鼓励发展集约化配送模式。综合利用多种资源，完善农村配送网络，促进城乡双向流通。落实减税降费政策，优化物流组织模式，提高物流效率，降低物流成本。

（三）加速新业态新模式发展。深化交通运输与旅游融合发展，推动旅游专列、旅游风景道、旅游航道、自驾车房车营地、游艇旅游、低空飞行旅游等发展，完善客运枢纽、高速公路服务区等交通设施旅游服务功能。大力发展共享交通，打造基于移动智能终端技术的服务系统，实现出行即服务。发展"互联网+"高效物流，创新智慧物流营运模式。培育充满活力的通用航空及市域（郊）铁路市场，完善政府购买服务政策，稳步扩大短途运输、公益服务、航空消费等市场规模。建立通达全球的寄递服务体系，推动邮政普遍服务升级换代。加快快递扩容增效和数字化转型，壮大供应链服务、冷链快递、即时直递等新业态新模式，推进智能收投终端和末端公共服务平台建设。积极发展无人机（车）物流递送、城市地下物流配送等。

五、科技创新富有活力、智慧引领

（一）强化前沿关键科技研发。瞄准新一代信息技术、人工智能、智能制造、新材料、新能源等世界科技前沿，加强对可能引发交通产业变革的前瞻性、颠覆性技术研究。强化汽车、民用飞行器、船舶等装备动力传动系统研发，突破高效率、大推力/大功率发动机装备设备关键技术。加强区域综合交通网络协调运营与服务技术、城市综合交通协同管控技术、基于船岸协同的内河航运安全管控与应急搜救技术等研发。合理统筹安排时速600公里级高速磁悬浮系统、时速400公里级高速轮轨（含可变轨距）客运列车系统、低真空管（隧）道高速列车等技术储备研发。

（二）大力发展智慧交通。推动大数据、互联网、人工智能、区块链、超级计算等新技术与交通行业深度融合。推进数据资源赋能交通发展，加速交通基础设施网、运输服务网、能源网与信息网络融合发展，构建泛在先进的交通信息基础设施。构建综合交通大数据中心体系，深化交通公共服务和电子政务发展。推进北斗卫星导航系统应用。

（三）完善科技创新机制。建立以企业为主体、产学研用深度融合的技术创新机制，鼓励交通行业各类创新主体建立创新联盟，建立关键核心技术攻关机制。建设一批具有国际影响力的实验室、试验基地、技术创新中心等创新平台，加大资源开放共享力度，优化科研资金投入机制。构建适应交通高质量发展的标准体系，加强重点领域标准有效供给。

六、安全保障完善可靠、反应快速

（一）提升本质安全水平。完善交通基础设施安全技术标准规范，持续加大基础设施安全防护投入，提升关键基础设施安全防护能力。构建现代化工程建设质量管理体系，推进精品建造和精细管理。强化交通基础设施养护，加强基础设施运行监测检测，提高养护专业化、信息化水平，增强设施耐久性和可靠性。强化载运工具质量治理，保障运输装备安全。

（二）完善交通安全生产体系。完善依法治理体系，健全交通安全生产法规制度和标准规范。完善安全责任体系，强化企业主体责任，明确部门监管责任。完善预防控制体系，有效防控系统性风险，建立交通装备、工程第三方认证制度。强化安全生产事故调查评估。完善网络安全保障体系，增强科技兴安能力，加强交通信息基础设施安全保护。完善支撑保障体系，加强安全设施建设。建立自然灾害交通防治体系，提高交通防灾抗灾能力。加强交通安全综合治理，切实提高交通安全水平。

（三）强化交通应急救援能力。建立健全综合交通应急管理体制机制、法规制度和预案体系，加强应急救援专业装备、设施、队伍建设，积极参与国际应急救援合作。强化应急救援社会协同能力，完善征用补偿机制。

七、绿色发展节约集约、低碳环保

（一）促进资源节约集约利用。加强土地、海域、无居民海岛、岸线、空域等资源节约集约利用，提升用地用海用岛效率。加强老旧设施更新利用，推广施工材料、废旧材料再生和综合利用，推进邮件快件包装绿色化、减量化，提高资源再利用和循环利用水平，推进交通资源循环利用产业发展。

（二）强化节能减排和污染防治。优化交通能源结构，推进新能源、清洁能源应用，促进公路货运节能减排，推动城市公共交通工具和城市物流配送车辆全部实现电动化、新能源化和清洁化。打好柴油货车污染治理攻坚战，统筹油、路、车治理，有效防治公路运输大气污染。严格执行国家和地方污染物控制标准及船舶排放区要求，推进船舶、港口污染防治。降低交通沿线噪声、振动，妥善处理好大型机场噪声影响。开展绿色出行行动，倡导绿色低碳出行理念。

（三）强化交通生态环境保护修复。严守生态保护红线，严格落实生态保护和水土保持措施，严格实施生态修复、地质环境治理恢复与土地复垦，将生态环保理念贯穿交通基础设施规划、建设、运营和养护全过程。推进生态选线选址，强化生态环保设计，避让耕地、林地、湿地等具有重要生态功能的国土空间。建设绿色交通廊道。

八、开放合作面向全球、互利共赢

（一）构建互联互通、面向全球的交通网络。以丝绸之路经济带六大国际经济合作走廊为主体，推进与周边国家铁路、公路、航道、油气管道等基础设施互联互通。提高海运、民航的全球连接度，建设世界一流的国际航运中心，推进21世纪海上丝绸之路建设。拓展国际航运物流，发展铁路国际班列，推进跨境道路运输便利化，大力发展航空物流枢纽，构建国际寄递物流供应链体系，打造陆海新通道。维护国际海运重要通道安全与畅通。

（二）加大对外开放力度。吸引外资进入交通领域，全面落实准入前国民待遇加负面清单管理制度。协同推进自由贸易试验区、中国特色自由贸易港建设。鼓励国内交通企业积极参与"一带一路"沿线交通基础设施建设和国际运输市场合作，打造世界一流交通企业。

（三）深化交通国际合作。提升国际合作深度与广度，形成国家、社会、企业多层次合作渠道。拓展国际合作平台，积极打造交通新平台，吸引重要交通国际组织来华落驻。积极推动全球交通治理体系建设与变革，促进交通运输政策、规则、制度、技术、标准"引进来"和"走出去"，积极参与交通国际组织事务框架下规则、标准制定修订。提升交通国际话语权和影响力。

九、人才队伍精良专业、创新奉献

（一）培育高水平交通科技人才。坚持高精尖缺导向，培养一批具有国际水平的战略科技人才、科技领军人才、青年科技人才和创新团队，培养交通一线创新人才，支持各领域各学科人才进入交通相关产业行业。推进交通高端智库建设，完善专家工作体系。

（二）打造素质优良的交通劳动者大军。弘扬劳模精神和工匠精神，造就一支素质优良的知识型、技能型、创新型劳动者大军。大力培养支撑中国制造、中国创造的交通技术技能人才队伍，构建适应交通发展需要的现代职业教育体系。

（三）建设高素质专业化交通干部队伍。落实建设高素质专业化干部队伍要求，打造一支忠诚干净担当的高素质干部队伍。注重专业能力培养，增强干部队伍适应现代综合交通运输发展要求的能力。加强优秀年轻干部队伍建设，加强国际交通组织人才培养。

十、完善治理体系，提升治理能力

（一）深化行业改革。坚持法治引领，完善综合交通法规体系，推动重点领域法律法规制定修订。不断深化铁路、公路、航道、空域管理体制改革，建立健全适应综合交通一体化发展的体制机制。推动国家铁路企业股份制改造、邮政企业混合所有制改革，支持民营企业健康发展。统筹制定交通发展战略、规划和政策，加快建设现代化综合交通体系。强化规划协同，实现"多规合一"、"多规融合"。

（二）优化营商环境。健全市场治理规则，深入推进简政放权，破除区域壁垒，防止市场垄断，完善运输价格形成机制，构建统一开放、竞争有序的现代交通市场体系。全面实施市场准入负面清单制度，构建以信用为基础的新型监管机制。

（三）扩大社会参与。健全公共决策机制，实行依法决策、民主决策。鼓励交通行业组织积极参与行业治理，引导社会组织依法自治、规范自律，拓宽公众参与交通治理渠道。推动政府信息公开，建立健全公共监督机制。

（四）培育交通文明。推进优秀交通文化传承创新，加强重要交通遗迹遗存、现代交通重大工程的保护利用和精神挖掘，讲好中国交通故事。弘扬以"两路"精神、青藏铁路精神、民航英雄机组等为代表的交通精神，增强行业凝聚力和战斗力。全方位提升交通参与者文明素养，引导文明出行，营造文明交通环境，推动全社会交通文明程度大幅提升。

十一、保障措施

（一）加强党的领导。坚持党的全面领导，充分发挥党总揽全局、协调各方的作用。建立统筹协调的交通强国建设实施工作机制，强化部门协同、上下联动、军地互动，整体有序推进交通强国建设工作。

（二）加强资金保障。深化交通投融资改革，增强可持续发展能力，完善政府主导、分级负责、多元筹资、风险可控的资金保障和运行管理体制。建立健全中央和地方各级财政投入保障制度，鼓励采用多元化市场融资方式拓宽融资渠道，积极引导社会资本参与交通强国建设，强化风险防控机制建设。

（三）加强实施管理。各地区各部门要提高对交通强国建设重大意义的认识，科学制定配套政策和配置公共资源，促进自然资源、环保、财税、金融、投资、产业、贸易等政策与交通强国建设相关政策协同，部署若干重大工程、重大项目，合理规划交通强国建设进程。鼓励有条件的地方和企业在交通强国建设中先行先试。交通运输部要会同有关部门加强跟踪分析和督促指导，建立交通强国评价指标体系，重大事项及时向党中央、国务院报告。

附录 2：《国务院关于促进民航业发展的若干意见》[①]

国发〔2012〕24号

各省、自治区、直辖市人民政府，国务院各部委、各直属机构：

民航业是我国经济社会发展重要的战略产业。改革开放以来，我国民航业快速发展，行业规模不断扩大，服务能力逐步提升，安全水平显著提高，为我国改革开放和社会主义现代化建设作出了突出贡献。但当前民航业发展中不平衡、不协调的问题仍较为突出，空域资源配置不合理、基础设施发展较慢、专业人才不足、企业竞争力不强、管理体制有待理顺等制约了民航业的可持续发展。为促进民航业健康发展，现提出以下意见：

一、总体要求

（一）指导思想。

以邓小平理论和"三个代表"重要思想为指导，深入贯彻落实科学发展观，以转变发展方式为主线，以改革创新为动力，遵循航空经济发展规律，坚持率先发展、安全发展和可持续发展，提升发展质量，增强国际竞争力，努力满足经济社会发展和人民群众出行需要。

（二）基本原则。

——以人为本、安全第一。树立和落实持续安全理念，为社会提供安全优质的航空服务。

---

① 国务院关于促进民航业发展的若干意见［EB/OL］.（2012－07－12）［2023－11－16］. https://www.gov.cn/zhengce/content/2012－07／12/content _ 3228. htm.

——统筹兼顾、协调发展。统筹民航与军航、民航与其他运输方式、民航业与关联产业，以及各区域间协调发展。

——主动适应、适度超前。加强基础设施建设，提高装备水平和服务保障能力。

——解放思想、改革创新。破除体制机制障碍，最大限度解放和发展民航生产力。

——调整结构、扩容增效。合理利用空域等资源，增加飞行容量，推进技术进步和节能减排。

（三）发展目标。

到2020年，我国民航服务领域明显扩大，服务质量明显提高，国际竞争力和影响力明显提升，可持续发展能力明显增强，初步形成安全、便捷、高效、绿色的现代化民用航空体系。

——航空运输规模不断扩大，年运输总周转量达到1700亿吨公里，年均增长12.2%，全国人均乘机次数达到0.5次。

——航空运输服务质量稳步提高，安全水平稳居世界前列，运输航空百万小时重大事故率不超过0.15，航班正常率提高到80%以上。

——通用航空实现规模化发展，飞行总量达200万小时，年均增长19%。

——经济社会效益更加显著，航空服务覆盖全国89%的人口。

二、主要任务

（四）加强机场规划和建设。机场特别是运输机场是重要公共基础设施，要按照国家经济社会发展和对外开放总体战略的要求，抓紧完善布局，加大建设力度。机场规划建设既要适度超前，又要量力而行，同时预留好发展空间，做到确保安全、经济适用、节能环保。要按照建设综合交通运输体系的原则，确保机场与其他交通运输方式的有效衔接。着力把北京、上海、广州机场建成功能完善、辐射全球的大型国际航空枢纽，培育昆明、乌鲁木齐等门户机场，增强沈阳、杭州、郑州、武汉、长沙、成都、重庆、西安等大型机场的区域性枢纽功能。新建支线机场，应统筹考虑国防建设和发展通用航空的需要，同时结合实际加快提升既有机场容量。要整合机场资源，加强珠三角、长三角和京津冀等都市密集地区机场功能互补。注重机场配套设施规划与建设，配套完善旅客服务、航空货运集散、油料供应等基础设施，大型机场应规划建设一体化综合交通枢纽。

（五）科学规划安排国内航线网络。构建以国际枢纽机场和国内干线机场为骨干，支线和通勤机场为补充的国内航空网络。重点构建年旅客吞吐量1000万人次以上机场间的空中快线网络。加强干线、支线衔接和支线间的连接，提高中小机场的通达性和利用率。以老少边穷地区和地面交通不便地区为重点，采用满足安全要求的经济适用航空器，实施"基本航空服务计划"。优化内地与港澳之间的航线网络，增加海峡两岸航线航班和通航点。完善货运航线网络，推广应用物联网技术，按照现代物流要求加快航空货运发展，积极开展多式联运。

（六）大力发展通用航空。巩固农、林航空等传统业务，积极发展应急救援、医疗救助、海洋维权、私人飞行、公务飞行等新兴通用航空服务，加快把通用航空培育成新的经济增长点。推动通用航空企业创立发展，通过树立示范性企业鼓励探索经营模式，创新经营机制，提高管理水平。坚持推进通用航空综合改革试点，加强通用航空基础设施建设，完善通用航空法规标准体系，改进通用航空监管，创造有利于通用航空发展的良好环境。

（七）努力增强国际航空竞争力。适应国家对外开放和国际航空运输发展的新趋势，按照合作共赢的原则，统筹研究国际航空运输开放政策。鼓励国内有实力的客、货运航空企业打牢发展基础，提升管理水平，开拓国际市场，增强国际竞争能力，成为能够提供全球化服务的国际航空公司。完善国际航线设置，重点开辟和发展中远程国际航线，加密欧美地区航线航班，增设连接南美、非洲的国际航线。巩固与周边国家的航空运输联系，推进与东盟国家航空一体化进程。加强国际航空交流与合作，积极参与国际民航标准的制定。

（八）持续提升运输服务质量。要按照科学调度、保障有力的要求，努力提高航班正常率。建立面向公众的航班延误预报和通报制度，完善大面积航班延误预警和应急机制，规范航班延误后的服务工作。推广信息化技术，优化运行流程，提升设备能力，保证行李运输品质。完善服务质量标准体系和实施方法，简化乘机手续，创新服务产品，打造特色品牌，提高消费者满意度。

（九）着力提高航空安全水平。坚持"安全第一、预防为主、综合治理"的方针，牢固树立持续安全理念，完善安全法规、制度体系，建立健全安全生产长效机制。坚持和完善安全生产责任制度，严格落实生产运营单位安全主体责任。推行安全隐患挂牌督办制度和安全问责制度，实行更加严格的安全考核和责任追究。完善航空安保体制机制，加强行业主管部门与地方政府的沟通协调，确保空防安全。加强专业技术人员资质管理，严把飞行、空管、维修、签派、安检等关键岗位人员资质关。加大安全投入，加强安全生产信息化建设，积极推广应用安全运行管理新技术、新设备。加强应急救援体系建设，完善重大突发事件应急预案。

（十）加快建设现代空管系统。调整完善航路网络布局，建设国内大容量空中通道，推进繁忙航路的平行航路划设，优化繁忙地区航路航线结构和机场终端区空域结构，增加繁忙机场进离场航线，在海洋地区增辟飞越国际航路。优化整合空管区划，合理规划建设高空管制区。大力推广新一代空管系统，加强空管通信、导航、监视能力及气象、情报服务能力建设，提升设备运行管理水平。完善民航空管管理体制与运行机制。

（十一）切实打造绿色低碳航空。实行航路航线截弯取直，提高临时航线使用效率，优化地面运行组织，减少无效飞行和等待时间。鼓励航空公司引进节能环保机型，淘汰高耗能老旧飞机。推动飞机节油改造，推进生物燃油研究和应用，制定应对全球气候变化对航空影响的对策措施。制定实施绿色机场建设标准，推动节能环保材料和新能源的应用，实施合同能源管理。建立大型机场噪音监测系统，加强航空垃圾无害化处理设施建设。

（十二）积极支持国产民机制造。鼓励民航业与航空工业形成科研联动机制，加强适航审定和航空器运行评审能力建设，健全适航审定组织体系。积极为大飞机战略服务，鼓励国内支线飞机、通用飞机的研发和应用。引导飞机、发动机和机载设备等国产化，形成与我国民航业发展相适应的国产民航产品制造体系，建立健全售后服务和运行支持技术体系。积极拓展中美、中欧等双边适航范围，提高适航审定国际合作水平。

（十三）大力推动航空经济发展。通过民航业科学发展促进产业结构调整升级，带动区域经济发展。鼓励各地区结合自身条件和特点，研究发展航空客货运输、通用航空、航空制造与维修、航空金融、航空旅游、航空物流和依托航空运输的高附加值产品制造业，打造航空经济产业链。选择部分地区开展航空经济示范区试点，加快形成珠三角、长三角、京津冀临空产业集聚区。

三、政策措施

（十四）加强立法和规划。健全空域管理相关法律法规，推动修订《中华人民共和国民用航空法》。加强航空安全、空中交通、适航审定、通用航空等方面的立法工作，建立比较完备的民航法规和标准体系。编制全国空域规划和通用航空产业规划，完善《全国民用机场布局规划》。各地区编制本地民航发展规划，要做好与当地经济社会发展、土地利用、城乡建设等规划的衔接。

（十五）加大空域管理改革力度。以充分开发和有效利用空域资源为宗旨，加快改革步伐，营造适应航空运输、通用航空和军事航空和谐发展的空域管理环境，统筹军民航空域需求，加快推进空域管理方式的转变。加强军民航协调，完善空域动态灵活使用机制。科学划分空域类别，实施分类管理。做好推进低空空域管理改革的配套工作，在低空空域管理领域建立起科学的基础理论、法规标准、运行管理和服务保障体系，逐步形成一整套既有中国特色又符合低空空域管理改革发展特点的组织模式、制度安排和运行方式。

（十六）完善管理体制机制。适应民航业发展要求理顺民航业管理体制机制，强化民航系统各地区管理机构建设。加强民航业主管部门对民航企业的行业管理力度，完善国有大型航空运输企业考核体系，引导企业更加注重航空运输的社会效益。全面贯彻《民用机场管理条例》，深化机场管理体制改革，进一步明确地方政府在机场发展中的主体责任和相关职能。发挥市场对资源配置的基础性作用，逐步推进民航运输价格改革，健全价格形成机制。完善民航机场和空管收费政策。加快航油、航材、航信等服务保障领域的市场开放，鼓励和引导外资、民营资本投资民航业。

（十七）强化科教和人才支撑。将民航科技创新纳入国家科技计划体系，建立相应的国家级民航重点实验室。加强空管核心技术、适航审定、航行新技术的研发和推广，推动北斗卫星系统在民航领域的应用。加快航空运输系统核心信息平台的升级换代，保障基础信息网络和重要信息系统安全，增强民航装备国产化的实验验证能力。实施重大人才工程，加大飞行、机务、空管等紧缺专业人才培养力度。强化民航院校行业特色，鼓励有条件的非民航直属院校和教育机构培养民航专业人才。对民航行政机构专业技术人员薪酬待遇等实行倾斜政策，稳定民航专业人才队伍。

（十八）完善财税扶持政策。加大对民航建设和发展的投入，中央财政继续重点支持中西部支线机场建设与运营。加强民航发展基金的征收和使用，优化基金支出结构。完善应急救援和重大专项任务的行政征用制度。实行燃油附加与航油价格的联动机制。保障机场及其综合枢纽建设发展用地，按规定实行相应的税收减免政策。支持符合条件的临空经济区按程序申请设立综合保税区等海关特殊监管区域，按规定实行相应的税收政策。继续在规定范围内给予部分飞机、发动机、航空器材等进口税收优惠。

（十九）改善金融服务。研究设立主体多元化的民航股权投资（基金）企业。制定完善相关政策，支持国内航空租赁业发展。鼓励银行业金融机构对飞机购租、机场及配套设施建设提供优惠的信贷支持，支持民航企业上市融资、发行债券和中期票据。完善民航企业融资担保等信用增强体系，鼓励各类融资性担保机构为民航基础设施建设项目提供担保。稳步推进国内航空公司飞机第三者战争责任险商业化进程。

各地区、各部门要充分认识促进民航业发展的重要意义，进一步统一思想，提高认识，扎实工作，采取切实措施落实本意见提出的各项任务，积极协调解决民航发展中的重大问题，共同开创民航业科学发展的新局面。

国务院

2012 年 7 月 8 日

附录3：《新时代民航强国建设行动纲要》[①]

民航是战略性产业，在国家开启全面建设社会主义现代化强国的新征程中发挥着基础性、先导性作用。建设民航强国，既是更好地服务国家发展战略，满足人民美好生活需求的客观需要，也是深化民航供给侧结构性改革，提升运行效率和服务品质，支撑交通强国建设的内在要求。进入新时代，我国经济发展由高速增长阶段向高质量发展阶段转换，新一轮科技革命和产业变革方兴未艾，大众出行对安全、便捷、品质等方面的关注不断增强，对成本、质量、效率和环境提出了更高要求。经过几代中国民航人的接续奋斗，我国已具备从民航大国向民航强国跨越的发展基础，同时也面临基础保障能力不足、资源环境约束增大、发展不平衡不充分现象突出等问题。综合分析世界民航强国发展的规律和特点，特制定本行动纲要，明确目标，凝心聚力，统筹推进。

一、总体要求

（一）指导思想。

坚持以习近平新时代中国特色社会主义思想为指导，全面贯彻落实党的十九大和十九届二中、三中全会精神，紧紧围绕统筹推进"五位一体"总体布局和协调推进"四个全面"战略布局，坚持以人民为中心的发展思想，以新发展理念为引领，以深化供给侧结构性改革为主线，坚持稳中求进工作总基调，落实"一二三三四"新时期民航总体工作思路，着力推进民航发展质量、效率和动力变革，实现民航高质量发展，建成保障有力、人民满意、竞争力强的民航强国，更好地服务国家发展战略、更好地满足广大人民群众对美好生活的需要，为全面建成社会主义现代化强国、实现中华民族伟大复兴提供重要支撑。

（二）基本原则。

[①] 新时代民航强国建设行动纲要［EB/OL］．（2018－11－26）［2023－11－16］．https://www.gov.cn/zhengce/zhengceku/2018－12/31/5437866/files/3ea6e792672a471b989ab2b8d2a8b4c8.pdf．

服务国家战略，强化统筹融合。坚持党对民航工作的全面领导，充分发挥民航作为国家战略产业的作用，服务国家重大战略、建设现代经济体系，构建全面开放新格局。统筹协调，加强民航与交通、产业、科技、贸易和军队建设的协调联动，实现融合发展，凝聚发展合力。

坚守安全底线，提升质量效率。牢固树立"安全是民航业的生命线"的思想，正确处理安全与发展、安全与效益的关系，确保民航安全运行平稳可控。以质量和效率为导向，深化民航供给侧结构性改革，全面提升民航发展质量。建设现代民航服务体系，强化运行、服务和管理协同，充分发挥航空网络的规模效益，提升与其他交通方式衔接的组合效率。

深化改革创新，全面开放合作。着力破解制约民航发展的制度性和结构性问题，激发市场活力和厚植发展动力。健全民航法治，推进民航治理体系和治理能力现代化。强化创新驱动，推进技术、管理和制度创新，培育民航新业态、新产业和新动能。构建民航全方位开放发展格局，强化国际合作，提升国际话语权和影响力。

践行绿色智慧，服务人民大众。将绿色理念融入到民航发展的全领域、全流程和全周期，建设生态环境友好的现代民航业。深入推进民航信息化，打造智慧民航运行、服务和管理体系，为大众提供出行即服务的优质民航出行体验。积极践行"发展为了人民"的理念，着力解决人民最关心最直接最现实的问题，增强人民群众在民航发展中的获得感、幸福感和安全感。

二、总体目标和战略步骤

（三）总体目标。

到本世纪中叶，全面建成保障有力、人民满意、竞争力强的民航强国，为全面建成社会主义现代化强国和实现中华民族伟大复兴提供重要支撑。民航服务能力、创新能力、治理能力、可持续发展能力和国际影响力位于世界前列。

具体表现为：

——具有国际化、大众化的航空市场空间；

——具有国际竞争力较强的大型网络型航空公司；

——具有布局功能合理的国际航空枢纽及国内机场网络；

——具有安全高效的空中交通管理体系；

——具有先进、可靠、经济的安全安保和技术保障服务体系；

——具有功能完善的通用航空体系；

——具有制定国际民航规则标准的主导权和话语权；

——具有引领国际民航业发展的创新能力。

民航强国的八个基本特征实现均衡发展、协调发展，完成整体跨越，进阶到相互支撑、相互促进的汇集融合状态，系统呈现出民航强国的综合实力和水平。

（四）战略步骤。

从现在到 2020 年，是决胜全面建成小康社会的攻坚期，也是新时代民航强国建设新征程的启动期。民航发展要瞄准解决行业快速发展需求和基础保障能力不足的突出矛盾，着力"补短板、强弱项"，重点补齐空域、基础设施、专业技术人员等核心资源短板，大幅提升有效供给能力，加快实现从航空运输大国向航空运输强国的跨越。

从 2021 年到本世纪中叶，民航强国建设分为两个阶段推进。

第一阶段（2021 年到 2035 年），建成多领域的民航强国。

从 2021 年到 2035 年，实现从单一的航空运输强国向多领域的民航强国的跨越。我国民航综合实力大幅提升，形成全球领先的航空公司，辐射力强的国际航空枢纽，一流的航空服务体系，发达的通用航空体系，现代化空中交通管理体系，完备的安全保障体系和高效的民航治理体系，有力支撑基本实现社会主义现代化。

——服务能力显著提升。国际化、大众化、多元化的航空服务体系更加完善，运行质量和效率进一步提升，旅客体验更加美好。人均航空出行次数超过 1 次，民航旅客周转量在综合交通中的比重超过三分之一。通用航空服务深入生产生活各个方面。

——保障能力更加充分。基础设施体系基本完善，运输机场数量 450 个左右，地面 100 公里覆盖所有县级行政单元。民航与综合交通深度融合，形成一批以机场为核心的现代化综合交通枢纽。形成安全、高效、智慧、协同的现代化空中交通管理体系。

——国际影响力、竞争力更加突出。民航旅客运输量占全球四分之一，规模全球第一。形成一批全球排名靠前、竞争力强、富有创新活力的航空企业。国际航空枢纽的网络辐射能力更强，建成京津冀、长三角、粤港澳大湾区、成渝等世界级机场群。参与国际民航规则、标准等制定的话语权显著增强。

——有力支撑国家发展战略。形成高效、通达的现代航空物流服务体系，支撑国家产业体系高端化、国际化发展。自主创新取得突破，国产飞机、空管系统、机场运行等民航核心装备广泛应用。军民融合深入发展。民航对扩大对外开放、促进区域协调、保障国家安全、保障民生需求等方面的基础性作用更加突出。

——民航发展质量显著提升。中国特色的民航安全安保管理体系和技术服务保障体系更加成熟,航空安全管理水平世界领先。民航治理体系和治理能力更加完善。形成运输优质、人民满意的真情服务体系。全行业能源消耗、污染排放、碳排放水平大幅降低,民航可持续发展能力显著增强。

第二阶段（2036年到本世纪中叶）,建成全方位的民航强国。到本世纪中叶,实现由多领域的民航强国向全方位的民航强国的跨越,全面建成保障有力、人民满意、竞争力强的民航强国。民航的创新能力、治理能力、综合实力、可持续发展能力和国际竞争力领跑全球,形成产业辐射功能强大的现代民航产业,全方位参与新型国际民航治理体系建设。机场网、航线网和信息网深度融合发展,网络化、数字化、智能化民航全面实现,人便其行、货畅其流。

三、主要任务和举措

（五）拓展国际化、大众化的航空市场空间。

着力拓展国际航空市场。构建结构优化、多元平衡、枢纽导向型的航权开放新格局,为航空公司进入国际市场提供更多航权资源。统筹制定民航国际化发展战略,以"一带一路"为重点,逐步推进与全球主要航空运输市场及新兴市场的准入开放,实现国际航空运输市场自由化。积极开辟国际航线,打造"空中丝绸之路",增加航班频次,国际航线网络覆盖全球,积极构筑畅行全球、高效通达的国际航空服务体系。全面参加与有关国家的投资协定、自贸协定谈判,积极稳妥地推动在民航领域达成高水平开放承诺,为民航企业拓展国际市场创造条件。

着力推进航空服务大众化。逐步加密机场网建设,建立通达、通畅、经济、高效的航线网络,大力发展支线航空,推进干支有效衔接,推进低成本等航空服务差异化发展。全面实施基本航空服务计划,实现老少边穷地区航线网络基本通达,打造更加协调的"民生航空"服务体系。

着力开拓航空物流市场。提升货运专业服务能力,在航空快件、生产物流、跨境电商、冷链物流、危险品运输等专业细分领域形成独特优势,支撑新业态、新经济发展。完善战略布局,优化资源配置,构筑覆盖全球的国际航空物流网络,打造以航空物流为主导的全球现代供应链管理中心、国际快件转运中心和跨境电商物流分拨中心,实现货物运输"一单到底、物流全球、货畅其流"，推动传统货运企业向货运集成商和物流企业转型。实施航空物流"效率工程"，不断提高安检和通关效率，促进航空物流加快发展。

着力拓展现代综合交通运输服务空间。以需求特征为导向，充分发挥航空、高铁的比较优势和集成发展优势，推进基础设施一体化、运输服务一体化、技术标准一体化、信息平台一体化，打造"无缝衔接、中转高效"的空地联运服务产品，构建具有中国特色的"航空+高铁"的大容量、高效率、现代化的快速交通运输服务体系，实现相互诱发、互相支撑的良性发展新格局，为全球航空运输发展提供新实践、新理论、新方案。

全面提升航空服务质量。紧密围绕人民群众的交通圈、工作圈和生活圈，提供全流程、多元化、个性化和高品质的航空服务产品新供给，着力打造"民航+"生态圈。实施民航"便捷工程"，推进设施自助化、乘机便利化变革，加快实现旅客登机智慧化和行李全程跟踪，提升航空出行体验。以航班正常为核心，践行"真情服务"，实施中国民航旅客服务"幸福工程"，积极回应人民群众对航空服务质量的关切，通过坚持标准，持续改进，真诚服务，实现民航服务由"合格率"向"满意度"转变。

（六）打造国际竞争力较强的大型网络型航空公司。

打造世界级超级承运人。鼓励航空公司联合重组、混合所有制改造，加大对主基地航空公司航线航班资源配置，打造具有全球竞争力、服务全球的世界级超级承运人。鼓励开展全球并购和战略合作，发挥资本的纽带作用，构建全产业链的现代民航产业体系，打造服务品质与企业规模均全球领先的世界级航空企业集团。构建轴辐式和城市对相结合的航线网络，积极发展空中快线。

打造全球性的航空物流企业。满足现代航空物流企业的基础设施需求，推进专业化航空物流设施和核心航空货运枢纽建设。改善航空物流政策环境，支持航空物流企业做大做强。构建多层次的物流信息服务系统，打造"畅通全球"的综合航空物流信息服务平台。规范航空货运代理市场秩序，打造若干覆盖全球的超级货运代理服务商。加快全球战略资源布局，构筑面向全球的航空物流服务网络，打造全球最具效率和竞争力的航空物流企业集团。

培育多元化的航空市场主体。支持建设低成本航空公司、支线航空公司、货运航空公司，实现市场更加平衡、更加充分发展。创新低成本、支线、货运等细分市场运营模式，强化特色经营、特色产品和特色服务，培育一批各具特色的航空运输企业。发挥大型航空企业的经营管理优势和社会责任的主体作用，带动中小航空企业向"专、精、特、新"发展，实现大中小航空公司高效协同、良性竞争的互动发展新格局。

（七）建设布局功能合理的国际航空枢纽及国内机场网络。

构建机场网络体系。统筹协调民用运输机场和通用机场布局建设，结合国家战略、区域经济社会、综合交通运输体系发展要求，新增布局一批运输机场，完善通用机场网络体系，构建覆盖广泛、分布合理、功能完善、集约环保的机场网。优化布局结构，着力提升北京、上海、广州机场国际枢纽竞争力，加快建设成都、昆明、深圳、重庆、西安、乌鲁木齐、哈尔滨等国际航空枢纽，打造若干国际航空货运枢纽，建成以世界级机场群、国际航空枢纽为核心、区域枢纽为骨干、非枢纽机场和通用机场为重要补充的国家综合机场体系。高质量推进机场规划建设，建设平安、绿色、智慧、人文机场。

建设世界级机场群。着力推动京津冀、长三角、粤港澳大湾区、成渝等世界级机场群建设。按照共商共建共享原则，探索建立全面、系统的运行协调与融合发展机制。完善区内各机场功能定位。统筹机场群基础设施布局建设、航线网络规划、地面交通设施衔接，优化航权、时刻等资源高效供给，形成优势互补、互利共赢的发展格局。

推进枢纽机场建设。加强大型枢纽机场战略规划编制工作。按照"精品工程、样板工程、平安工程、廉洁工程"建设要求，加快建设北京大兴国际机场等国际航空枢纽示范工程。实施枢纽机场功能提升工程，适度超前调整完善千万级以上枢纽机场总体规划，扩大枢纽机场终端容量。接近终端容量且有条件的城市研究建设第二机场。积极有序推进以货运功能为主的机场布局建设。推动枢纽机场与其他交通方式的深度融合，打造若干以枢纽机场为核心的世界级综合交通枢纽。深化机场管理体制改革，完善民用机场公共基础设施属性，建立适应现代综合交通运输发展趋势的机场综合体运行管理体制机制。以质量效率提升为导向，创新和完善枢纽机场运行流程，充分发挥基础设施效率和效益。

加快非枢纽机场和通用机场建设。提高航空服务均等化水平，新增布局一批运输机场，重点布局加密中西部地区机场，鼓励利用军用机场资源开展军民合用，建立通用机场转换为运输机场的机制。实施一批机场改扩建工程，提升机场安全运行保障能力。大力实施军民融合发展，在民用机场建设中兼顾国防建设需求，探索军民航协同运营机制。加快通用机场建设，实施国家级、区域性通用机场建设示范工程，鼓励非枢纽机场增加通用航空设施，鼓励在偏远地区、地面交通不便地区建设通用机场。

（八）构建安全高效的空中交通管理体系。

深化空管体制机制改革。推动国家空域管理体制改革，建立健全空域资源配置体系，促进空域管理使用军民融合发展，建成安全高效的现代化空域管理体制。围绕建设强安全、强效率、强智慧、强协同的现代化空管体系，深化民航空管系统改革，建立符合空管实际、适应民航发展需要的企业化管理机制，推进绩效型组织建设。建立空管运行领域军民融合发展机制，最终实现军民航空管联合运行。

增强空域资源保障。加强空域规划的引领作用，积极参与国家空域总体规划和空域分类工作，不断优化民航使用空域，实现空域分类划设。推进干线航路网规划实施，推进京津冀、长三角、粤港澳大湾区等重点区域的空域优化方案实施，持续优化成都、昆明、深圳、重庆、西安、乌鲁木齐、哈尔滨等重点枢纽机场终端区空域方案。强化空域资源意识，加大基础设施投入，加强空域资源开发利用。

提高空域运行效能。推进空域管理、流量管理、管制服务一体化运行。建立全国、区域、机场多级飞行流量管理体系和空管、机场、空域用户等多方协同决策机制。缩小管制移交间隔。全面推广空域精细化管理。建立空域使用效率评估机制，不断改善空域管理工作。

实施空管强基工程。完善区域管制中心、终端管制中心、塔台管制室的建设。建成国际一流、高效运行的民航运行管理中心、气象中心、情报管理中心、民航通信网、自动相关监视广播系统（ADS-B）监视网。建成空天地一体化、网络化的数据通信、精密导航、综合监视系统，完成陆基向星基导航转变。建设智慧气象工程。建设航空情报自动化系统。构建空管安全风险管理平台，完善空管应急管理体系。推动国产空管技术和装备产业化发展，实现空管设备安全与技术自主可控。

（九）健全先进、可靠、经济的安全安保和技术保障服务体系。

强化航空安全管理。牢固安全发展理念，坚持关口前移、源头管控、预防为主、综合治理，完善安全政策规章体系和风险防控体系。积极应对航空安全态势和航空企业超大机队、巨大流量、更广范围的形势变化，创新安全监管模式，探索实施重点精准差异性监管方式，加大新技术应用，完善安全监管工具箱等手段，增强精准监管力度，严厉查处安全违章失信行为，提高行业安全监管效能，促进行业安全可持续发展。严格落实安全生产责任体系，切实把安全责任落实到岗位、落实到人，全面实施安全绩效管理。坚持对安全隐患"零容忍"，充分发挥飞行品质监控基站和安全大数据平台作用，加强安全风险管控。持之以恒"抓基层、打基础、苦练基本功"，加强队伍作风和能力建设，筑牢安全生产底线。

深化"平安民航"建设。积极应对行业规模快速增长,传统风险和非传统风险交织等安防形势变化,推进民航空防安全工作体制机制变革,推进航空安保国际合作,构建开放化、立体化、信息化的民航安保管理体系。推进大数据、人脸识别等新技术应用,全面建设民航安保科技信息应用新格局。加强航空安保力量建设,增强反恐处突能力。放管结合,构建适应通用航空、航空物流等领域的航空安保体系。

提升应急和调查能力。整合民航应急资源,强化与军方、地方部门协作,完善政企合作模式,构建国际间合作机制,建立及时响应、协同合作、运行高效的航空应急救援体系和国家航空应急运输力量。加强高原、高高原等复杂条件下的民航应急处置能力建设。完善航空事故调查法规标准建设,加强技术装备配备,强化事故预防研究,提升事故调查能力。

提升网络安全和技术保障能力。强化和提升网络安全建设,完善民航网络安全管理体系,开展网络安全重大工程建设,加强民航旅客信息保护和网络安全事件应急工作。建立以民航服务为核心的大数据信息服务平台,覆盖旅客出行全流程、货物运输全链条、运行监控全系统,实现智慧化的航空运行、航空服务、企业决策和政府管理,强化信息安全建设。加强大数据在航空维修中的应用,提高航空部(附)件和发动机的维修能力,形成布局合理、功能完善的航空维修产业集群。构建符合市场规则的航油供应体系,提高航油服务效率和质量,积极推进航空清洁替代燃料开发应用。

(十)构筑功能完善的通用航空体系。

做大做强服务市场。培育充满活力的通用航空市场,稳步扩大短途运输、公益服务、航空消费等市场规模,推进传统工农林生产服务市场提质增效。建成一批综合或专业通航示范区,融合旅游、互联网+、创意经济等构建全域运营服务体系。打造一批竞争力强的专业化运营服务企业,在重点领域培育全球领军企业,带动形成覆盖广泛、服务优质的通航市场。

强化基础保障体系。建立飞行流程全服务、国土空间全覆盖、能力服务高质量的基础保障体系。建设通用航空低空飞行服务保障体系,建成区域及国家通航飞行服务中心,建成功能完善的飞行服务站(FSS)服务体系,实现国内通用航空器兼容ADS-B等各种监视技术的北斗导航系统全覆盖。完善固定基地运营服务商(FBO)体系,打造具有国际影响力的FBO品牌。完善航油航材供应体系,建设功能全面的维修保障基地(MRO)。

构筑全体系产业链。大力提升以制造业为核心的上游产业市场竞争力,积极培育租赁等下游现代服务业,构建具有自主创新能力的全链条产业体系。全面提升通用飞机高性能发动机、关键部（附）件及整机研发制造能力，促进传统装备制造的转型升级。做大现代服务业规模，在租赁、保险、咨询等专业领域形成一批进入国际先进行列的服务企业。

创新引领无人机应用。依托云系统建设无人机大数据中心，构建无人机智慧产业生态圈，提升无人机在智慧物流、智慧城市、智慧农业等领域服务能力。积极推进无人机各类应用场景催化示范区建设，探索建立载人载货无人机低空交通运输系统，创新"无人机+"产业体系。培育一批全球领先的航空制造、飞行监控、运营服务的无人机龙头企业。

（十一）增强制定国际民航规则标准的主导权和话语权。

积极参与国际事务。深度参与国际民航组织事务，主动承担国际民航组织一类理事国相关责任和义务，推动国际化民航人才交流，支持国际性行业组织高效管理和有序运作。推动民航国际性、区域性组织在我国设立分支机构，设立民航技术合作交流项目，为国际民航技术创新、应用与合作提供新平台。积极支持发展中国家民航事业发展，为提升世界民航可持续发展能力做出"中国贡献"。

全面深化国际合作。构建合作共赢、平等互利的合作机制，打造跨企业、跨行业、跨区域的合作链条。全面创新战略合作平台与机制，提升我国航空运输企业在国际航空组织、联盟中的影响力。支持和推进北斗导航、国产大飞机、技术标准、技术服务等中国民航相关产品服务"走出去"。推进全球航空运输服务便利化，为世界民航发展注入"中国动力"。

积极参与全球民航治理。秉持共商共建共享的全球治理观，构建世界民航发展的命运共同体。倡导国际民航关系民主化，积极参与有关国际公约的制定和修订，逐步提高在国际民航标准规则制定中的影响力和话语权。打造新型国际民航合作机制，携手共创航空繁荣之路，实现政策沟通、航线互通、客货畅通、共同发展，为全球民航治理提供"中国智慧"。

（十二）培育引领国际民航业发展的创新能力。

实施科技创新引领战略。深化创新体制改革，强化企业创新主体地位，以航空运输服务链为导向部署创新链、资金链，形成产学研深度融合的技术创新机制。开展应用基础研究和前沿技术创新，组织实施国家科技计划重点项目，开展机场建设、空域管理、节能减排等重大技术创新研究，实现核心技术和瓶颈技术的重大突破，推动成果应用。建设智慧空管，推进航空系统组块升级计划实施，加大北斗卫星导航系统等具有自主知识产权的新技术、新装备、新系统在空管、航空器运行等领域的研发和应用，形成空、天、地全方位的新航行技术应用体系。着力推动民航与互联网、人工智能、大数据等新技术的深度融合。实现从"跟跑者"向"并行者"、"领跑者"转变。

提高适航审定能力。建设世界一流适航审定体系、世界一流适航审定能力和世界一流适航审定队伍，构建并不断完善统一完整的民用航空飞行验证管理体系，补齐飞行验证短板，实现与航空制造业深度融合发展。聚焦C9X9系列国产大飞机、航空发动机、无人机、生物和煤制航油等重点产品适航审定能力建设，全面满足我国民用航空产业发展需求。优化改进适航管理措施和程序，加强对产品全寿命周期适航能力建设。大力提升适航审定国际输出能力，助力国产航空产品"走出去"。

打造平安、绿色、智慧、人文机场。更加注重机场安全管理，把安全贯穿于工程建设和管理运行的全过程，以工匠精神追求高品质工程。在机场选址、规划、设计、施工、运营直至废弃的整个生命周期中贯彻可持续发展和绿色低碳理念，实现机场污染物"零排放"、"碳中和"。实施智慧机场示范工程，加强机场新技术、新产品的研发应用，推动机场管控模式、服务模式的革命性变革，实现"智慧运行"、"智慧服务"、"智慧管理"。机场建设要始终把旅客放在突出位置，着力提升机场运行品质和人文品味，提供人本化服务，打造人文机场。

打造一流科技创新平台。调动社会创新资源，构建民航创新产业集群，建成全国首家民航科技创新示范区，创建"四型"科研院所，打造科技创新"五大"基地，加强民航重点实验室和工程技术研究中心能力建设，构建和发展民航产业技术创新战略联盟，推进民航科技产学研用协同创新，促进科技成果转化。建设适航审定、航空产品制造、安全安保技术、战略规划以及大数据平台等领域的国家级重点实验室和工程技术中心。建立科技企业、科研院所、高等院校产学研相结合的开放性技术创新机制，加强与国外知名科研机构合作，提高全行业综合创新能力。

培养国际水平人才队伍。实施"人才强业"战略，实行更加积极、更加开放、更加有效的人才政策。组织实施民航科技创新人才推进计划，培养造就一批具有国际水平的民航科技领军人才、拔尖人才和重点领域创新团队。支持国际化和复合型人才培养，鼓励引进国外及相关领域的高端人才。以聚天下英才而用之的气魄营造良好的人才成长环境，造就一支与民航强国相适应的结构全、素质高、规模大的人才队伍。

全面提升治理能力。以建设人民满意的服务型、法治型政府为目标，全面深化民航体制机制改革，不断提高行业治理效率效益，实现治理体系和治理能力现代化。创新和完善宏观调控方式，推进民航领域中央与地方财政事权和支出责任划分改革，深化价格改革，提高行业投资效率，逐步有序放松行业准入。加强行业法规建设，构建完善的民航法律法规规章体系。建设行业监管执法系统，丰富规范监管手段，提升行业监管能力。健全标准体系，完善标准实施推进机制。

四、保障措施

（十三）加强党的领导。

坚持和加强党的全面领导，牢固树立"四个意识"，增强"四个自信"，建立健全推进新时代民航强国建设的组织领导机制，加强对民航强国建设的总体安排、统筹协调、系统推进、督促落实，加快构建新时代民航强国建设工作的新格局，确保民航事业沿着正确方向前进。认真贯彻新时代党的建设总要求，把政治建设摆在首位，坚持用习近平新时代中国特色社会主义思想武装头脑，建设高素质专业化干部队伍，加强基层党组织建设，持之以恒正风肃纪，深入推进反腐败斗争，不断提高党的建设质量，进一步营造民航系统风清气正的良好政治生态，大力弘扬和践行当代民航精神，为推进民航强国建设提供坚强政治、思想和组织保证。

（十四）加强统筹协调。

增强发展自信，保持战略定力，加强顶层设计、整体谋划、系统推进，充分发挥行业中长期发展规划的战略导向作用。加强行业发展政策的研究储备，注重各项政策的前瞻性、系统性、协调性和针对性。统筹相关部门协调，在规划编制、重大项目建设、建设用地保障、体制机制创新等方面给予积极指导和支持。加强与国家空管委、军方等相关部门的战略沟通与协调，积极推进空域体制机制改革。加强与航空工业、临空经济区、地方政府等相关部门和单位的协调，延长民航业产业链，提高民航的辐射带动能力。

（十五）强化政策协同。

从国家层面引导全社会正确认识民航强国的战略意义，突出民航在综合交通中的先导性和国际属性。积极对接国家及相关部门的政策资源，构建有利于民航强国建设的全方位政策支持体系。加强与发改、财政、国土、环保等相关部门的沟通，加快各项战略任务的推进与实施。主动建立与产业、旅游、外贸、综合交通等关联产业和部门的业务合作机制，加强与联检单位协调，争取更广泛支持，营造有利于民航发展的外部政策环境。

（十六）加大财金支持。

全面推进民航投融资体制改革，拓宽融资渠道，降低融资成本。充分发挥市场机制作用吸引社会资本，探索政府和社会资本合作模式，形成合作、开放、创新的投融资氛围。创新多元合作模式，重点支持大型枢纽机场基础设施建设投融资改革，建立灵活、多元、平等的市场环境。积极开展民航财政金融风险分析与防范，合理控制建设规模和发展节奏。深化民航部门预算管理改革，完善民航发展基金政策，为民航强国建设提供有力的经济基础和财务保障。

（十七）加强人才建设。

加强对民航人才队伍的统筹规划和引导，开展民航人才培养及管理模式等专项研究，健全人才评价体系，完善人才激励机制，优化人才流动机制，改善人才生态环境，构建具有国际竞争力的人才制度。加强民航专业人才培养平台建设，改革创新院校人才培养模式，拓宽人才流动通道，建立多层次人才培养体系。加强民航人才队伍建设，培养一批具有专业精神、工匠精神、职业精神和创新精神的干部人才队伍。实施积极、有效、开放的人才引进和交流政策，促进国际化人才培养。

（十八）严格责任落实。

制定强国战略实施路线图，细化强国战略和强国目标的实施方案，研究制定相关专项规划、科学制定阶段工作重点，建立重大工程项目实施机制，开展民航强国建设试点工作。定期开展强国建设推进会，明确各阶段的发展问题与难点，确保及时有效解决。加强对规划实施的跟踪分析和督促检查，适时组织开展战略实施评估。及时对外公布强国建设进展，引导各类市场主体积极参与强国建设，建立公众意见反馈渠道，形成全社会参与、支持和监督的良好氛围。统一强国建设思想，密切协作，相互支持、相互配合，形成民航强国建设凝聚力。

后　记

　　我曾经任职于中国民航飞行学院，现为航空经济河南省协同创新中心研究员，又讲授航空物流、枢纽经济等课程，一直经历并关注国家民航业发展，对民航业有一定感情和一些粗浅的了解。基于"三新一高"的发展特征和国家交通强国建设，结合自身专业背景，我决定以民航业高质量发展为主题，在交通强国建设框架下对其进行探讨。

　　在综合交通运输体系中，民航业是现代化程度最高、科技含量最足的一种运输方式，构建起世界互联互通的桥梁。自改革开放以后，经过了四十余年的发展，我国已成为全球第二航空运输大国，并保持着强劲的增长势头，在国际民航中的地位不断提升，话语权越来越重。2020—2022年，突如其来的新冠疫情对民航业带来了巨大冲击，给民航业良好的发展态势蒙上了一层阴影，盈利性较强的行业成为国家帮扶纾困的对象。自2019年后我国的民航业进行了结构性调整，航空货运、通用航空等业态得到了进一步重视，为民航业的均衡发展和可持续发展带来了契机。自2022年以后，民航业开始强势反弹和稳步恢复，进入了一个新的发展阶段，开启了交通强国新篇章。

　　民航业是交通强国建设不可或缺的一部分，具有鲜明的比较优势。推动交通强国建设民航新篇章亟需民航高质量发展来支撑和巩固。基于此，我设想将民航业高质量发展放置于交通强国战略框架内考量，从交通强国和综合交通运输体系出发，探讨民航业在其中的功能定位及关联性，即交通强国建设对民航业起到了什么影响？民航业在其中又有何作为和担当？"十四五"时期是我国全面建设社会主义现代化国家新征程的开局起步期，也是我国民航业高质量发展的重要战略机遇期，深化改革和推动发展的任务都很重。我国民航业若要在中国式现代化大潮中乘风破浪乃至在国际民航界大有所为，需要进一步深化改革和发展。实现高质量发展的目标，离不开民航发展的理论与实践创新。

　　近些年，我所在的河南省郑州市在巩固已有陆路交通优势的基础上，大力推动航空经济发展，将其作为区域经济增长新的动力源，走出了一条"不靠海、不沿边，扩大开放靠蓝天"的路子。2013年，郑州航空港经济综合实验区获得国务院批准成立，这是国内首家也是目前唯一的由国务院批复成立的国家级临空经济区。2019年，郑州市获批国内首批空港型国家物流枢纽，郑州新郑国际机场在电子货单、海外货站、空空中转等航空物流新形式上积极创新，在国内取得了一定示范效应，连续多年郑州新郑国际机场航空货运吞吐量稳居全国前六。2022年6月，郑州航空港高铁站开通运营，进一步巩固了郑州航空港综合交通优势，依托综合交通运输体系发展枢纽经济是其必然选择。不过，虽然郑州航空经济发展成效显著，但囿于本土基地航司缺乏，运力投放始终是制约其高质量发展的主要因素，郑州新郑国际机场的航空客运规模无法得到跃迁，与国内重要的航空枢纽城市的差距明显，"货运优先，客货并举"的发展策略似乎也是这种困境的注解。另外，就航空货运来说，大型物流集成商的不足、政策优惠力度不够、航空货运线路单一等也是重要的制约因素。这些问题需要各方统筹解决。

　　循着国家和地区民航业高质量发展的一个整体逻辑和问题意识，我查阅大量资料，包括相关学术论文和著作，中央、国家部委及地方政府出台的与民航有关的系列规划，还包括笔者调研访谈及参加学术研讨会获得的一些资料，尝试分析并回答交通强国建设和民航业高质量发展的理论内涵、内在关联和实践逻辑。本书得到郑州轻工业大学二十大专项"面向交通强国战略的我国航空经济高质量发展模式构建和路径支撑研究"资助，对社会科学处周广亮处长给予笔者研究的支持表示感谢。郑州航空工业管理学院航空经济发展河南省协同创新中心主任常广庶教授与我有过几次交流，时常关心我的研究动态，在此对常教授表示感谢。感谢四川大学出版社编辑对本书出版给予的支持。

　　应该指出的是，民航业是一个快速发展的朝阳产业，未来10~20年仍然是高速发展期，这一过程会产生更多的实践经验和问题教训，需要持续关注新理论、新业态、新问题。虽然我长期跟踪民航业发展，但由于理论水平有限，调研渠道不足，资料搜集存在一定困难，对我国民航业发展的理论和实践尚有不少模糊和肤浅之处，全面、深刻阐释民航业高质量发展的规律力有不逮。本书只是提供一个研究架构，不少问题尚需深入剖视，还望业内人士和专家、学者批评指正。

　　在我工作和写作过程中，儿子李晨林可爱又淘气地成长，本书亦是献给他的礼物，希望他能健康快乐。

李国政

2023年6月于郑州